KB013903

인문학,
라이프스타일을
제안하다

일러두기

1. 본문 내용 중 일부는 『골목길 자본론』의 몇 챕터를 고쳐 썼다.

2. 본문 내 실린 사진은 저사에게 저작권이 있거나 사용이 사유로운 사신이나.

인문학, 라이프스타일을 제안하다

지은이 모종린
펴낸이 임상진
펴낸곳 (주)넥서스

초판 1쇄 발행 2020년 7월 24일
초판 14쇄 발행 2024년 1월 10일

출판신고 1992년 4월 3일 제311-2002-2호
주소 10880 경기도 파주시 지목로 5
전화 (02)330-5500 팩스 (02)330-5555

ISBN 979-11-90927-12-3 03300

출판사와 저자의 허락 없이 내용의 일부를
인용하거나 발췌하는 것을 금합니다.

가격은 뒤표지에 있습니다.
잘못 만들어진 책은 구입처에서 바꾸어 드립니다.

www.nexusbook.com

인문학,
라이프스타일을
제안하다

나다움을 찾는 확실한 방법

모종린 지음

지식의숲

나다움으로 충분할까

이제는 라이프스타일이다. 한국 사회는 산업화, 민주화 시대를 넘어 자아실현과 삶의 질을 중시하는 이른바 라이프스타일 시대에 돌입했다. 라이프스타일이 소비, 여가, 일상뿐만 아니라 일, 사업, 도시, 공동체 전반에 대해 인식하고 선택하는 중요한 기준으로 부상한 것이다.

코로나19 위기는 라이프스타일 설정에 대한 우리의 욕구를 더욱 증폭시켰다. 일과 직장 중심으로 살면서 잊고 있었던 집, 일상, 거리, 동네의 의미를 새롭게 발견한 것이다. 원거리 이동과 대형 실내 공간 방문이 어려워지면서 우리의 생활권이 실질적으로 집과 동네로 좁혀졌다. 그 때문에 오프라인 소비는 줄고 집 주변에서 소비하는 홈어라운드(Home Around) 지출은 증가했다. 여유롭게 일상을 즐기고 이웃과 소통하는 일이 삶의 중심으로 들어온 것이다. 여행을 떠나도 여러 지역을 다니는 것보다 한 곳에 머물며 그 동네의 문화를 현지인처럼 즐기는 여행자가 늘고 있다.

라이프스타일의 변화는 2010년대 초반부터 '밀레니얼 세대(1980년대 초

~2000년대 초 출생)'를 중심으로 일어났다. 새로운 라이프스타일에 대한 욕구가 유난히 강한 밀레니얼 세대는 사회의 기준이나 타인의 시선에 연연하지 않는다. 이들은 하고 싶은 일을 하고, 남들과는 다른 가치를 추구하며 도시 속의 나나랜드[1]를 꿈꾼다. 자유, 독립, 정체성, 다양성, 삶의 질, 친환경, 1인 가구, 1코노미 등이 밀레니얼 라이프스타일을 정의하는 키워드다.

밀레니얼 세대는 레트로, 뉴트로, 스몰 브랜드, 업사이클, 골목 상권 트렌드를 주도하고 리테일, 부동산, 소비재 시장에 새로운 바람을 불러 일으켰다. 이러한 변화는 특히 지역 문화(Local Culture)에서 직접적으로 느낄 수 있다. 변두리, 지방, 골목으로 불리던 지역성이 '힙스터의 상징'이 되었고 서울 강북 골목 상권, 지역 원도심, 제주, 강릉 등지에서 라이프스타일 창업가가 활약하며 새로운 라이프스타일 중심지를 개척하고 있다.

이러한 변화의 본질은 무엇인가? 누군가는 이를 세대 변화에 따라 나타났다 사라지는 트렌드에 불과하다고 평가하지만, 많은 창업가와 크리에이터는 지금의 변화를 사회와 경제의 근본을 혁신할 수 있는 기회로 본다. 과연 이러한 변화가 혁신으로 이어질까? 이 질문에 답하기 위해서는 라이프스타일의 근원과 역사를 이해함으로써 그 본질을 통찰해야 한다.

'나다움'은 정체성 추구에서 시작된다

나만의 라이프스타일을 추구하는 사람들에게 중요한 질문은 '나는 누구이며, 어떻게 살아야 하는가'이다. 이들은 자신의 삶에 의미를 부여하고 자

---

1   나나랜드는 사회가 만든 기준이나 타인의 시선에 연연하지 않고 자신이 기준인 세상에 살아가는 것을 뜻하는 신조어다. 서울대 소비자학과 김난도 교수가 영화 「라라랜드(La La Land, 2016)」에서 따와 만든 말로 그의 저서 《트렌드 코리아 2019》에서 처음 소개하였다.

신의 정체성 형성에 기여하는 물질 외적인 가치를 찾는다. 이처럼 라이프스타일을 개인의 성향이라는 틀에서 인식하고 분석하는 것이 확산되면서 최근 자존감, 힐링, 비혼, 홀로 살기 등의 키워드가 부상했다.

많은 공감 에세이도 개인과 집단 사이에서 필연적으로 발생하는 갈등을 힐링, 자존감 등의 말로 봉합한다. 그러나 사회에서 심리적인 자존감만으로 정체성을 실현하는 것이 가능한지, 나다움이 나라는 존재에만 국한되는지를 질문해야 한다. 인간은 사회적 동물이므로 본능적으로 자신과 비슷한 성향을 가진 친구를 찾는다. 이는 나다움을 찾아가는 여정이 연대와 커뮤니티에 관한 포기를 의미하지 않는다는 뜻이다.

19세기 말과 20세기 초에 활동한 경제학자 소스타인 베블런(Thorstein Bunde Veblen)과 사회학자 막스 베버(Max Weber)는 라이프스타일을 특정 계층이 공유한 가치와 생활 방식으로 정의했다. 프랑스 사회학자 피에르 부르디외(Pierre Bourdieu)도 라이프스타일을 부르주아, 쁘띠 부르주아, 프롤레타리아 계급이 계급적 취향과 정체성을 구별하는 수단으로 이해했다. 이처럼 사회적인 측면으로 접근할 때, 나다움은 더 폭넓게 구성되며 그것을 유지할 수 있는 일과 공간으로 연결될 수 있다.

물질과의 관계로 나누는 라이프스타일 유형

라이프스타일 운동은 대체로 당시 지배 계급에 대한 반문화로 등장했으며 19세기 유럽에서 태동했다. 왜 19세기일까? 19세기는 산업 혁명 이후 지배 계급으로 부상한 부르주아 계급과 그들이 대표하는 산업 사회 엘리트 문화에 대한 회의와 반성이 시작된 시기다. 전근대 귀족주의에 대한 반문화로 시작되었던 부르주아가 지배 계급으로 자리 잡은 후, 바로 새로운 반문화의 대상이 된 것은 역사가 반복된다는 사실을 실감케 한다.

산업 사회의 문화를 한마디로 표현하자면 '물질주의'라 할 수 있다. 이는 물질을 삶의 중심에 두고 물질적 성공을 추구하는 삶의 방식이다. 도전, 경쟁, 성실, 절약, 절제, 겸손이 미덕이고 이를 통해 얻는 신분과 지위가 중요한 가치였지만, 이러한 획일적 가치 추구에 대한 반발 또한 많았다. 이런 이유로 당대 지식인과 예술가를 중심으로 대안을 찾기 위한 노력이 일어났고 이는 필연적으로 물질과 나의 관계를 재설정하는 과정이었다. 역사적으로 라이프스타일의 본질은 이렇게 나와 물질의 관계에서 출발한다. 물질을 나의 삶의 어디에 두는지가 나의 라이프스타일을 결정하는 것이다.

물질과 독립된 삶을 제안하는 탈물질주의는 개성, 자기표현, 다양성, 삶의 질, 사회적 윤리를 중시한다. 탈물질주의자가 탈물질주의 가치에 따라 살기 위해 예술, 자연, 공동체, 사회성, 창의성, 이동성 등의 경제적 수단을 선택한다. 그러나 탈물질주의가 그 자체로 하나의 통합된 라이프스타일을 의미하는 것은 아니다. 여러 탈물질의 삶의 방식 중 어떤 것을 선택하는지가 나와 물질의 관계, 즉 나의 라이프스타일을 더욱 명확하게 규정한다. 그 대표적인 탈물질의 방식을 서구 역사에서 찾을 수 있다. 서구 역사를 살펴보면 탈물질주의 안에 예술가 보헤미안, 문화 저항자 히피, 진보 기업가 보보, 로컬 크리에이터 힙스터, 프리랜서 노마드 등 다양한 라이프스타일 모델이 존재함을 발견할 수 있다.

본 책에서는 라이프스타일 역사를 기반으로 물질과의 독립성과 추구하는 탈물질주의 가치에 따라 부르주아, 보헤미안, 히피, 보보, 힙스터, 노마드 등 6개 유형으로 분류한다. 유의할 점은 탈물질주의가 물질과의 완전한 결별을 의미하지는 않는다는 점이다. 탈물질주의자의 다수는 교육 수준과 경제력 기준으로 상류층 또는 중산층 이상의 계급에 속한다.

서구의 라이프스타일 역사는 어떻게 진화했을까? 이 질문에 답하기 위해서는 탈물질주의로 진화하는 라이프스타일의 큰 흐름, 이 과정에서 등장한 다양한 라이프스타일의 유형, 라이프스타일 진화를 추동하는 동력을 이해해야 한다. 서구 라이프스타일은 부르주아(18~19세기)에서 보헤미안(19세기), 히피(1960년대), 보보(1990년대), 힙스터(2000년대), 노마드(2010년대) 순으로 이동했다.

보헤미안은 예술과 자연에서 물질의 대안을 찾는다. 히피는 본격적으로 물질주의에 반기를 들고 적극적으로 자연과 커뮤니티 가치를 추구한다. 부르주아와 보헤미안의 변증법적 결합을 의미하는 보보에게 가장 중요한 탈물질은 인권, 환경, 그리고 사회적 책임이다. 히피 운동의 후계자로 볼 수 있는 힙스터는 도시에서 독립적이고 창의적인 경제 영역을 구축한다. 힙스터에게 중요한 가치는 창조적인 방식으로 대량 생산, 대량 소비의 대안을 모색하는 것이다. 공유 경제의 부상으로 확산되는 노마드는 이동성(Mobility)에서 자신의 정체성을 찾는다. 이 중에서 가장 적극적으로 물질과의 공존을 추구하는 것은 보보다. 노마드는 공유적 생산과 소비를 통해, 즉 새로운 방식으로 물질적 성공을 추구한다. 힙스터 또한 자본주의를 전면적으로 거부하기보다는 자본주의 내에서 독립적인 영역을 개척한다.

요약하면 18세기 이후 라이프스타일의 역사는 문화와 생활이 민주화되는 과정이다. 소수 귀족과 자본가가 정립하고 전체 사회에 강요하던 부르주아 문화가 보헤미안, 히피, 보보, 힙스터, 노마드의 도전을 받아 패권이 약화되는 역사다. 그러나 새로운 라이프스타일의 등장이 기존 라이프스타일의 쇠퇴를 의미하는 것은 아니다. 금융, 대기업, 정부 영역에서 근대화를 주도한 부르주아는 아직 건재하다.

라이프스타일은 좋은 삶에 대한 확고한 철학과 역사관에서 파생한다. 일시적인 유행, 핫플레이스, 스타에 대한 추종으로 얻어지지 않는다. 라이프스타일은 또한 단기간에 만들 수 있는 것이 아니다. 특정 지역과 집단에서 오랜 세월 축적된 생활 양식이다.

거시적으로 보면, 라이프스타일 혁신 과정은 전근대 사회의 전통 가치와 근대 사회의 물질주의가 탈산업 사회의 탈물질주의로 이동하는 과정이다. 부르주아가 물질주의를 대표한다면, 보헤미안, 히피, 보보, 힙스터, 노마드는 탈물질주의를 수용해 라이프스타일을 혁신한 세력이다. 물질주의가 신분, 경쟁, 조직력, 노력을 강조한다면, 탈물질주의는 공통적으로 개성, 다양성, 삶의 질, 사회적 가치를 중시한다. 19세기 보헤미안 문화에서 싹튼 탈물질주의는 20세기 실용주의, 대중문화, 저항 문화를 주도했고, 1960년대 이후 '라이프스타일 혁명'을 통해 주류 문화로 자리 잡았다.

라이프스타일 경제학

라이프스타일이 가장 큰 영향을 미치는 곳은 소비 영역이다. 부르주아가 가격과 품질을 강조하고 과시적 소비를 지향한다면, 보헤미안은 즉 개성을 표현하는 방식의 주체적인 소비를 선호한다.

탈물질주의 경제는 가치 지향적 소비와 생산 활동을 중시한다. 소비를 통한 질 높은 삶, 문화적 체험, 정체성, 사회적 정의를 추구하고 친환경 상품과 유기농 먹거리를 선호하며 공유 경제 서비스를 일상적으로 활용하는 등의 탈물질주의 소비는 우리 일상의 일부가 되고 있다.

탈물질주의 라이프스타일은 체험과 가치의 소비를 넘어 사회적, 연대적 소비를 추구한다. 같은 취향을 공유하는 소비자 및 생산자와의 연대와 소통을 즐기며, 자신이 아는 사람이 자신이 살고 있는 지역에서 생산하는 상품과 서비스를 선호한다. '일상을 여유롭게 즐기고 이웃과 소통하는 삶'이 요즘 라이프스타일의 중심 가치가 되고 있다.

또한 라이프스타일은 직업과 일의 방식을 선택하고 결정하는 데에도 중요한 요인이 된다. 부르주아의 전형은 기업가다. 창업을 통해 자본을 축적하는 자본가와 이들 자본가를 지원하는 전문가 집단이 부르주아 라이프스타일을 선호한다. 부르주아가 선호하는 일의 방식은 조직이다. 이들은 대기업 조직에서 분업, 규율, 통제, 평가를 통해 효율성을 추구한다.

탈물질주의자는 조직보다는 창의성에 기반한 직업과 일을 선호한다. 보헤미안의 보편적 직업은 예술가와 창조 노동자다. 히피는 자급자족의 공동체를 추구한다. 마을 기업, 협동조합, 대안 경제 등이 현대의 반문화주의자가 선호하는 경제다. 부르주아의 경제적 안정, 보헤미안의 진보 가치를 추구하는 보보는 주로 변호사, 언론인, 지식인 등 교육 엘리트 직업군에서 활동한다. 힙스터의 직업 영역은 소상공인이다. 이들은 히피와 달리 도시를 선호하며 공동체보다는 독립적인 소상공인 비즈니스를 창업해 자유로운 삶을 살고 싶어 한다. 노마드에 가장 적합한 직업은 프리랜서다. 컴퓨터와 인터넷만 있으면 전 세계 어디에서나 일할 수 있는 디지털 노마드가 미래 경제에서 성공할 수 있는 대표적인 노마드 직업이다.

히피, 보보, 힙스터, 노마드의 부상은 도시와 산업의 변화를 동반했다. 편리성과 효율성을 극대화하는 전원도시와 계획도시가 산업 사회를 대표하는 도시라면, 탈산업 사회의 도시는 다양성, 삶의 질, 창의적 커뮤니티를 강조하는 공동체 도시, 압축 도시, 창조 도시다.

코로나19 위기의 여파로 우리의 도시가 재구성된다면, 탈산업 사회 도시가 포스트 코로나 시대의 도시 모델로 부상할 가능성이 높다. 탈산업 사회 도시가 한 지역에서 일, 주거, 놀이를 해결하는 생활권 도시를 지향하기 때문이다. 선진국에서도 상업과 주거 시설을 도심에 집중시키고 도시 환경과 고령 인구 복지를 개선하는 생활권 도시를 추진하는데, 그 대상이 대부분 인구 감소를 겪는 산업 도시다. 일부 글로벌 대도시도 생활권 활성화를 주민 삶의 질을 높이는 수단으로 활용한다. 도시 어느 곳에 살아도 자전거로 15분이면 중심으로 이동할 수 있는 '15분 도시' 인프라를 구축한 파리(Paris)가 대표적 사례다.

로널드 잉글하트(Ronald Inglehart)는 산업 사회에 필요한 가치가 물질주의라면, 탈산업 사회가 요구하는 가치는 탈물질주의라고 주장한다. 대량 생산 대량 소비 중심의 산업 사회에서는 경쟁, 성실, 조직력 등의 물질주의 가치가 중요하지만, 대인 업무, 개인 서비스, 문화 서비스 중심 사회에서는 개성, 창의성, 삶의 질, 공유, 커뮤니티, 사회적 윤리 등의 탈물질주의 가치가 중요하다.

탈물질주의는 기술과 환경의 변화로 경제 성장의 동력이 노동과 자본에서 지식과 창의성으로 넘어가는 과정에서 부상한 가치다. 지식, 창의성, 예술성의 영향은 전통적인 문화 산업과 창조 산업에 한정되지 않고 리테일과 메이커 산업으로 확대되고 있다.

다른 나라보다 먼저 탈물질주의를 수용해 국가 산업 경쟁력으로 활용한 나라가 미국이다. 나이키, 스타벅스, 애플, 홀푸드마켓 등 1970년대 탈물질주의 비즈니스 모델로 창업한 1세대 라이프스타일 기업들이 글로벌 대기업으로 성장하면서 미국은 라이프스타일 강국으로 도약했다.

포틀랜드, 시애틀, 오스틴, 베를린, 멜버른은 크리에이티브, 거리 문화, 아방가르드 미술, 압축 도시, 친환경주의, 로컬리즘, 독립 문화, 커피와 수제 맥주로 도시의 미래를 개척한다. 상대적으로 작은 규모의 도시지만 기술 주도의 하이테크 산업과 인간 중심의 하이터치 산업(생활 서비스와 라이프스타일 산업)의 균형을 실현하기 위해 노력한다. 하이테크 산업이 성장과 고용 창출을 주도하는 한편, 크리에이티브와 혁신적인 소상공인이 삶의 질을 높이고 도시의 특색을 더하는 로컬 브랜드를 창업한다.

역사에서 찾은 라이프스타일 모델

이 책에서는 한국에서 진행 중인 라이프스타일 혁신을 1960년대 이후 서구 라이프스타일 진화의 연장으로 인식하고 서구 라이프스타일 진화의 역사와 동력에 관한 분석을 통해 우리나라 라이프스타일 혁신의 현재와 미래를 진단한다.

밀레니얼 세대와 90년대생, 그리고 Z세대는 힙스터나 노마드 등 진화한 단계의 탈물질주의 라이프스타일을 추구한다. 과연 최근에 등장한 힙스터와 노마드가 라이프스타일 역사의 완성을 의미할까? 아닐 것이다. 물질사회 속에서 끊임없이 개인과 커뮤니티의 이상적인 균형을 추구하는 인류가 지속하는 한, 라이프스타일의 진화도 계속될 것이다.

이 책은 자신만의 라이프스타일을 찾고 이에 기반하여 일과 삶을 개척하고자 하는 미래 세대를 위한 교양서다. 서구 라이프스타일의 역사에서 미래 세대가 선택할 수 있는 6개의 라이프스타일을 정의하고, 그 기원과 의미, 미래를 분석한다. 또한 해당 라이프스타일을 대표하는 도시와 기업을 소개하여 라이프스타일 경제의 다양한 모델을 제시한다.

자신이 선택한 라이프스타일의 의미와 역사적 맥락을 이해할 때, 라이프스타일을 소명으로서 추구할 수 있다. 도시와 산업은 라이프스타일이 사회적 가치로 생성되는 장소다. 라이프스타일에서 생업의 기회를 찾고 사회에 기여하고자 하는 미래 인재에게 라이프스타일로 성공한 도시와 산업은 롤모델이자 자신이 선택할 수 있는 커뮤니티다. 한국의 라이프스타일 혁신을 주도할 미래 세대가 라이프스타일의 근원과 본질에 대한 이해를 바탕으로 한국에서 더 많은 창의적인 비즈니스와 커뮤니티를 건설하길 기대한다.

CONTENTS

● 들어가며 | 나다움으로 충분할까 ···004

1장 | **부르주아**

01 위기의 부르주아 ...019

02 부르주아의 생존 전략 ...028

03 부르주아 도시의 미래 ...038

04 한국도 이제 명품을 생산할 때 ...048

2장 | **보헤미안**

01 도시에서 안식처를 찾은 보헤미안 ...059

02 예술가 보헤미안에서 상인 보헤미안으로 ...068

03 1인 보헤미안 기업 ...077

04 힙스터 붐에 사라진 보헤미안 도시 ...086

3장 | **히피**

01 마을 공동체에 살고 싶다면 히피입니다 ...097

02 정치도 문화도 아닌 생활 운동 ...106

03 기술과 공유로 복원되는 히피 공동체 ...117

04 히피 기업의 핵심 가치 ...125

4장 | 보보

01 미국 보보와 강남 좌파 ...137

02 보보 기업가와 보보의 미래 ...146

03 전국 기업과 로컬 기업의 선택 ...154

04 보보 문화는 지켜질 수 있을까 ...164

5장 | 힙스터

01 한국의 힙스터는 로컬 크리에이터 ...177

02 힙스터는 창업으로 저항한다 ...185

03 힙스터가 제안하는 오프라인의 미래 ...192

04 소상공인 중심의 창조 도시 ...201

6장 | 노마드

01 노마드로 수렴하는 라이프스타일 ...215

02 노마드 사회를 향한 세 번째 도전 ...223

03 플랫폼 경제의 미래는 창업 플랫폼 ...232

04 노마드와 도시의 불안한 동거 ...239

05 반문화가 경제를 살린다 ...249

● 나가며 | 개인 해방으로 진전되는 라이프스타일 ...259

■ 부록 | 나의 라이프스타일 찾기 ...271

■ 참고문헌 ...276

1장

부르주아

위기의 부르주아

귀족 사회에 대한 일종의 반문화로 시작한 부르주아는
종교 개혁, 시민 혁명, 그리고 산업 혁명을 통해
근대 자본주의 경제의 지배 계급으로 성장했다.

탈물질주의 가치를 중시하는 독자에게 부르주아가 과연 매력적인 라이프스타일일까? 언론은 부르주아를 탐욕과 기득권의 동의어로 사용하지만, 빌 게이츠(Bill Gates)와 워런 버핏(Warren Buffett)의 소박한 일상이 보여주듯이 고전적인 부르주아는 성실, 겸양, 검소, 가족, 저축, 안정 등의 중산층 가치를 실천한다. 기존 사회의 가치를 존중하는 사람, 기존 질서 위에서 가족을 위해 성실하게 사는 사람도 부르주아 라이프스타일을 추구하는 사람이라 할 수 있다.

대다수 한국인은 평생 모범생, 즉 고전적 부르주아 테두리를 벗어나지 않는다. 사회가 인정하는 학교에 다니고, 사회가 인정하는 직장에 들어가, 사회가 인정하는 동네에 집을 장만하고, 가능하면 자녀도 동일한 라이프스타일을 추구하도록 교육한다. 사회가 인정하는 기준과 가치관에 따라 살고 싶어 하고 이를 통해 행복을 느낀다.

물질을 삶의 중심에 두는 라이프스타일

라이프스타일을 물질과의 관계로 정의한다면 부르주아는 물질을 삶의 중심에 두는 '물질주의' 계급이다. 여기서 물질이 반드시 돈을 의미하는 것은 아니다. 신분, 조직, 경쟁, 근면 등 물질주의 사회를 지탱하는 가치도 포함된다. 부르주아 계급의 핵심 계층은 기업가와 자본가다.

부르주아의 영웅은 위험과 불확실성을 무릅쓰고 새로운 상품을 개발하고 기술 혁신을 통해 '창조적 파괴'에 앞장서는 슘페터형[1] 기업인이다. 대량생산, 대량 소비 체제가 확산되면서 자본주의 사회에는 창업가, 상인, 기술자 외에 체계적인 시스템을 운영할 전문직이 필요해졌고, 이때 금융인, 변호사, 회계사, 컨설턴트 등 자본가를 지원하는 전문직이 부르주아 계층으로 진입한다.

소득 수준이 높아지고 신분적 위계질서가 약화된 현대 선진국 사회에서는 부르주아의 영역이 공공 분야로 확산되고 있다. 최근 젊은 세대가 선호하는 소위 '워라밸(Work Life Balance)'을 실현할 수 있는 안정적인 직업군에 속하는 공무원, 교사, 공기업 직원, 대기업 직원도 부르주아 성향을 보인다. 관료화된 자본주의의 부르주아가 선호하는 일의 방식은 효율성과 정형화다. 경영자는 조직의 성과와 효율을 극대화하기 위해 작업 방식을 정형화한다. 직원들도 직무 분석(Job Description), 업무 분장 등 사전에 합의된 규율에 따라 예측 가능하고 효율적인 방식으로 일하는 것을 선호한다.

---

1 조지프 슘페터(Joseph Schumpeter, 1883~1950)는 오스트리아 출신의 미국 경제학자다. 케인스와 함께 20세기 전반의 대표 경제학자로 평가되며 『경기순환론(Business Cycles)』을 저술했다.

19세기 말 파리의 부르주아 라이프스타일을 그린 조르주 피에르 쇠라(Georges Pierre Seurat)의
「그랑드자트섬의 일요일 오후(A Sunday Afternoon on the Island of La Grande Jatte, 1884)」

부르주아 윤리관

다수의 부르주아는 노력과 능력에 대한 정당한 보상을 받는 것을 정의롭다고 생각한다. 여기에서의 보상은 물질적인 측면에만 국한되지 않는다. 부르주아는 물질적 성공을 정신적, 윤리적으로 정당화한다. 직업과 물질적 추구를 신이 내린 천직이자 소명(Calling)으로 믿었던 초기 부르주아는 부의 축적을 기독교인의 의무로 여겼다.

막스 베버(Max Weber)가 주창한 프로테스탄트 윤리는 자본 축적을 정당화한 기독교 가치를 자본주의를 견인하는 기본 정신으로 설명한다. 결과적으로 부르주아는 계급, 지위, 신분, 불평등 등이 개인의 노력 여하에 따른 결과라고 믿으며, 불평등을 조장하는 사회적 구조에 대해 관대하다. 20

세기에 들어 서구 사회 전반에서 탈종교 움직임이 두드러지며 기독교에서 시작한 부르주아는 종교와 거리를 두기 시작한다. 종교를 포기했다고 해서 그 종교가 상징하는 가치를 포기하는 것은 아니다. 종교가 없는 서구의 부르주아도 여전히 근면, 성실, 소명과 같은 기독교 가치를 추구한다.

부르주아가 살아가는 방식

부르주아 라이프스타일은 소비 영역에서 가시적으로 드러난다. 부르주아에 진입한 사람들은 자기표현이나 자아실현을 위해 소비하는 것이 아니라 신분과 계층의 규범에 따라 소비한다. 그 때문에 부르주아의 소비는 때로 부유층의 과시적 소비로 이해된다. 많은 사람은 이들이 물건 자체의 가치보다는 그 물건이 표상하는 신분과 부를 과시하기 위한 소비를 일삼는다고 평가한다. 장 보드리야르(Jean Baudrilliard)가 과시적 소비를 기호의 교환으로 정의한 것처럼 소비를 '나는 당신과 다르다'라는 점을 표현하는 기호로 보는 것이다. 부르주아 소비자는 차별적 소비를 통해 기능적, 정서적인 편익을 넘어 신분적 편익을 획득한다.

19세기 후반 자본가 계층의 행태를 비판한 소스타인 베블런(Thorstein Bunde Veblen)은 과시적 소비를 자본주의를 위협하는 적폐로 인식했다. 그는 소시민에게 근면, 효율, 협동 등 산업 사회 발전을 위해 필요한 가치를 요구하는 부르주아가 정작 스스로는 부를 과시하는 데 여념이 없는 것은 위선이며 이를 미개 사회의 잔재라고 비판했다.

그렇다면 부르주아는 스스로 과시적 소비를 한다고 평가할까? 대부분은 일부 부르주아의 일탈로 치부하고, 또 일부는 과시적 소비의 개념 자체를 부인하고 안목과 취향의 문제라고 답할 것이다. 자신은 상품이 지닌 특별한 가치를 발견할 수 있으며 이러한 가치를 인정하고 이에 상응하는 가격을 지불한다고 주장할 것이다. 이러한 이유로 이들은 스스로 과시적 소비가 아닌 가치적 소비를 한다고 항변한다. 또한 소비자에게 수월성적 가치를 제공하는 생산자와 제품에 정당한 가격을 지불하는 행동은 자본주의 경제 발전의 동력이라 주장한다.

부르주아 소비는 명품과 고급 상품에 한정되지 않는다. 우리가 소비자 덕목으로 이해하는 가성비도 부르주아 소비 행태로 분류된다. 상품이 생산되는 과정이나 상품과 나의 가치관의 관계보다는 상품의 가격과 품질에 집중하여 평가하고 선택하는 소비는 기업과 개인의 이익을 극대화하는 물질주의 가치에 부합한다.

부르주아 라이프스타일은 이들이 사는 곳에도 반영된다. 이들은 가능한 다른 부르주아와 모여 사는 것을 선호하며, 서로 모인 후에는 물리적·문화적 장벽을 통해 자신을 외부와 격리하는 게이티드 커뮤니티(Gated Community)를 형성한다. 이러한 커뮤니티 안에서 골프, 사교 모임, 고급 음식 등의 취향을 공유한다. 격리된 취향 공동체를 지향하는 부르주아 계층은 다른 계층과의 분리가 용이한 신도시, 단지 도시, 자동차 도시를 선호한다. 다른 계층과의 교류나 유입을 꺼리기 때문에 거리 문화나 보행 도시를 불편하게 느낀다.

특히 한국 부르주아는 단지 도시에 남다른 애착을 보인다. 주상 복합 단지에서 오피스 단지로 출근하고, 쇼핑 단지에서 쇼핑과 여가 시간을 보내며 단지 간 이동은 자동차를 통해 해결한다. 역사와 문화가 담긴, 오래된 거리와 좁은 골목길로 이루어진 동네의 가치를 인정하지 않는다. 부르주아에게 대규모 유동 인구를 유발하는 거리와 동네는 문화적 자원이 아닌 쾌적한 주거 환경을 훼손하는 낙후한 인프라다.

부르주아는 보수적인 정치 성향을 보인다. 경제 영역에서는 자유주의, 규제 완화, 민영화 등 기업 활동을 진작하는 정책을 지지한다. 사회적으로는 종교 자유, 가족 제도를 지지하고 소수자 인권은 부수적 문제로 여긴다. 안보에서는 강한 군사력, 힘의 논리, 그리고 동맹을 지지한다.

부르주아는 노력을 통해 축적한 물질적인 가치를 세습하는 데 거부감이 없다. 과거 부의 세습을 통해 신분을 유지했다면, 현대의 부르주아는 조금 더 세련된 방식으로 교육을 통해 신분을 세습한다.

부르주아의 태생적 개혁성

물질주의 가치를 중시하는 부르주아지만 그렇다고 다른 가치를 경시하는 것은 아니다. 부르주아도 평등, 형평성, 삶의 질, 안전, 독립 등 효율성과 성장 외의 사회적 가치를 중요시한다. 우선순위가 다를 뿐이다. 복지와 독립을 위한 경제적 기반을 강조하는 부르주아는 물질적 안정을 우선 실현한 후 다른 가치를 추구해야 한다고 믿는다.

역사적으로 보면 부르주아는 오히려 개혁 세력에 가깝다. 부르주아는 중세 귀족에 저항하는 상업, 수공예에 종사하는 중산층 계급에서 태동했다. 시장 경제가 발전한 북유럽에서 부르주아가 선호한 종교는 개신교다. 개신교는 중세 귀족의 종교였던 천주교의 헤게모니를 종교 개혁으로 무너뜨렸다. 귀족과 경쟁하던 부르주아가 귀족의 종교와 반대되는 종교를 선택한 것은 우연이 아니다.

17~18세기에 본격적으로 시작된 시민 혁명의 주도 세력도 부르주아였다. 귀족 사회에 대한 일종의 반문화로 시작한 부르주아는 종교 개혁, 시민

혁명, 그리고 산업 혁명을 통해 근대 자본주의 경제의 지배 계급으로 부상했다. 노력과 실력을 바탕으로 치열한 경쟁을 통해 부를 축적한 이 계급이 물질주의 사회의 기본 규범과 가치를 중시하는 것은 자연스러운 현상이다.

알고 보면 한국의 부르주아도 전근대 양반사회에 저항한 반문화 세력이다. 근대화를 시작한 19세기 말은 물론 산업화가 본격적으로 시작된 1960년대에도 부르주아 계층은 식자층과 관료로 구성된 주류 사회에 도전해야 했다. 정확한 시점에 대해서는 논쟁의 여지가 있으나, 금융 위기를 거친 1990년대 후반에 와서야 한국에서 부르주아 패권이 시작되었다고 볼 수 있다.

부르주아의 미래

부르주아는 지금까지 그래왔듯이 일과 고용을 창출하는 데 중심적인 역할을 수행할 것이며, 그것은 이들의 가장 큰 과제이기도 하다. 만약 부르주아가 주도하는 자본주의 경제가 충분한 중산층을 만들어낸다면 도덕적인 비판에도 불구하고 부르주아의 지배적 위치는 계속 유지될 것이다.

자본주의 경제에서 차지하는 부르주아의 비중을 고려할 때 부르주아는 미래 세대가 선택할 수 있고, 또 일부는 선택해야 하는 라이프스타일이다. 한국의 부르주아 지식인도 미국의 지식인처럼 사회 개혁과 경제 성장을 위해 부르주아 문화를 복원하고 강화해야 한다고 주장할 수 있어야 한다. 그래도 부르주아의 미래가 만만해 보이지 않는다.

과거의 기술 혁신과 달리 4차 산업 혁명이 대표하는 현재의 기술 혁신은 대량 실업을 수반한다. 구조적 실업은 기본 소득으로 편리하게 봉합할 문제가 아니다. 미래 세대는 거세게 의미 있는 일을 요구하고 있으며, 부르주아가 이를 만족시키지 못하면 그들에게 주어진 특권적 지위는 상실될 것이다.

　도덕성에 대한 고민도 남는다. 전 세계적으로 기득권과 불평등의 상징으로 몰린 부르주아가 현재의 계급적 위기를 쉽게 극복할 수 있을까? 미래에 대한 고민은 부르주아 역사에 대한 문제의식으로 시작해야 한다. 부르주아가 매력적인 이유는 도전의 역사를 개척했기 때문이다. 현재에도 존경받는 부르주아는 계속 도전하고 가치를 창출하는 기업가다.

　부르주아의 도전을 건너뛰고 부르주아의 성취만을 추구하는 사람은 진정한 부르주아라고 할 수 없다. 자신의 능력과 공정한 경쟁으로 시장에서 부를 축적하고 고용을 창출하는 기업가가 부르주아의 전형이다. 이들은 부의 축적이라는 현세의 소명을 실현하기 위해 규율, 절제, 절약 등 이에 필요한 가치를 추구한다. 부의 축적으로 얻어지는 물질적 풍요는 어쩌면 부르주아 정체성에서 부수적인 요소일 수 있다. 반문화로 시작한 부르주아가 역동성을 유지하려면 기득권을 견제하고 개인의 자유에서 일의 미래를 찾는 반문화 초심으로 돌아가야 한다.

02

부르주아의 생존 전략

2008년 글로벌 금융 위기가 발발하면서 부르주아는 다시 수세에 몰린다.
금융 위기를 겪은 밀레니얼 세대는 '밀레니얼 사회주의'라고 부를 만큼
자본주의의 불평등에 극도의 거부 반응을 보인다.

부르주아의 미래에 대한 탐구는 역사를 살펴보는 것에서 시작해야 한다. 19세기에 부르주아가 왜 위기에 빠졌는지, 또 어떻게 위기를 극복했는지를 질문해야 한다. 부르주아 역사에서 반복적으로 나타나는 위기의 패턴은 반문화의 도전과 반문화의 포섭이다. 부르주아가 반문화를 포섭하고 산업화함으로써 반문화의 도전에 대응한 것이다. 미니멀리즘, 유기농, 스트리트 컬처(Street Culture)의 산업화가 그 예라고 할 수 있다.

부르주아의 역사는 크게 3단계로 볼 수 있다. 1단계는 부르주아의 부상(浮上)이다. 중세에 시작된 이들의 부상은 1789년 프랑스 혁명의 성공으로 마무리된다. 2단계는 부르주아의 귀족화다. 패권을 쟁취한 부르주아는 19세기 내내 대량 생산과 독과점, 그리고 세습과 상속으로 금권주의 경제를 구축한다. 3단계는 반문화 시대의 개막과 부르주아의 대응이다. 부르주아가 지배 계급으로 등극하자마자 시작된 보헤미안의 저항은 19세기 후반

에 이르러 부르주아 지배를 위협하는 세력으로 성장한다. 2008년 글로벌 금융 위기 이후 3단계 갈등은 새로운 국면에 접어든다. 반문화 견제와 포섭으로 요약할 수 있는 부르주아의 전통적인 생존 방식이 다시 성공할지가 관건이다.

1단계: 부르주아의 부상

부르주아가 부상하기 시작한 것은 중세부터다. 부르주아의 어원은 '성안에 사는 사람'으로, 중세 도시에서 수공업 및 상업에 종사하는 중인 계급의 시민을 뜻한다. 이처럼 부르주아 라이프스타일은 상인이라는 직업의 윤리관에서 파생되었지만, 근대 이후의 사회에서는 자본가의 의미로 확장되었다. 이후 마르크스가 노동자 계급을 프롤레타리아, 자본가 계급을 부르주아로 명명하면서 자본가가 곧 부르주아라는 등식이 굳어졌다. 현대에서 부르주아는 자본가를 포함한 부유층을 통칭하는 용어로 자리 잡았다.

중세에는 중인 계급에 불과했던 부르주아는 일련의 혁명을 통해 근대화를 주도하는 세계사의 중심 세력이 된다. 부르주아가 주도한 첫 번째 혁명은 산업 혁명이다. 은행, 주식회사, 계약 등 중세 이후 자본주의의 제도적 기반을 쌓은 부르주아는 18세기 과학 기술의 산업화를 통해 새로운 산업과 자본주의 경제를 개척한다. 산업 혁명은 부르주아 내 중심 세력이 상인에서 제조업자로 이동하는 과정이기도 하다.

부르주아는 자본주의 혁명만 주도하는 것이 아니다. 시민 혁명도 주도한다. 이들은 영국 명예 혁명, 프랑스 혁명 등 때로는 귀족과 협력해, 때로는 귀족과 독립적으로 투쟁해 근대 민주주의를 쟁취했다. 민주주의 혁명을 의미하는 부르주아 혁명은 18세기 말 프랑스 혁명으로 본격화되어 19세기에 지속적으로 확대되었다.

19세기에 들어서면 부르주아는 오히려 사회주의 혁명의 도전을 저지하는 기득권 세력으로 자리 잡는다. 부르주아 혁명은 민주주의와 자본주의 혁명에 그치지 않는다. 중심 세력으로 진입하고 자리 잡는 과정에서 부르주아는 산업 사회에 최적화된 생활 문화를 구축한다. 프로테스탄트 윤리의 수용으로 요약할 수 있는 부르주아 생활 혁명은 산업 혁명과 민주주의 혁명만큼 역사적으로 중요하다.

자본 축적을 목표로 했던 부르주아는 근면, 성실, 검소, 성과 등의 가치를 중시하고, 일상생활에서 이를 성실하게 준수한다. 막스 베버는 부르주아 문화를 프로테스탄트 윤리라 불렀고, 이것이 자본주의 발전의 원동력이라고 주장했다. 산업 사회가 프로테스탄트 윤리가 강한 북유럽에서 발전한 것은 우연이 아닌 것이다. 규모의 경제, 즉 대량 생산, 대량 소비를 통한 자본의 축적은 성실하고 순응적인 노동자 계급을 필요로 하고, 부르주아는 이런 가치를 스스로 실천하면서 산업 사회의 성장을 이끈다.

베버도 지적한 바와 같이 검소와 이윤을 강조한 프로테스탄트 윤리가 북유럽에서만 흥한 것은 아니다. 미국에서도 일찍이 프로테스탄트 윤리, 즉 부르주아 생활 문화가 지배 문화로 자리 잡는다.

18세기 외교가, 정치인, 발명가로 유명한 벤저민 프랭클린(Benjamin Franklin)은 「젊은 상인에게 보내는 편지」에서 부자가 되기 위해서 제일 중요한 가치는 성실(Industry)과 절약(Frugality)이라고 조언한다. 이 편지에서 그는 "시간이 돈이다", "신용이 돈이다", "돈이 돈을 낳는다", "성실하게 빚을 갚는 사람이 다른 사람 지갑의 주인이 된다" 등 부자의 습관에 대한 많은 명언을 남겼다. 부르주아가 개인 윤리만을 강조한 것은 아니다. 지역 단위로 생활한 초기 자본주의 사회에서 부르주아는 지역 사회의 유지이자 지도자였다. 커뮤니티에 대한 부르주아의 책임은 교회와 길드를 통해 제도화된다. 부르주아는 종교와 일을 통해 커뮤니티에 참여하고 봉사한 것이다.

2단계: 부르주아의 귀족화

청교도적인 금욕주의로 권력을 장악한 부르주아는 이전의 다른 기득권 계급과 마찬가지로 기득권을 유지하기 위해 노력한다. 개인의 능력보다는 출신 가문이 사회적 지위를 결정하는 당시의 분위기에 따라, 후기 부르주아 역시 자신과 비슷한 신분을 가진 사람과 모여 살고, 그들의 자녀가 다니는 학교에 자신의 아이를 맡긴다. 미국에서 명문으로 알려진 사립학교 대부분은 부르주아 가문의 자녀들을 대대로 교육시킨 학교다.

후기 부르주아는 생활 방식도 귀족을 따른다. 이들은 귀족의 성과 같은 대저택을 짓고, 귀족이 하던 대로 비슷한 신분의 사람과 교류한다. 프랜시스 스콧 피츠제럴드(F. Scott Fitzerald)가 『위대한 개츠비(The Great Gatsby)』에서 비판했던 '광란의 20년대(Roaring Twenties)'로 불린 1920년대 부유층의 생활 방식이 후기 부르주아의 대표적인 라이프스타일이다. 피츠제럴드뿐만이 아니다. 소스타인 베블런 등 19세기 후반 사회 개혁자들은 도금 시대[2]의 부유층을 유한 계층, 금권 계층 등으로 비판한다. 19세기 후반에 접어들며 금권주의 부르주아가 청교도 부르주아를 대체한 중심 세력으로 부상한 것이다.

---

2 도금 시대(Gilded Age)는 1865~1890년경 미국 자본주의가 급속하게 발전한 시대를 말한다. 미국 소설가인 마크 트웨인(Mark Twain)의 동명 소설에서 유래한 명칭이다.

부르주아의 부의 승계가 순탄했을까? 독일 북부 자유 도시에서 부를 축적한 상인 가문이 4대에 걸쳐 쇠락하는 과정을 그린 토마스 만(Thomas Mann)의 첫 번째 소설 『부덴브로크가의 사람들(Buddenbrooks)』은 부르주아 승계가 쉽지 않음을 보여준다. 부덴브로크 가문이 노력하지 않아서가 아니다. 주인공은 선대가 일군 가족 기업을 세습해 가문의 부와 명예를 유지하기 위해 노력한다. 그러나 이 가문의 가업 승계를 통한 기득권 유지는 지속되지 못한다. 부덴브로크 가문의 후계자들이 명예, 예술 등 물질이 아닌 다른 가치를 추구했기 때문이다.

발전 경제학의 대가 월트 로스토(Walt Whitman Rostow)는 부모에게 물려받은 자산을 당연시하고 새로운 가치를 추구하는 현상을 '부덴브로크 역학(Buddenbrook Dynamics)'이라 명명하고 이를 국가의 발전 단계에 응용한다. 부덴브로크 가문의 우선순위가 물질에서 명예로, 명예에서 예술로 진화하듯이 국가도 경제, 정치, 문화의 순으로 발전한다고 주장한다.

로스토는 만과 달리 문화적 가치의 추구를 자본주의 쇠락의 원인이 아닌 자본주의 완성의 단계로 인식한다. 20세기 초에 쓰인 『부덴브로크가의 사람들』은 문화와 예술이 영화와 대중문화로 산업화되는 가능성을 예측하지 못한다.

부덴브로크 가문이 20세기 후반에 활동했다면 예술가가 되기를 원하는 아들에게 영화사나 연예 기획사를 차려주었을 것이다. 그들은 능력 있는 후계자를 찾지 못해 실패하지만, 다른 부르주아 가문은 보다 근본적인 장애에 부딪힌다. 19세기 중반 이후 근대 대기업이 출현하면서 가업 승계가 구조적으로 어려워진 것이다. 소유와 경영이 분리된 주식회사에서 소수 지분으로 경영권을 자녀에게 물려주기는 어렵다. 가업 계승이 어려워진 부

히피를 모티브로 한 패션 라인을 출시하는 명품 브랜드 구찌(GUCCI)

르주아는 재산 상속을 통해 기득권을 유지하는 방식을 선호하게 된다. 재산을 상속받은 부르주아는 점진적으로 전근대 시대의 귀족과 같은 세속적 지위를 획득한다. 차이가 있다면 전근대 귀족의 부와 신분의 원천이 토지라면, 부르주아는 자본을 통해 근대 귀족의 지위를 세습한 것이다.

3단계: 반문화 시대의 개막과 부르주아의 대항

부덴브로크 가문에 들이닥친 보헤미안의 반항은 그 가문의 문제만이 아니었다. 서구 사회 전체가 보헤미안 저항 운동에 휩싸였다. 부르주아 역사의 3단계인 반문화 시대가 시작된 것이다.

19세기 초반부터 예술가와 지식인 중심의 보헤미안 집단이 부르주아의 물질주의를 비판하기 시작한다. 노동자 계급은 노동조합을 결성하고 대안적 정치 이념을 개발하는 등 더욱 조직적으로 부르주아 계급의 패권에 도전한다. 보헤미안과 노동자 계급의 도전은 진보시대(The Progressive Era, 1890~1920)를 거쳐 1920년대에 절정에 이른다. 러시아 혁명의 성공으로 서구 사회주의자들은 모두 혁명을 꿈꾸고, 보헤미안도 제1차 세계 대전의 종료로 느슨해진 사회적 분위기를 틈타 뉴욕과 베를린 등에서 다양한 형태의 반문화를 실험한다. 하지만 1929년 뉴욕 주식 시장의 폭락으로 세계 경제가 공황을 맞으면서 보헤미안과 노동자에 대한 서구 사회의 관용은 사라지고 독일, 이탈리아에서는 전체주의 정권이 집권한다.

전체주의 국가의 도발로 1937년 시작된 제2차 세계 대전은 1945년 자유 진영의 승리로 끝난다. 그러나 소비에트가 주도한 공산주의의 새로운 도전에 직면한 자유 진영은 복지 국가를 통해 중산층을 지원하기 시작한다.

미국에서는 1930년대 뉴딜로 시작된 복지 국가사업이 1960년대 '위대한 사회(Great Society)' 프로젝트로 이어진다. 노동자의 포섭과 전후 호황의 영향으로 사회주의 혁명의 열기는 식고 부르주아는 다시 지배 계급으로 복귀한다.

1950년대에는 근면, 성실, 안정, 가족 등의 부르주아 가치를 수용한 중산층이 사회의 주류 세력으로 등장한다. 진보 진영 관점에서는 중산층 전체가 일상적인 풍요와 여유에 만족하는 소시민이 된 것이다. 하지만 1950년대 부르주아의 전성시대는 오래가지 못한다. 비트 세대(Beat Generation)로 대표되는 진보 지식인이 중산층 사회에 반기를 들었기 때문이다. 이들은 획일적인 소시민 가치가 인간의 창조성을 억압하고 사회에 만연한 불평등 구조를 지속시킨다고 비판한다.

1950년대 시작된 저항 문화는 1960년대에 들어와 반전(反戰, Antiwar)

운동, 인권 운동으로 확산하며 부르주아 패권을 심각하게 위협한다. 진보 지식인과 청년 세대의 저항 문화에 직면한 1960년대와 1970년대 초반의 선진국 사회는 극도의 혼란에 빠진다. 저항 운동이 마약, 자유 섹스에서 공동체, 무정부주의, 데모, 폭동, 심지어 테러로까지 번지면서 선진국 사회는 뿌리째 흔들린다. 1960년대 저항 문화는 더욱 근본적인 사회 문제로 연계되었다. 저항 문화가 기존의 결혼과 가족 제도를 거부하면서 서구 사회는 가족 해체의 위험에 처한다. 가족을 거부한 히피들은 도시를 떠나 자연 속에서 가족이 없는 새로운 공동체 사회를 실험한다.

1960년대 저항 문화에 대한 부르주아의 대응은 포섭과 견제로 나뉜다. 토마스 프랭크(Thomas Frank)의 『쿨 문화의 정복(The Conquest of Cool)』은 미국 광고 산업과 패션 산업이 히피 문화를 수용하는 과정을 설명한다. 프랭크는 미국 대기업의 역할을 포섭으로 한정하지 않는다. 대기업이 히피 운동이 이룬 성과를 사후적으로 활용했을 뿐 아니라 초기부터 히피 문화를 지지하고 후원했다고 주장한다. 히피 운동이 막 시작되는 1960년대 초반 이미 미국의 광고 산업과 패션 산업이 1950년대의 획일적인 문화를 극복할 수 있는 대안과 논리를 적극적으로 찾았다는 것이다.

또 한편으로는 반격의 기회를 찾는다. 그 기회는 1970년대 후반에 온다. 오랜 사회 혼란에 염증을 느낀 미국의 중산층이 1950년대의 평화와 안정을 그리워하기 시작했고 이러한 정치적, 문화적 공백을 틈타 부르주아 세력이 다시 주도권을 쟁취한다. 정치적으로는 영국의 마가렛 대처와 미국의 로널드 레이건이 이끄는 보수 정당이 각각 1979년과 1981년에 집권한다. 경제적으로는 이들이 주도한 신자유주의 시대가 열린다. 자유화, 개방화, 민영화로 요약되는 신자유주의는 경제 운영의 새로운 스탠더드가 된다. 제2

차 세계 대전 이후 구축된 복지 국가 체제가 흔들리기 시작한다.

신자유주의 혁명으로 생활 영역에서도 부르주아 문화가 회생한다. 1980년대 대학가를 중심으로 1950년대 이전의 귀족 문화가 되돌아온다. 부유층 자녀가 모여 사는 회원제 기숙사 프래터니티(Fraternity)와 소로리티(Sorority)가 캠퍼스 라이프의 중심이 된다. 이들이 호스트 하는 화려한 카지노 파티, 댄스 파티에 대학생이 몰리기 시작한다. 젊은 세대는 선배 세대의 가난한 히피 문화를 거부하고 패션, 자동차, 음식, 주택 등 물질주의적 쾌락을 다시 찾는다.

1980년대에 정치적으로 부활한 부르주아는 1980~1990년대 프레피(Preppie)와 여피(Yuppie) 문화로 이어진다. 1970년대 히피 운동의 열기가 식고 범죄, 노숙자, 결손 가정, 미혼모 등 복지 국가의 폐해가 드러나자 미국 젊은이들이 전통 부르주아 사회와 규율로 눈을 돌린 것이다.

청년 문화의 변화는 패션에서 시작되었다. 랄프 로렌, 캘빈클라인 등 패션 디자이너들이 새로운 소비층을 위해 개발한 클래식 스타일이 프레피, 여피 패션이다. 젊은 도시 전문직(Young Urban Professional)을 의미하는 여피는 단순히 패션 트렌드에 그치지 않는다. 1960~1970년대 위축됐던 전통 부르주아 비즈니스 문화를 실천하고 동시에 새로운 패션과 생활 트렌드를 적극 수용했다. 여피 문화로 청년 세대의 영입에 성공한 부르주아 계급은 조지 부시 대통령이 집권한 2000년대를 거치면서 주류 문화의 지위를 고수한다.

이번 위기는 다르다

2008년 글로벌 금융 위기가 발발하면서 부르주아는 다시 수세에 몰린다. 금융 위기를 겪은 밀레니얼 세대는 '밀레니얼 사회주의'라고 부를 만큼 자본주의의 불평등에 극도의 거부 반응을 보인다. 과거에도 그랬듯이 부르주아는 새로운 저항 문화에 대해 견제와 포섭으로 대응할 것이다. 1930년대 이후 복지 국가를 수용했듯이, 새로운 도전에 대해 한편으로는 수용하고 또 한편으로는 저항하면서 지배적 지위를 지킬 가능성이 높다.

2016년 도널드 트럼프(Donald Trump)의 당선에서 볼 수 있듯이 정치적으로는 포퓰리즘과 민족주의로 새롭게 구축한 다수 연합을, 경제적으로는 하이테크 산업을 새로운 부르주아 계급의 본거지로 삼는다. 라이프스타일 관점에서는 부르주아의 문화적 대응을 주목해야 한다. 부르주아 대응을 선도하는 산업은 명품 산업이다. 명품 산업은 밀레니얼의 취향에 따라 스트리트 패션, 힙스터와 히피 문화에서 새로운 명품의 소재를 찾는다. 1970년대 히피 문화를 수용해 커피, 스포츠, 유기농, 로컬 푸드 등 새로운 라이프스타일 산업을 개척했듯이, 부르주아 계급은 밀레니얼 사회주의 트렌드를 산업화할 것이다.

부르주아의 반문화 포섭이 이번에도 성공할까? 앞서 논의했듯 부르주아가 역동성을 회복하려면 전통적인 반문화 포섭만으로는 부족할 것이다. 과학 기술 발달로 심화되는 구조적 실업과 공동체 문제를 해결할 수 있는 능력과 도덕성을 동시에 확보해야 한다. 현재의 부르주아 리더십으로 이런 변화가 가능할지는 의문이다. 창의성과 윤리성을 겸비한 새로운 부르주아 그룹이 등장해 내부 개혁을 주도하는 수준의 근본적인 변화가 필요하지 않을까?

03

부르주아 도시의 미래

부르주아 도시의 큰 숙제는
'건물 내부의 개인성과 건물 외부의 공공성'의 공존을 모색하여
창의적인 방법으로 익명성과 공동체의 균형을 회복하는 것이다.

부르주아 도시는 어디일까. 멀리서 찾지 않아도 된다. 우리가 살고 있는 이 도시가 바로 부르주아 도시다. 도시 계획하에 설계되고 운영되는 현대 도시의 원형은 부르주아가 19세기 중반에 완성한 파리와 같은 근대 도시다. 그런데 우리는 부르주아 도시에서 행복한가? 행복하지 않다면 어떤 도시를 새롭게 만들어야 할까. 부르주아 도시의 역사가 제시하는 미래는 새로운 도시가 아니다. 공동체와 상생한 부르주아 도시의 원형, 근대 상업 도시다.

중세 상업 도시에서 근대 상업 도시로

부르주아 도시의 기원은 중세로 거슬러 올라간다. 11세기 이후 시장이 활성화되면서 상인과 수공업자 계층의 부르주아는 영주가 사는 성의 주변에 모여 살기 시작했다. 부르주아 이름 자체도 '부르그(Burg, 성)' 안에 사는

사람을 의미한다. 부르주아의 경제력과 함께 중세 상업 도시도 팽창했으며, 이 중 피렌체, 제노바, 베네치아, 브루게, 뤼베크 등이 르네상스 시대와 근대를 연 중심 도시가 된다.

부르주아 도시는 산업 혁명을 통해 중세 상업 도시에서 근대 상업 도시로 발전한다. 대표적인 근대 상업 도시가 16세기 암스테르담이다. 최초의 근대 상업 도시답게 암스테르담은 1588년 스페인 군주를 몰아내고 공화국 정부를 수립함으로써 미국 혁명, 프랑스 혁명 등 부르주아 시민 혁명 시대의 도래를 알렸다. 당시 암스테르담에 망명해 살던 데카르트는 그곳에서 재화와 자유를 발견했다. 경제적 자유로 부를 축적했고, 축적된 부는 더 큰 경제적 자유를 누릴 수 있게 했다.

"생활에 필요한 모든 물품, 사람들이 바라는 모든 진기한 물품을 이토록 쉽게 구할 수 있는 곳, 이토록 완벽한 자유를 누릴 수 있는 곳이 세계에 어디 또 있겠는가?"[3]

암스테르담의 공간적 구조는 상인의 도시였다. 서구 무역의 중심지답게 설탕, 향료, 커피, 도자기 등 수많은 신세계 상품이 항구로 몰려들었고, 암스테르담 상인들은 이를 수송할 수 있는 운하와 창고, 이를 거래할 수 있는 거래소를 건설했다. 상인들은 상업 공간과 생활 공간을 구분하지 않았다. 거주지의 일부가 창고였고, 일부가 생활 공간이었다.

---

3 『18세기 도시』, 정병설 外, 문학동네, p.13

근대 상업 도시의 공동체 문화

근대 상업 도시의 중심에는 도시 운영에 필요한 교회, 시청, 그리고 다양한 비즈니스와 시장이 모여 있었다. 거주 지역은 귀족, 중인, 서민 지역으로 구분됐다. 귀족은 궁전, 성, 장원과 같은 공동체와 격리된 공간에서 생활했다. 귀족과 달리 수공업자, 상인으로 구성된 부르주아는 시장과 거리를 중심으로 삶터와 일터를 꾸렸다. 이들은 사회와 일상에서 격리된 공간에서는 생존할 수 없는 직업의 계급이었다. 부르주아 계급과 부르주아 도시가 부상함에 따라 도시 문화의 중심이 궁전에서 거리로 옮겨졌다. 궁전의 전유물인 미술관, 공연장, 도서관이 거리로 나온 것이다.

부르주아 계급은 대중이 접근할 수 있는 문화 시설을 적극적으로 건설하고 후원함으로써 스스로를 귀족과 차별화했다. 박물관, 미술관, 콘서트홀 등 우리가 향유하는 대중적인 문화 예술 시설은 부르주아 혁명의 결과물이다. 부르주아는 문화의 영역도 확장했다. 사람이 많이 모여 있고 걸어 다니는 시장과 거리의 문화가 새로운 문화로 등장한다. 도시의 거리를 산책하는 시민, 그들이 찾는 카페, 술집, 잡화점 등 상업 시설이 어우러져 만든 거리 문화가 도시 문화의 중심으로 진입했다.

새로운 부르주아 문화를 바탕으로 상업 도시를 넘어 근대 대도시로 확장한 도시가 파리다. 부르주아 혁명의 혼란이 진정되는 1830년대, 아케이드, 레스토랑, 카페, 가로등 등 우리가 근대 도시 문화의 아이콘으로 여기는 거리 문화가 파리에서 출현한다. 오염물로 가득했던 파리 거리가 새로운 형태의 도시 문화를 즐길 수 있는 거리로 변신했다. 이런 거리 문화를 배경으로 산책자(Flaneur) 중심의 파리의 보헤미안 문화가 태동한다.

파리가 대표적인 근대 도시로 탈바꿈하는 과정에 결정적으로 기여한 사

19세기 뉴욕 거리와 상류 사회 가족

람이 1860년 파리 개조 사업을 시작한 조르주 오스만 백작이다. 오스만 백작은 파리를 거리, 마을, 공원, 공공 미술 중심의 근대 도시로 탈바꿈했다. 오스만 도시 계획의 결과가 전차, 백화점, 레스토랑, 거리, 박람회, 미술관, 공원으로 대표되는 근대 문화의 탄생이다.

『부르주아의 시대 근대의 발명』의 저자 이지은은 19세기 후반 파리를 극장, 광장, 루이 16세기의 복고풍 가구, 오리엔트 여행, 일본 도자기, 백화점, 박람회, 미식, 인상파, 아르누보의 유리 공예에 열광한 부르주아의 도시로 묘사한다.

근대 산업 도시의 좌절

산업화 과정에서 부르주아가 상업 도시만 건설한 것이 아니다. 맨체스터,

디트로이트 등 특정 산업에 특화된 수많은 산업 도시를 건설했다. 뉴욕, 보스턴, 시카고, 런던, 도쿄와 같은 상업 도시에도 대규모 산업 시설이 진입했다. 산업 시설, 자동차, 석탄 연료가 뿜어낸 매연은 이들 도시의 공기를 심각한 수준으로 오염시켰다. 1920년대 뉴욕, 도쿄, 런던을 방문한 조선의 지식인들은 하나같이 숨쉬기 어려운 공기에 대해 불평했다.

산업 도시의 공동화는 1950년대 본격화된다. 제2차 세계 대전 직후 시작된 미국의 탈산업화는 주민의 도심 탈출, 남서부 지역으로의 대규모 이주와 동시에 진행되면서 전통적인 산업 도시들을 초토화했다. 세인트루이스, 디트로이트, 클리블랜드, 버펄로 등 대표적인 산업 도시의 현재 인구는 가장 융성했던 1950년의 40~50% 수준에 불과하다. 전쟁 폐허같이 버려진 산업 도시의 도심은 대규모 인구 감소가 얼마나 무서운 현상인지 극명하게 보여준다.

이런 추세에 변화가 생긴 것은 2000년대 중반이 되어서였다. 피츠버그, 클리블랜드, 시러큐스 등 몇몇 산업 도시가 간신히 인구 감소 추세를 극복하고 성장세로 돌아선 것이다. 하지만 전체적으로 보면 미국 중서부의 산업 도시는 계속 인구를 잃고 있다. 미국의 도시학자 에드워드 글레이저(Edward Glaeser)가 단언하는 대로 산업 도시의 시대는 다시 돌아오지 않을 것이다.

게이티드 커뮤니티(Gated Community)에 갇힌 부르주아 사회

탈근대에 접어든 현재의 부르주아 도시는 어떤 상황인가? 외형만 보면 부르주아의 중심지인 대도시는 계속 성장하고 있다. 미국 경제의 부흥을 이끄는 도시들도 대서양과 태평양 연안의 슈퍼스타 도시다. 그러나 2008

년 글로벌 금융 위기 이후 악화된 소득 불평등 논쟁은 현대 대도시의 지속 가능성을 의심케 한다. 세계의 모든 대도시가 부동산 폭등, 주거 젠트리피케이션, 노숙자 등 내부 양극화 문제로 위기를 맞고 있다.

여러 요인이 있겠지만 필자는 현대 대도시의 불평등은 상당 부분은 부르주아 사회의 폐쇄성에 기인한다고 생각한다. 부르주아는 경제적, 정치적 패권을 쟁취한 19세기 후반 이후 대중으로부터 멀어지기 시작했다. 그 후 계속적으로 악화되고 있으며, 국가별로 차이는 있겠지만 현대 부르주아 계층이 공통적으로 선호하는 키워드는 크게 자동차, 게이트, 부티크, 공원 네 가지다.

자동차는 현대 사회에서 중요한 부의 상징 중 하나다. 부자라면 남들이 부러워하는 고급 자동차를 다수 보유하는 것은 기본이다. 문제는 공간이다. 부자가 주차 공간을 확보하기 위해서는 교외의 대저택이나 도심 대형 아파트 단지에서 살아야 한다. 부자가 사는 도시의 도로도 자동차 이동이 편리해야 한다. 도심에 부자 지역이 있다면 그 지역은 자동차가 많이 다닐 수 있도록 대로 중심으로 구획된 지역일 것이다.

두 번째 키워드인 게이트(Gate)는 장벽을 의미하며 이 또한 현대 상류 사회의 계급과 신분 의식을 강하게 드러낸다. 이들은 스스로를 다른 계급과 격리하면서 계급의 정체성과 연대성을 공고히 한다. 현대 부르주아가 계급을 구분하는 방법은 주거지, 학교, 클럽이다.

상류 사회가 선호하는 주거 지역은 '게이티드 커뮤니티'다. 이는 자동차와 보행자의 유입을 엄격히 제한하고 보안성을 향상한 주거 지역으로, 거주민은 게이트와 울타리를 마련하고 경비원을 고용한다. 게이티드 커뮤니티는 일반적으로 교외의 주택 단지 형태를 띠지만, 도심에서도 주상 복합 등 아파트 단지를 통해 폐쇄성을 유지한다. 게이티드 커뮤니티는 코업(CO-OP), 주민회, 골프 회원권 등 다양한 방법으로 입주자의 자격을 심사하고 규제한다. 뉴욕 부르주아가 가장 선호한다는 어퍼이스트사이드(Upper East Side)에서 가장 들어가기 힘든 아파트가 주거 협동조합을 의미하는 코업이다. 코업에 입주하기 위해서는 협동조합 운영위원회의 엄격한 심사를 받아야 한다. 슈퍼스타 가수 마돈나, 리처드 닉슨 전 대통령의 입주 신청도 거부할 만큼 보수적인 기준으로 입주자를 심사한다.

또 하나의 게이트는 학교다. 현대 부르주아 도시는 공통적으로 학교의 입학을 제한하여 신분을 유지하고 통제한다. 어퍼이스트사이드에서 지역 내 어린이집, 유치원, 초등학교, 중·고등학교로 이어지는 학연은 신분 유지의 핵심 기재다. 거주지 학연은 궁극적으로 일류 대학의 상징인 아이비리그 진학으로 이어진다. 어퍼이스트사이드 상류층은 이런 학연과 혼인 관계로 부를 세속하고 유지하려고 노력한다. 주민이 선호하는 사립학교 입학의 기준이 따로 있는 것은 아니다. 일류 학교에 진학하기 위한 가장 중요한 자격은 기존 학부모의 추천이다. 기존 상류 사회와 연고가 없는 사람이 진입하기는 거의 불가능하다. 『파크 애비뉴의 영장류(Primates of Park Avenue)』의 저자 웬즈데이 마틴(Wednesday Martin)에 따르면 부르주아 사회의 게이트는 입학으로 끝나지 않는다. 학부모 내부의 계급 구조를 극복하지 못하면 자녀가 학교 생활을 정상적으로 하기 위한 네트워크를 만들지 못한다.

마지막 게이트는 공식·비공식 클럽이다. 부르주아 도시에는 다양한 사교 클럽이 활동한다. 어퍼이스트사이드 사회도 메트로폴리탄 클럽(Metropolitan Club), 코어 클럽(Core Club), 예일 클럽(Yale Club) 등 맨해튼의 대표적인 사교 클럽 중심으로 움직인다. 어퍼이스트사이드에 위치한 미국외교협회(Council of Foreign Relations)도 뉴욕 부르주아의 사교 클럽으로 이해해야 한다. 골프 클럽도 부르주아 사회를 연결하는 중요한 사교 클럽이다. 공식적인 클럽만 존재하는 것이 아니다. 어쩌면 보이지 않은 비공식 클럽이 더 중요할 수 있다. 학교부터 고급 식당과 상점까지, 모든 고객은 동등하게 대우받지 않는다. 이들은 구성원 사이의 신분을 엄격하게 구분한다. 엄청난 규모의 부를 소유하지 않으면 어퍼이스트사이드의 최상위 클럽에 진입하기 어렵다. 돈만 강조하는 것은 아니다. 자선 행사, 미술관 후원회, 학교 이사회 등 지역 사회 공공재를 위해 많은 기부를 해야 최상위 클럽의 멤버가 된다.

세 번째 부르주아를 나타내는 키워드는 부티크다. 부르주아들은 신분적 차별성을 중시하기 때문에 대중이 모이는 상가는 기피한다. 대신 부티크가 모여 있는 쾌적하고 한적한 상점가를 선호한다. 어퍼이스트사이드에도 일반인이 접근하기 어려운 고급 백화점과 부티크를 중심으로 상권이 형성되어 있다. 예술가와 창의적인 소상공인이 활동하는 골목 상권은 부르주아 지역에 어울리지 않는다.

마지막 키워드인 공원을 통해 부르주아 계급에게도 복잡한 도시의 일상에서 도피할 자연 공간이 필요하다는 것을 알 수 있다. 어퍼이스트사이드의 대표적인 공원은 센트럴 파크(Central Park)다. 이곳 주민들이 사랑하는 센트럴 파크에는 상업 시설을 찾기 어렵다. 주민들이 자연 그대로를 유지하고 싶어 해서일까? 다른 이유가 더욱 중요할 수 있다. 동네를 혼잡하게 하는 유원지를 원하지 않기 때문이다. 유원지가 되면 원하지 않는 다양한 부류의 사람이 출입하게 되고 대규모 유동 인구는 상류 사회 지역의 삶의 질

스위스 라쇼드퐁(La Chaux de Fonds)

과 배타성(Exclusiveness)을 떨어뜨리기 때문이다.

한국에도 부르주아 도시가 존재한다. 한국 사람이 가장 선망하는 강남의 키워드를 살펴보자. 대로(大路)와 발레파킹은 자동차 도시에, 주상 복합과 학원과 골프 클럽은 게이티드 커뮤니티에, 백화점과 명품점은 부티크 상권에, 한강과 양재천 공원은 비상업적 공원에 상응한다.

가장 도시적인 삶

현대의 많은 건축가는 부르주아 도시의 폐쇄성을 우려한다. 일부는 서울의 폐쇄적 주상 복합이나 요새같이 세워진 중정형 단독 주택을 '자폐 건축'이라고 비판한다. 자폐 건축은 생태, 친환경, 공동체 등 미래 사회가 지향하는 가치와 충돌한다. 가장 우려되는 부분은 공동체 기피증이다. 부르주아 도시의 큰 숙제는 '건물 내부의 개인성과 건물 외부의 공공성'의 공존을 모색하여 창의적인 방법으로 익명성과 공동체의 균형을 회복하는 것이다.

20세기 도시 건축의 거장 르 코르뷔지에(Le Corbusier)는 자본주의 사회에 '(사회주의) 혁명이냐, (아파트) 건축이냐'는 물음을 던졌다. 열악한 주거 환경에서 신음하는 노동자를 위한 아파트 도시를 건설해야 자본주의를 구할 수 있다는 것이 그의 신념이었다. 르 코르뷔지에의 대형 신도시는 사회주의 실험이었을 뿐, 탈권위주의의 현대 사회에 적합한 모델은 아니다. 보행자, 거리, 공동체, 자연, 이웃이 탈물질주의 감성에 맞는 키워드다. 전상인 교수의 지적대로 사회학적 상상력으로 공간의 빈곤을 극복하고 새로운 대안을 찾아야 한다.

건축가 황두진은 '가장 도시적인 삶'을 제공하는 건축으로 일터와 삶터가 가까이 있는 '무지개떡 건축'을 제안한다. 세운상가와 같은 거리 친화적인 상가 아파트가 도심의 밀도를 높이고 공동체와 공존하는 도시 문화를 촉진하는 무지개떡 건축의 대표적인 유형이다. 역설적이지만 탈근대 도시의 원형은 근대 상업 도시에서 찾을 수 있다. 르 코르뷔지에는 고향 라쇼드퐁(La Chaux de Fonds)의 시계 공방 건축에서, 황두진은 산업화 시대 한국의 상가 건물에서 영감을 얻었다. 상업, 주거, 생산 공간을 같은 건물에서, 그리고 이를 도시의 거리에 촘촘히 배치한 근대 상업 도시가 도시의 익명성과 공동체를 동시에 실현할 수 있는 현실적인 대안이다.

한국도 이제 명품을 생산할 때

한국이 고유의 명품 브랜드를 개발하길 원한다면,
먼저 브랜드 정체성을 확립해야 한다.
한국다운, 그리고 다른 나라가 복제할 수 없는 브랜드를 개발하는 것이 숙제다.

한국의 부르주아는 어디서 어떤 기회를 추구해야 할까. 부르주아를 대
표하는 직업이 기업인임을 고려한다면, 창업에서 경제적 기회를 찾는 것이
순리다. 하지만 모든 비즈니스가 부르주아 정체성에 어울리는 것은 아니다.
부르주아 문화에 친화적인 비즈니스를 선택해 그 분야에서 창업하는 것이
바람직하다.

부르주아 산업이라고 하면 보통 대량 생산 산업과 이에 필요한 자금을
동원하는 금융 산업을 연상한다. 제조업에서 시작된 대량 생산 산업은 현
재 기술 발전과 세계화를 통해 서비스 산업으로 확장하고 있다. 많은 전문
가가 AI, 로봇, 빅데이터 등 4차 산업 혁명이 본격적으로 진행되면 대량 생
산 산업은 전통적으로 개인 창작자의 영역이었던 문화 창조 산업, 소상공
인의 영역이었던 도소매업, 숙박업, 외식업을 잠식할 것으로 전망한다.

그러나 대량 생산만이 부르주아 산업을 정의하지 않는다. 오히려 소량생

산이지만 부르주아 가치를 구현하고 이를 바탕으로 부르주아 소비자의 구매를 유인하는 명품 산업이 '진짜' 부르주아 산업이다.

국가 차원에서도 한국에 고유의 명품 산업이 나올 때가 됐다. 야망 있는 부르주아라면 이미 존재하는 대량 생산 산업보다는 아직 개척하지 못한 명품 산업에 도전해야 마땅하다.

명품 소비와 생산의 격차

한국은 규모가 상당한 명품 시장이다. 독일의 통계 조사 기업 스타티스타(Statista)에 따르면 2015년 한국 명품 시장의 규모는 108억 유로로 세계 8위에 랭크되었다. 그 때문에 글로벌 명품 기업들은 아시아의 패션 트렌드를 주도하고 밀레니얼의 구매력이 높은 한국을 신상품의 아시아 테스트 마켓으로 사용한다. 그러나 생산지로서의 한국은 초라하다. 8위 권의 시장 규모에도 불구하고 한국 브랜드는 글로벌 회계 법인 딜로이트가 선정한 2017년도 세계 100대 명품 브랜드에 한 건도 진입하지 못했다.

전문가들이 지적한 한국 산업의 문제점은 디자이너, 장인, 투자자, 유통, 기업가 정신 등 생태계의 모든 분야에서 찾을 수 있다. 그중 가장 큰 장애물은 외국 명품을 선호하는 소비문화다. 다른 나라 소비자도 외국 브랜드를 좋아하지만, 한국만큼 외국 브랜드에 대한 신뢰와 선호가 강한 나라는 보기 힘들다. 따라서 한국이 고유의 명품 브랜드를 개발하길 원한다면, 먼저 브랜드 정체성을 확립해야 한다. 한국다운, 그리고 다른 나라가 복제할 수 없는 브랜드를 개발하는 것이 숙제다.

한국의 정체성이 드러나는 소재는 전통, 생활 문화, 지역 등 다양한 분야에서 찾을 수 있다. 최근 한국의 대표적인 의류 브랜드 빈폴이 한국의

1970~1980년대 생활 문화를 모티브로 한 매장과 브랜드를 개발한다는 소식은 고무적이다.

산업 생태계, 명품 선도 국가의 경쟁력

한국 기업이 벤치마크해야 하는 모국 감성의 명품 브랜드가 있다면 프랑스의 에르메스다. 1837년 승마용품을 생산하면서 시작한 에르메스는 17세기 이후 세계를 선도한 모국의 귀족 문화를 계승한 자타가 공인하는 세계 최초, 그리고 최고의 명품 브랜드다.

에르메스 경쟁력은 브랜드 파워에서 엿볼 수 있다. 대표 상품 버킨백 (Birkin Bag)은 구매를 원하는 최상급 부자를 3년씩 기다리게 만드는 파워를 갖고 있다. 가장 싼 가방이 1,000만 원이고, 평균적으로 2~3,000만 원을 호가한다. 그러나 단지 비싸다는 이유만으로 부자들이 이 가방에 '집착'하는 것은 아닐 것이다. 도대체 버킨백이 뭐길래 부자들을 줄 서게 할까?

버킨백의 유래는 평범하다. 1981년 영국 배우 제인 버킨(Jane Birkin)이 영국과 파리를 오가며 사용하는 물건을 스트로백(Straw Bag)에 담았는데 이것을 비행기 오버헤드 컴파트먼트에 넣는 과정에서 내용물을 다 바닥으로 떨어뜨린다. 그 광경을 목격한 장 루이 뒤마(Jean Louis Dumas, 에르메스 CEO)가 버킨에게 그녀와 같은 여성 여행자가 편리하게 들고 다닐 수 있는 백을 만들어주겠다고 약속했다. 그 약속이 지켜져서 탄생한 것이 바로 버킨백이다.

버킨백의 매력은 명품과 활동성의 조합이다. 활동적인 여성이 쉽게 물건을 넣고 다양한 방식으로 들고 다닐 수 있도록 두 개의 손잡이를 장착했다. 명품이지만 보헤미안의 자유로움을 표현할 수 있는 백이다. 버킨백 마케팅

에르메스 승마 용품 디자인

의 핵심은 희소성과 희소성 마케팅이다. 버킨백에 대한 엄청난 수요에도 불구하고 연 생산량을 2,500개로 제한한다. 대기자 명단을 운영해 판매를 조정하는데 그조차도 대기자 수가 일정 수를 넘으면 대기자 명단을 폐쇄한다. 상황이 이렇다 보니 명단에 올라가는 것 자체가 특권으로 인식된다.

웬즈데이 마틴은 『파크 애비뉴의 영장류』에서 매장에서 소동을 피는 사람, 유력자를 대동하는 사람, 눈물로 읍소하는 사람 등 버킨백 구매에 관련된 다양한 일화를 소개한다.

어떻게 보면 에르메스 비즈니스 모델은 단순하다. 부르주아의 경쟁 심리를 이용해 최상층 럭셔리 브랜드의 가치를 유지하는 것이다. 그런데 부르주아 비즈니스라고 해서 항상 부르주아 계층만을 타깃으로 삼을 필요가 있을까? 버킨백과 같이 돈으로도 살 수 없는 명품을 쉽게 만들 수 있다면 부르주아 브랜드도 나쁜 전략이 아니다. 하지만 부르주아가 속 태우며 조급하게 기다리는 명품은 극소수에 불과하다. 또한, 명품 시장의 미래도 불확실하다. 선진국 소비자의 명품 기피로 선진국의 명품 시장은 1990년대 이후 하락세로 돌아섰다. 명품 기피 현상은 미래 소비자인 밀레니얼 사이에서 특히 심하게 일어난다. 중국, 러시아, 중동 등 신흥국 명품 시장이 부상하지 않았으면 럭셔리 산업은 이미 쇠락했을지도 모른다. 따라서 고객층의 확장이 모든 명품 브랜드의 고민이다. 부르주아뿐만 아니라 중상층, 그리고 중산층으로 고객 시장을 넓혀야 할 상황이다.

그렇다면 부르주아 시장을 어떻게 확장할 수 있을까? 생산 시장과 소비 시장 양쪽에서 새로운 기회를 찾아야 한다. 전통적으로 럭셔리 브랜드는 프랑스, 이탈리아 등 귀족 문화와 부르주아 문화를 개척한 국가의 전유물이었다. 프랑스, 이탈리아 럭셔리 기업의 경쟁력은 디자인과 장인이다. 오랜 전통과 기술을 전승한 디자이너와 장인, 그들을 지원하는 커뮤니티, 그리고 명품을 인정하고 분별할 수 있는 소비자가 결합된 산업 생태계가 럭셔리 산업을 지탱한다.

후발 주자의 명품 산업 개척 가능성

미국의 후발 명품 기업도 마찬가지로 지역 문화와 생태계가 경쟁력이다. 마크 제이콥스, 아베크롬비 등 미국 브랜드의 정체성은 뉴욕의 역동적인 도시 문화다. 구찌, 루이뷔통, 발렌시아가와 같이 스트리트 브랜드와 협업하고 히피와 힙스터 문화에서 디자인 소재를 찾는 것이 생산 방식을 차별화하는 동시에 소비 시장을 확장하는 전략이다.

장 노엘 캐퍼러(Jean Noel Kapferer) 교수는 명품 브랜드의 미래를 하이브리드에서 찾는다. 그는 온라인과 오프라인, 명품 문화와 스트리트 문화, 대기업과 스몰 브랜드와의 협업과 협력을 통해 새로운 시장을 개척해야만 생존할 수 있다고 경고한다. 2016년 이후 확산되는 명품 기업의 지속 가능성 브랜딩도 하이브리드 전략의 일환으로 해석할 수 있다.

부르주아 비즈니스의 기본에 충실한 것도 좋은 전략이다. 부르주아 브랜드의 경쟁력은 부르주아다움과 부르주아 고객의 충성심이다. 그렇다면 부르주아가 모여 사는 부르주아 도시가 새로운 아이디어와 비즈니스 모델을 제공할 가능성이 가장 높다.

부르주아 도시 전략의 대표적인 성공 사례가 뉴욕의 어퍼이스트사이드에서 창업한 토리버치(Tory Burch)다. 필라델피아 명문가의 딸 토리버치는 뉴욕 사업가 남편과 결혼한 후 어퍼이스트사이드의 평범한 가정주부로 생활한다. 버치는 자녀가 초등학교에 다닐 만큼 성장하자 젊은 시절부터 꿈꾸던 패션 기업을 창업한다. 처음부터 대기업을 창업할 계획은 아니었다. 타고난 미적 감각을 가진 그녀는 자신이 사는 어퍼이스트사이드의 패션을 싼 값에 생산해 파는 '저렴한 명품' 콘셉트를 비즈니스 모델로 고안했다. 어퍼이스트사이드의 부르주아 문화를 기반으로 어퍼이스트사이드 브랜드를 개발한 것이다. 대외적으로는 싼 가격의 명품으로 마케팅을 하지만, 일부 제품은 어퍼이스트사이드의 부유층뿐만 아니라 연예인도 선호하는 비싼 가격의 명품이다. 2000년대 중반 어퍼이스트사이드를 배경으로 한 드라마「가십걸(Gossip Girl)」에 출현하는 배우들이 토리버치 라인의 옷을 입기 시작하면서 토리버치는 어퍼이스트사이드 브랜드로 자리 잡았다.

더 대중적인 사례는 1980년대 여피 문화를 연 패션 기업 랄프 로렌 (Ralph Lauren)이다. 1960년대 카운터 컬처의 영향으로 부르주아 문화가 위기에 빠졌을 때 미국 전통문화에 기반한 새로운 럭셔리 브랜드로 부르주아 문화를 새로운 라이프스타일로 승화시킨 기업이다. 랄프 로렌은 1968년 '폴로' 브랜드를 만들어 넥타이 사업을 시작했다. 1년 후 폴로 라인은 뉴욕 백화점 블루밍데일이 독자 부티크 공간을 내줄 정도로 인기를 끌었다. 랄프 로렌이 폴로 선수 마크를 가슴에 새긴 남성 폴로 셔츠를 출시한 것은 1972년이다. 1920년대 부르주아 문화를 비판한 영화 「위대한 개츠비(The Great Gatsby, 1974)」에 출연한 배우들이 모두 폴로 라인을 입으면서 폴로 라인은 부르주아 브랜드로 각인된다. 랄프 로렌 브랜드의 시대적 의미도 흥미롭다. 1960년대 히피 운동의 홍역을 겪은 미국은 1970년대 들어와 보수 성향으로 돌아서고 1980년 레이건 대통령의 취임으로 본격적으로 부르주아 문화를 복원한다. 랄프 로렌은 부르주아의 부흥에 편승해 1980~1990년대 부르주아 문화의 상징이 된다.

지역 부르주아 문화 활용하기

한국 정체성 전략 중 우선적으로 추진해야 할 사업이 도시 전략이다. 한국도 선진국과 같이 부르주아 문화를 대표하는 도시와 지역을 마케팅하고 그곳에 생산 클러스터와 테스트 마켓을 구축해야 한다.

한국의 부르주아 중심지는 강남이다. 강남을 모티브로 한 브랜드를 개발하고 강남 정체성을 공개적으로 홍보하는 브랜드가 한국에서 성공할 수 있는 부르주아 브랜드다.

최근 강남 브랜딩을 시도한 기업이 늘고 있다. 강남에서 시작했고 강남 경험을 통해 강북으로 진출한다는 공유 오피스 기업 '패스트파이브', 아우어 베이커리, 도산 분식 등 강남 브랜드를 연속 출시하는 '씨앤피컴퍼니', 잠실 기반 F&B 기업 '일도씨패밀리'가 대표적인 사례다.

또 비엔나(Vienna)의 클래식 음악을 현지와 자체 스튜디오에서 체험하는 프로그램을 운영하는 '풍월당', 명품 클래식 안경을 연구해 자체 안경 브랜드를 출시한 '프레임몬타나', 해외 명품 가방의 위탁 생산을 거쳐 자체 브랜드를 생산하고 도산공원에서 플래그십 스토어를 운영하는 '시몬느' 등 명품 문화를 기반으로 새로운 서비스와 상품을 개발하는 기업도 나타나기 시작했다.

아직 강남을 공개적으로 표방하는 브랜드로 대기업으로 성장하거나 세계적인 주목을 받은 기업은 찾기 어렵다. 한국은 전반적으로 지역 기반 비즈니스 개념 자체가 생소한 나라다. 다른 라이프스타일 비즈니스 영역과 마찬가지로 부르주아 시장에서도 지역에 내재된 문화에서 새로운 비즈니스 모델을 개발하는 기업은 흔하지 않다.

특히 해외 브랜드 선호도가 높은 강남 지역에서 강남 문화를 기반으로 한 브랜드를 개척하는 것은 쉬운 일이 아니다. 그래서인지 위에서 언급한 강남 브랜드는 대부분 아직 확장을 계획하는 초기 단계다. 하지만 미래는 다를 수 있다. 아직은 세계적인 명품 브랜드를 배출하지 못했지만, 현재 연예, 패션, 뷰티, 콘텐츠 등을 활용한 브랜드 개발이 활발하다. 강남 문화 자체를 한류로 제안하지 말고 한국적인 부르주아 문화로 재해석해 새로운 기회를 찾아야 한다.

2장

보헤미안

도시에서 안식처를 찾은 보헤미안

보헤미안이 정부와 기업에 의존하지 않고
독립적인 경제 주체로 활동할 수 있는 창조 도시가
새로운 보헤미안의 안식처로 부상하고 있다.

우리 안에 보헤미안(Bohemian)이 존재한다. 젊은 시절 통기타 가수를 선망하지 않은 기성세대는 아무도 없다. 현실만 허락한다면 대부분의 사람은 보헤미안이 되기를 원할 것이다. 보헤미안이 어떤 사람이길래 그럴까.

사전적 의미는 '사회 관습에 구애되지 아니하고 방랑적이며 자유분방한 생활을 하는 사람'이다. 사람은 일을 통해 라이프스타일을 구현하기 때문에 보헤미안의 일이 무엇인지도 질문해야 한다.

보헤미안을 대표하는 직업은 예술가다. 예술가적 삶의 중심에는 개인주의, 고독, 창작이 있다. 홀로 아틀리에에서 창작을 위해 집중하고 노력하는 것이 일상적 이미지다. 창작의 고통으로 괴로워하는 것도 삶의 일부다. 고립과 고독이 예술가의 삶을 표현하는 유일한 단어는 아니다.

예술가를 연상케 하는 또 하나의 이미지는 바로 카페다. 영화 「미드나잇 인 파리(Midnight in Paris)」가 보여주듯이 파블로 피카소(Pablo Picasso),

어니스트 헤밍웨이(Ernest Hemingway), 프랜시스 스콧 피츠제럴드(F. Scott Fitzgerald) 등 1920년대 파리의 예술가들은 생제르맹 거리 카페에서 동료들과 자유롭게 교류하고 토론했다. 연대와 교류는 창작 과정의 일부로, 때로는 공동 작업으로 이어지기도 했다.

보헤미안의 조건

누구에게나 보헤미안은 로망이지만 누구나 선택할 수 있는 것은 아니다. 제일 중요한 조건이 재능이다. 예술가의 창조성은 어떻게 만들어질까? 많은 사람이 생각하는 것처럼 예술적 재능은 타고나는 것일까? 예술가들은 창작이 노력의 결과라고 말한다. 그렇다면 예술가에게 가장 중요한 창작 소재는 무엇일까? 바로 자기 자신이다. 잭슨 폴록(Jonathan Pollack)은 페인팅을 자신의 표현이고 재발견이라고 했다. 그만큼 예술과 창작은 지극히 개인적인 일이며 예술가의 자아를 실현하는 과정이다. 자연 또한 예술가에게 중요한 소재이자 영감이다. "나는 자연과 밀착된 혼융(Fusion) 외의 다른 바람이 없다"라고 말한 클로드 모네(Claude Monet)처럼 예술가는 자연과 교감한다. 미국의 랄프 왈도 에머슨(Ralph Waldo Emerson), 헨리 데이비드 소로(Henry David Thoreau), 영국의 윌리엄 워즈워스(William Wordsworth) 등 일부 예술가는 속세를 버리고 자연에 귀의하는 삶을 선택하고 지지했다.

예술가에게 개성, 자유, 다양성, 창의성, 자연은 중요한 가치다. 규율, 조직, 효율성을 추구하는 부르주아 가치와는 상반된다. '자유로운 영혼'이 예술가의 기질을 가장 정확하게 표현한다. '예술을 위한 예술'이란 표현이 말해주듯이 예술가에게 예술은 그 자체로 최상의 가치다.

또한 공적 역할도 중요하다. 예술가에게 예술은 단순히 개인적인 감정과 가치를 표현하는 수단이 아니다. 예술의 공적인 역할과 가치에서 의미를 찾는다. 예술가는 예술을 통해 인간 사회를 풍요롭게 하고, 개인을 자유롭게 만들며, 사회의 평화와 화합을 실현하려 노력한다.

가장 직접적인 사회 참여 방법이 예술을 통해 사회적 문제를 부각하고 그 대안을 표현하는 것이다. 정치적인 이념이나 사회성이 없는 순수 예술 영역에서도 예술은 공적인 가치를 지닌다. 아름다움과 진리의 추구를 통해 인간의 상상력을 넓히고 삶을 풍요롭게 만들기 때문이다. 사회를 바꾸고 싶은 예술가는 추상적인 이념이나 가치를 경계한다. 사회와 동떨어진 상상의 세계보다는 실제 생활과 삶에서 영감을 얻고 삶의 의미를 찾는다. 생활과 연결된 예술, 즉 보편적인 인간 삶의 질에 직접적으로 기여할 수 있는 예술이 진정한 예술이라고 생각한다.

예술과 자본주의의 모순

보헤미안의 삶을 선택하기를 주저하는 가장 큰 이유는 물질에 있다. 물질은 개인의 삶과 직접적으로 연결되는 문제다. 예술가는 물질과 어떤 관계를 설정할까? 대부분의 예술가는 물질을 불편해한다. 예술가의 직업 윤리는 '예술을 위한 예술 활동(Art for Art's Sake)'이다.

대부분의 예술가는 물질적 보상보다는 예술적 가치를 추구해야 한다는 사명감이 강하다. 생계유지, 재료 구입 등 예술을 자유롭게 추구하는 데에 필요한 만큼의 물질만을 원한다. 하지만 예술가는 철저하게 시장 경제 안에서 활동한다. 작품을 판매해야만 안정되게 예술 활동을 추구할 수 있기 때문이다. 극히 일부 예술가가 상업적으로 성공하기 때문에 예술가에 가해

지는 경쟁 압박은 다른 어떤 직업보다도 가혹하다.

경제학자 셔윈 로젠(Sherwin Rosen)은 아주 적은 수의 생산자가 시장을 주도하고 다수의 생산자가 궁핍을 벗어나지 못하는 예술 시장을 '슈퍼스타 경제'로 표현한다. 미술, 대중음악, 출판, 연예 등 모든 예술 시장은 예외 없이 슈퍼스타 중심으로 움직인다. 평범한 예술가는 생계유지도 어려운 것이 현실이다. 대가의 반열에 오른 예술가도 성공 과정에서 파산을 걱정하는 어려운 생활을 했다.

더욱이 예술 시장은 자력만으로 성공하기 어려운 시장이다. 소비자는 예술품을 보고 스스로 그 가치를 평가하기가 어렵기 때문에 비평가, 대중매체 등에 의존해 판단하는 경우가 많다. 이처럼 독립적인 평가가 어렵기 때문에 이미 인정받은 예술가를 선호하는 '쏠림 현상'이 일상적으로 발생한다. 이러한 예술 시장에서 예술가가 의존하는 기업의 형태가 중개 비즈니스(Intermediary Business)다. 경제학자 리처드 케이브스(Richard Caves)는 예술가를 발탁하고 상업적으로 관리하는 중개 비즈니스가 문화 산업을 주도하는 이유를 평판이 중요하고 쏠림 현상이 만연한 예술 시장의 성격에서 찾는다. 저술 시장에서는 출판사, 미술 시장에서는 갤러리, 대중음악에서는 기획사가 중개인 기능을 수행한다. 상황이 이렇다 보니 예술가가 시장에서 성공하기 위해서는 생산자와 소비자를 연결하는 중개 비즈니스에 의해 먼저 '발탁'되어야 한다.

타고난 기질이 개인주의적이고 자유가 예술 활동의 필수 조건이기 때문에 예술가는 본능적으로 진보적이다. 시장 효율성과 자본 축적을 중요시하는 자본주의와 시장 경제에 우호적일 수가 없다. 이런 예술가가 극심한 시장 경쟁의 관문을 통과해야 하기 때문에 다수의 예술가가 반자본주의적

도시 공간으로 진입한 멜버른의 예술가 공간

성향을 보이는 것은 놀랄 일이 아니다.

예술 발전 동력으로서 자본주의

부르주아에 대한 예술가의 적대감을 과대평가할 필요는 없다. 현대의 부르주아는 보헤미안이 혐오하는 19세기의 부르주아가 아니다. 교육과 수월성으로 성공한 현대 부르주아는 엘리트의 교양과 예술적 안목이 중세 귀족에 뒤지지 않는다. 19세기 이후 예술가들은 자본주의, 부르주아와 공생하는 방법을 배웠다.

예술 산업은 또한 상업적 경쟁을 통해 진화하고 발전해왔다. 순수 예술과 상업 예술의 구분도 임의적이다. 밥 딜런(Bob Dylan)의 노벨 문학상 수상에서 볼 수 있듯이 어제의 상업적 예술이 오늘의 순수 예술로 자리 잡는다. 또한 현대와 미래의 예술이 특정 계급의 전유물이 아니게 되었다.

무엇보다 시장은 기성 예술에 도전하는 예술가에게 새로운 기회를 제공한다. 새로운 예술과 예술가를 발굴해야 하는 시장적 압력이 존재하는 자본주의 사회이기에 아방가르드(Avant Garde) 운동이 지속될 수 있는 것이다. 미디어 아트, 테크노 아트, 로봇 아트 등 예술 산업이 새로운 영역으로 확장하고, 유튜버, 스트리트 아티스트 등 새로운 유형의 예술가가 끊임없이 진입할 수 있는 것도 결국 시장의 힘이다.

창조 도시에서 안식처를 찾다

예술가와 자본주의의 긴장 관계는 기술이 발전하고 취향이 다양화된 탈산업화 사회에서 크게 완화된다. 보헤미안이 정부와 기업에 의존하지 않고 독립적인 경제 주체로 활동할 수 있는 창조 도시가 새로운 보헤미안의 안식처로 부상하고 있다. 창조 도시론을 제기한 리처드 플로리다(Richard Florida)는 하이테크 기업인과 엔지니어와 더불어 예술가와 크리에이티브를 창조 도시를 견인하는 창조 계급으로 분류한다. 한국에서도 예술가가 홍대와 같은 문화 지역에서 스타트업, 소상공인과 함께 매력적인 도시 문화뿐 아니라 고용을 창출하는 도시산업을 개척한다.

창조 도시에서 보헤미안의 활동은 전통적인 예술 활동에 한정되지 않는다. 보헤미안은 이제 공간 재생, 복합 문화 공간, 로컬 콘텐츠 등 창의적인 비즈니스 모델로 도시에서 사람을 모으는 공간을 창업하고 운영한다. 예술가와 크리에이터가 중개 기업에 의존하지 않고 패션, 유통 등 소비재 산업의 기업과 협업할 수 있는 브랜드 개발과 디자인 시장도 확장하고 있다.

또한, 예술과 산업이 창조 도시에서 융합된다. 예술가와 무관하다고 생각해온 소비재와 리테일 산업을 살펴보자. 소비자의 취향이 가성비에서 감성, 체험, 심미 등 가치 소비로 전환되면서 모든 소비재 기업이 소비자를 위한 예술적 가치를 창출해야 하는 압박을 받고 있다. 이는 소비자의 다양한 욕구를 만족시키고, 더 나아가 편집, 체험, 스토리텔링을 통해 소비자에게 새로운 라이프스타일을 제안하는 능력을 갖춘 기업만이 문화 경제 시대에 성공할 수 있음을 의미한다.

문화적 가치의 창출은 대기업만의 문제가 아니다. 골목 상권이 부상하고 상권 간 경쟁이 격화되면서 골목 상인도 예술가가 되고 있다. 지역성과 연결된 고유의 콘텐츠로 새로운 가치를 창출하는 로컬 크리에이터는 자신의 가게를 하나의 예술의 장, 창작의 공간으로 인식한다. 골목 상권에서 가게가 공간으로 불리는 이유가 여기에 있다.

심리학자 매슬로(Abraham Maslow)는 예술의 생산과 소비를 인간의 자연스러운 욕구라고 본다. 그의 동기위계설(Hierarchy of Needs)에 따르면 자기표현, 자아실현, 즉 예술에 대한 욕구는 안전과 물질에 대한 욕구가 충족되면 자연스럽게 발현되는 최상위 욕구다. 예술과 예술가의 영역이 확대되는 것은 선진국 사회가 실현한 물질적인 풍요의 결과로 볼 수 있다.

예술의 저변이 확대됨에 따라 예술 생산도 특정 예술가 계층에 의존하지 않는다. 예술은 이제 직업 예술가의 전유물이 아니다. 예술의 영역이 대중문화와 생활 문화로 확장되면서 모든 사람이 예술가가 되지 못하면 생존하기 어려운 문화 경제 시대가 왔다.

보헤미안이 안식처를 찾은 창조 도시는 계속 증가하고 있다. 모든 도시가 추구하는 보편적인 모델이 됐다고 해도 과언이 아니다. 머지않은 장래에 경제 전체가 창조 도시의 모습으로 전환될 것이다.

보헤미안 자신의 미래도 희망적이다. 로봇이 단순 노동을 대체하는 미래에서 인간이 할 일은 무엇일까. 많은 미래학자가 예술에서 인간 고유의 일을 찾는다. 인간은 급격히 늘어나는 여가 시간을 예술 소비와 생산으로 충당할 것이다. 보헤미안의 일, 즉 재미있는 일, 의미 있는 일, 아름다운 일이 인간의 일로 남는 것이다.

02

예술가 보헤미안에서 상인 보헤미안으로

예술과 산업의 공존에도 불구하고 보헤미안의 기질은 변하지 않았다.
다수의 예술가는 지금도 예술성과 상업성의 사이에서
반시장, 반자본주의 성향을 보인다.

보헤미안 운동은 19세기 초에 등장했다. 파리 예술가를 중심으로 부르
주아 계급과 물질주의에 대한 저항에서 출발했다. 자연주의, 미술 공예 운
동(Arts and Crafts Movement), 바우하우스(Bauhaus), 사회 복지, 환경주
의, 사회주의 등 수많은 유산을 남긴 19세기 보헤미안 운동은 제1차 세계
대전을 기점으로 막을 내린다. 아쉽게도 보헤미안이 19세기 내내 갈망했
던 경제적인 독립은 끝내 실현하지 못한다.

19세기 보헤미안은 왜 실패한 것일까. 창조 도시에서 정부와 자본으로부
터 독립성을 확보한 21세기 보헤미안의 사례를 보면 교훈을 얻을 수 있다.
19세기 보헤미안은 21세기 보헤미안과 같이 도시를 활용하지 못했다. 그
이유는 보헤미안의 정체성에서 찾을 수 있다. 도시를 활용하기 위해서는
상인이 되어야 했지만, 상인에 대한 적대감을 중심으로 형성된 보헤미안의
정체성이 이를 허락하지 않았다.

반부르주아 운동으로 시작된 보헤미안 운동

부르주아에 대한 보헤미안의 반감은 어쩌면 자연스러운 반응이었다. 전근대 사회에서 귀족에 의존했던 예술가는 근대 사회로 넘어오면서 귀족으로부터 독립했다. 그러나 그 자유는 오래가지 않았다. 새로운 고객으로 등장한 대중을 만족시키고, 시장에서 경쟁해야 하는 것이 그렇게 녹록지 않았다. 특히 시간이 지날수록 지배력을 강화한 부르주아를 상대하기가 어려웠다. 자신보다 아래 계급으로 여겼고 '가게 주인(Shopkeeper)'이라 폄하했던 부르주아가 지배 계급에 올랐으니 적지 않은 충격을 받았을 것이다.

예술가가 부르주아, 그리고 부르주아에 순응한 중산층에 분개한 이유는 그들의 물질주의 때문이다. 정확히는 인간의 창의력을 억제하는 물질주의의 획일성에 반발한 것이다. 기질적으로 영웅적인 행동, 혁명적인 변화를 선호하는 예술가에게 부르주아 질서에 순응하는 중산층 역시 경멸의 대상이었다. 파리의 예술가들은 자신의 소외를 저항을 통해 해소하려 했다. 도시에 부르주아가 접근할 수 없는 자신만의 구역을 만들었다. 머리를 기르고 기이한 복장을 입으며 자신을 차별화했다. 부르주아에게는 전투적으로 저항했다. "부르주아를 떨게 만들자 (Shock the Bourgeois)"[4]가 파리의 보헤미안이 흔히 쓰는 구호였다. 이러한 보헤미안의 부르주아에 대한 적대감은 노동자, 범죄자, 극빈자 등 사회 소외층에 대한 관심으로 이어졌다. 19세기 현실주의자들은 부르주아 사회의 어두운 면을 그림, 조각 등으로 적나라하게 표현했다. 그중 일부는 부르주아 문화에 오염되지 않은 아프리카, 아시아의 이국적인 문화를 찬양했다.

---

4 『Bobos in Paradise』, David Brooks, Simon&Shuster, 2000, p.67

보헤미안의 어원은 체코 공화국의 한 지역인 보헤미아(Bohemia)에서 비롯되었다. 방랑 생활을 하는 집시들이 보헤미아 지역에서 유래했다고 생각한 프랑스인들은 집시를 보헤미안이라고 불렀다. 19세기 초 예술가들이 집값이 싼 집시 지역에 모여 살기 시작하면서 대안적 라이프스타일을 추구한 예술가를 보헤미안이라고 부르기 시작했다.

보헤미안 예술가의 차별성은 라이프스타일이다. 한 지역에 오래 머무르지 않는 방랑자적인 자유분방한 삶을 살았고, 돈이 없어도 근심하지 않았으며 때로는 일부러 가난하게 살기 위해 노력했다. 그러나 모든 보헤미안이 무명으로 산 것은 아니다. 보헤미안 운동은 많은 예술가를 배출했고 다양한 형태로 19세기 파리 예술계에 영향을 미쳤다.

보헤미안과 프랑스 문화사

보헤미안 운동의 가장 큰 예술적 유산은 19세기 낭만주의와 자연주의다. 19세기 프랑스 예술은 7월 왕정의 낭만주의에서 제2제정기의 자연주의로 전환하는 것이 큰 흐름이다.

아놀드 하우저(Arnold Hauser)에 따르면 보헤미안 주의는 스탕달과 발자크가 주도한 낭만주의 문학, 플로베르와 쿠르베가 대표하는 자연주의 예술의 발전에 모두 기여했다. 먼저 낭만주의는 18세기를 지배한 계몽주의와 고전주의에 대한 반발에서 시작되었다. 개인의 감수성과 창조성을 중시한 낭만주의자들은 계몽주의가 강조한 이성, 고전주의가 제시한 보편적이고 절대적인 미의 기준을 거부했다. 기존 사회의 질서를 거부하고 인간이 만든 사회보다는 자연과 인간의 내면에 진실이 있다고 믿는 것이 낭만주의에 내포된 보헤미안적 가치다.

바우하우스 데사우(Bauhaus Dessau)

　노동자와 평민의 일상을 작가의 예술적 개입 없이 있는 그대로 묘사한 자연주의는 더욱더 보헤미안 철학과 가까웠다. 자연주의는 부르주아에 대한 정치적인 저항 운동이었다. 자연주의의 과학주의로 불리는 플로베르의 소설, 쿠르베의 회화는 거의 기계적으로 당대 사회의 모순과 갈등을 부각하며 기존 사회에 저항했다.

　자연주의 작가는 적극적으로 보헤미안 라이프스타일을 실천했다. 플로베르, 보들레르, 졸라가 도시에서 자본주의로부터의 도피처로 선택한 장소가 거리였다. 더럽고 위험한 파리의 거리가 산책을 즐기기 좋은 거리로 변신한 것은 1830년대다. 당시 파리 시장이 파리의 거리에 가스등을 설치하고, 공중변소를 만들었다.

이때 파리에는 양쪽에 가게들이 들어선 거리 위를 유리 천장으로 덮는 파사주(Passage)가 유행한다. 1850년대 백화점이 등장하기 이전 파리 시민들이 즐겨 찾던 상업 지구였다. 영어로는 아케이드(Arcade)라고 불린 이 회랑식 상가는 프랑스 지식인들이 서민 문화를 관찰하기 위해 찾은 장소였다. 이 지역은 역설적으로 1930년대 독일 문화 비평가 발터 벤야민이 근대 자본주의의 물신성을 발견하고 비판한 장소가 된다.

19세기 파리의 보헤미안이 산책자 문화에 빠진 것은 자연스러운 일이다. 기존 질서와 규칙에 자유스럽고 싶은 보헤미안에게 산책은 그 자체로 자본주의에 대한 저항 행위로 볼 수 있다. 천천히 목적 없이 걷는 행위는 경쟁적인 부르주아 문화나 질서와는 무관하기 때문이다. 또한 보헤미안 작가에게 산책하며 관찰한 대중의 삶은 중요한 창작의 소재였다.

영국, 독일, 미국의 보헤미안 운동

영국에서는 존 러스킨(John Ruskin)과 윌리엄 모리스(William Morris)가 예술을 통한 대안 운동을 주도했다. 19세기 중반 영국에서 시작된 미술 공예 운동이 대표적인 보헤미안 운동의 성과다. 미술 공예 운동은 산업 사회의 물질주의와 정신과 분리된 기계적 노동의 대안을 중세 수공업과 가내 공업에서 찾았다. 그러나 결과적으로 하우저의 비판대로 미술 공예 운동은 하나의 낭만주의에 불과했다. 수공업 생산으로 기계의 지배를 견제할 수 있다고 믿은 것은 순진한 생각이었다.

역설적으로 미술 공예 운동은 적지 않은 산업적 유산을 남겼다. 적은 수의 생산자가 작은 공간에서 서로 협력해 한 가지 일을 완결하는 현대 건축과 공업 미술의 스튜디오 생산 방식, 그리고 이를 통해 이루는 실용성과 견고함은 미술 공예 운동의 노력과 이론의 결과다.

현대 디자인 산업도 미술 공예 운동의 유산이다. 벽면 장식으로부터 스테인글라스, 가구, 섬유 디자인 등 모든 실내 장식품을 생산한 최초의 상업적 디자인 회사인 모리스 마샬 포크너사(Morris, Marshall and Faulkner Company)는 1861년 모리스가 친구들과 설립한 회사다. 모리스 사망 후에도 1940년까지 운영된 이 디자인 회사는 상업적으로 크게 성공해 현대 디자인 산업을 개척했다고 해도 과언이 아니다.

독일의 보헤미안 문화가 이룬 성과가 바우하우스의 기능주의다. 1919년에 설립된 바우하우스는 나치의 탄압으로 14년 만에 문을 닫지만 모더니즘 건축, 현대 산업 디자인의 시발점으로 기억된다. 영국의 미술 공예 운동가들과 달리 독일의 디자이너들은 공업화를 피하지 않고 공산품에 예술을 접목시킨다. 전자가 귀족을 위한 사치품으로 '전락한' 수공예품을 생산했다면, 후자는 모든 사람이 사용하는 상품을 디자인하는 일을 선택했다.

공업의 예술화 과정에서 디자인 개념을 현대 기업에 최초로 도입한 AEG(아에게, 독일 전기기기 제조업체)의 디자인 책임자 페터 베렌스(Peter Behrens)가 주도적인 역할을 한다. 1907년 AEG의 로고를 디자인하는 등 AEG 디자인에 기여한 것도 중요하지만, 더 중요한 기여는 미래의 바우하우스 지도자를 훈련시킨 것이다. 바우하우스의 설립자 발터 그로피우스(Walter Gropius), 3대 교장 미스 반 데어 로에(Mies van der Rohe), 건축가 르 코르뷔지에가 베렌스의 조수로 일했다. AEG와 바우하우스가 개척한 기능주의 디자인 전통은 애플, 이케아 등 현대 글로벌 기업의 디자인 철학으로 계승된다.

미국, 독일, 스칸디나비아에서 나타난 또 하나의 보헤미안 운동이 초월주의이다. 미국의 보헤미안은 유럽과 달리 산업 사회에 대한 대안을 사회주의 또는 중세 기독교적 공동체가 아닌 자연, 그리고 단순한 삶에서 찾았다. 라이프스타일의 특성도 예술가보다는 자연주의자에 가까웠다. 물질주의와 합리주의를 초월해 내면의 영적 상태에서 의미와 평화를 찾는다는 의미의 초월주의를 신봉한 사람들은 랠프 월도 에머슨(Ralph Waldo Emerson), 헨리 데이비드 소로(Henry David Thoreau) 등 뉴잉글랜드 지역의 시인과 철학자였다. 이들은 도시의 거리보다는 숲 속에서 초월적인 경험을 추구했다. 소로가 잠시 살았던 자연 속의 월든 호반이 초월주의 라이프스타일의 상징이 됐다. 19세기 초월주의는 20세기 환경 운동이라는 큰 유산을 남긴다.

19세기 보헤미안 시대의 종말과 유산

다수의 보헤미안은 20세기로 넘어오면서 이상주의와 허무주의에 빠진다(Allan Bloom). 일부는 사회주의를 적극적으로 지지한다. 허무주의는 무기력증에서 왔을 가능성이 높다. 보헤미안의 저항에도 불구하고 자본주의는 더욱 팽창해 모든 영역에서 자본이 지배하는 도금 시대를 연다. 19세기 후반 미국의 도금 시대는 『위대한 개츠비(The Great Gatsby)』의 배경으로도 등장하는 '광란의 20년대'(The Roaring Twenties)로 이어진다.

가장 먼저 보헤미안 운동이 쇠퇴한 곳은 운동이 시작된 프랑스다. 프랑스의 보헤미안 사조는 제1차 세계 대전이 시작한 1914년에 종료된다. 바우하우스에 대한 나치의 탄압에서 볼 수 있듯이, 독일의 보헤미안 역사도 해피 엔딩으로 끝나지 않는다.

보헤미안에게 가장 치욕적인 역사는 1930년대에 쓰인다. 보헤미안은

1930년대 유럽에서 확산되는 전체주의에 조직적으로 저항하지 못하고 무기력하게 무너진다. 19세기에 시작된 '위대한 보헤미안' 실험은 1930년대 대공황, 전체주의, 그리고 제2차 세계 대전으로 종료된다. 이후 20세기 보헤미안은 19세기 보헤미안의 경험을 바탕으로 자본주의와 공존하는 새로운 방법을 찾는다.

첫째는 대중문화 산업의 개척이다. 20세기 전반 영화, 대중음악 등 예술성보다는 상업성에 기반한 새로운 문화 산업이 등장한다. 예술과 문화 기업을 통해 부를 축적하는 예술 자본가들이 대중문화 산업을 장악한다. 로스앤젤레스의 할리우드, 뉴욕의 브로드웨이가 현대 문화 산업을 대표하는 상징으로 부상한다. 보헤미안이 자본주의와 시장 경제를 거부하기보다는 그 안에서 경제적 기회를 찾은 것이다.

둘째는 새로운 기술의 활용이다. 20세기의 가장 큰 변화는 대중문화 산업을 가능하게 만든 기술 발전이다. 현재 진행되는 4차 산업 혁명의 여파로 갤러리, 미술관, 오케스트라 등 순수 문화 산업도 전환기를 맞고 있다. SNS, 유튜브의 등장으로 소수의 전문가와 중개 기업이 산업 전체를 통제하기가 어려워졌다. 중개 기업을 통하지 않고 대중 속으로 직접 진출해 성공하는 예술가가 늘고 있다. 현대 보헤미안에게 주어진 기회는 전통적인 문화 산업에 한정되지 않는다. 문화 산업의 영역이 생활 산업과 리테일 산업으로 확장되고 있다.

셋째가 창조 도시의 개척이다. 앞서 「도시에서 안식처를 찾은 보헤미안」 챕터에서 강조했듯이 예술가는 이제 스타트업, 전문직과 같은 창조 계급으로서 창조 도시의 성장을 주도한다. 19세기 보헤미안과 달리 21세기 보헤미안은 도시와 공간을 기반으로 독립적인 산업 영역을 확보했다.

창조 도시의 확산으로 상인 보헤미안이 늘고 있다고 해서 그들이 보헤미안의 다수가 됐다고 평가하기는 아직 이르다. 예술과 산업의 공존에도 불구하고 보헤미안의 기질은 변하지 않았다. 다수의 예술가는 지금도 예술성과 상업성의 사이에서 반시장, 반자본주의 성향을 보인다. 예술의 상업주의를 극복하고 예술을 위한 예술을 복원할 수 있는 대안을 끊임없이 찾는다. 그러나 미래는 다를 것이다. 기술과 공간으로 무장한 상인 보헤미안이 예술가 보헤미안을 대신해 보헤미안 계급을 이끌 것이다.

1인 보헤미안 기업

보헤미안 경제의 숙제는 단순하다.
작가가 기획사에 소속되지 않고 1인 기업으로
자신이 필요한 경제적 자원을 확보하는 것이다.

19세기 보헤미안이 자본주의에 저항만 한 것은 아니다. 시간이 지나면서 예술의 힘으로 시장에서 경쟁하는 노력이 시작됐다. 수공업 형태로 시작된 보헤미안 기업은 공예, 디자인, 산업 디자인, 대중문화 등 콘텐츠 산업을 개척했고, 갤러리, 옥션, 아트 페어를 통해 전통 미술을 산업화했다.

예술가 관점에선 '1인 보헤미안 기업'의 부상이 중요하다. 이는 예술가가 예술 활동을 하며 경제적 독립을 확보할 수 있는 예술가 중심의 비즈니스 모델이다. 온라인과 오프라인 문화 산업 플랫폼에서 활동하는 1인 기업이 안정적으로 성장하면, 보헤미안이 오랫동안 꿈꾼 독립적인 경제 기반의 확보에 성공할 수 있다.

미술 공예 운동과 디자인 산업의 탄생

예술가 자력으로 생산 공간과 시장을 개척하는 대표적인 운동이 중세 수공업 길드의 복원을 목적으로 19세기 중반 영국에서 시작된 미술 공예 운동이다. 존 러스킨이 철학과 이론을 개척했다면, 이를 기업화한 사람은 그의 제자 윌리엄 모리스다. 윌리엄 모리스는 미술 공예 운동의 기반으로 역사상 최초의 디자인 회사를 차렸고, 현대 디자인 산업의 효시가 됐다. 영국의 미술 공예 운동은 미국으로도 건너갔다. 가구 제작자 구스타브 스티클리(Gustav Stickley)가 창간한 매거진 『크래프트맨(Craftman)』을 중심으로 형성된 공예가구 산업은 미국 부자들의 저택과 사무실을 대량 생산된 화려한 가구가 아닌 단순하면서 자연 친화적인 가구로 채웠다.

미술 공예 운동을 기능주의 디자인 산업으로 승화한 대표적인 국가가 독일이다. 1910년대 바우하우스 중심으로 기능주의 디자인 산업이 태동하고, AEG 등 독일 기업은 기능주의 디자인을 도입해 세계 가전 시장을 장악한다. 그리고 독일의 산업 디자인은 디자이너의 이민을 통해 미국에 전수된다. 그로피우스, 반 데어 로에 등 나치의 탄압을 피해 미국으로 이민한 바우하우스 디자이너뿐만 아니라 1930년대 미국 산업 디자인을 개척한 레이먼드 로어리(Raymond Lowery)도 유럽의 산업 디자인을 미국에 전수한 디자이너다. 19세기 공예예술 운동에서 시작된 디자인 산업은 1950년대 창업한 스웨덴 가구 기업 이케아, 1980년대 창업한 애플(Apple Inc.)을 통해 현대 생활 산업과 하이테크 산업의 혁명을 주도한다.

구스타브 카유보트와 전통 미술의 산업화

보헤미안은 전통 예술 분야에서도 기업가적 재능을 보인다. 1759년 개장한 대영 박물관을 시작으로 1793년의 루브르 박물관, 1819년의 프라도 박물관을 통해 전통 미술이 대중 시장으로 진입한다. 미술 시장의 산

구스타브 카유보트(Gustave Caillebotte)의 「비 오는 파리의 거리(Paris Street; Rainy Day, 1877)」

업화를 촉발한 미술 조류가 19세기 말 인상파다. 인상파 미술 작품이 미술 애호가와 수집가에 선풍적인 인기를 끈 배경에는 미술 시장이 있다. 대중이 인상파 미술을 본능적으로 선호했다기보다는 미술을 대중에 소개하는 딜러와 수집가가 인상파 미술을 기획했다고 볼 수 있다. 인상파 미술의 대중화에 결정적인 기여를 한 미술 중개인은 미술 딜러 폴 뒤랑 뤼엘(Paul Durand Ruel)과 구스타브 카유보트(Gustave Caillebotte)다.

뒤랑 뤼엘은 화가에 급여를 제공하고 개인전을 통해 화가를 '흥행'시키는 현대 갤러리 비즈니스를 개척한 초기 미술 딜러 중 한 명이다. 그는 1870년대 이미 다른 딜러보다 30년 앞서 인상파 화가의 잠재력을 간파해 인상파 그림을 거래하기 시작했다. 당시 프랑스 관객과 수집가는 인상파에 큰 관심을 보이지 않았다. 뒤랑 뤼엘이 대안으로 눈을 돌린 시장이 런던과 뉴욕이다. 특히 뉴욕에서 인상파 그림이 팔리기 시작했고 미국 시장 판매 덕분에 인상파 화가들이 예술 활동을 계속할 수 있었다.

카유보트는 모네, 마네, 르누아르, 세잔느, 시슬리, 드가, 피사로 등 동시대 인상파 화가와 같이 활동한 귀족 출신의 부유한 화가였다. 후세에 대가로 기억되고 엄청난 가격으로 거래되는 그림을 그린 화가보다 예술적인 자질에서 뒤지지 않았지만, 부유한 환경 덕분에 많은 그림을 그리지는 않았다. 대신 잘 팔리지 않는 인상파 친구들의 그림을 구입해줬다. 『히트 메이커스(Hit Makers)』의 저자 데릭 톰슨(Derek Thompson)에 따르면 인상파 화가들이 대중들의 주목을 받기 시작한 것은 온전히 카유보트 덕분이었다. 그가 죽으면서 인상파 화가 7명의 그림 70여 점을 프랑스 정부에 기증한다. 프랑스 정부가 1897년 카유보트 컬렉션을 룩셈부르크 미술관에서 전시하면서 인상파 열풍이 시작된 것이다.

아무도 모른다

중개인이 예술 시장을 산업화하는 패턴은 그 후 음악, 영화, 출판 사업으로 확산됐다. 갤러리가 미술가를 발탁하듯이, 기획사가 가수를, 스튜디오가 영화배우를, 출판사가 작가를 발탁해 데뷔시킨다. 갤러리, 기획사, 스튜디오, 출판사 등 중개 비즈니스가 대중문화를 산업화했다.

일반 물질적 산업과 문화 산업에서 중개인이 중추적인 역할을 하는 이유는 문화 산업의 특성에 있다. 경제학자 리처드 케이브스는 문화 산업에 'Nobody Knows(아무도 모른다)' 법칙이 있다고 말한다. 다른 산업과 달리 문화 산업에서는 성공작을 예측하기가 어렵기 때문에 방송사, 영화 제작사, 음반사가 히트작 예측을 위해 과학 기술과 정보 처리 기술에 투자를 함에도 여전히 'Nobody Knows' 법칙이 유효하다는 것이다.

데릭 톰슨은 최신 예측 기술이 분명히 실패할 작품은 판별할 수 있으나 공전의 히트와 평범한 히트의 차이를 아직도 구분하지 못한다고 한다. 기업 전체 매출의 90% 이상이 한두 개의 대히트작에 의존하는 문화 산업의 특성상, 최신 예측 기술이 만족스러운 수준이라고 말하기 어렵다. 작품의 성공이 불확실하기 때문에 투자와 관리의 위험을 분산하는 중개업의 역할이 중요하다. 영화가 끝나면 제작진의 이름을 화면(Credit Title)에서 볼 수 있듯이 한 영화를 제작하려면 수많은 투자자가 참여한다. 이들 투자자를 유치해 위험을 분산시키는 것이 영화 제작사의 가장 큰 임무다.

자유로운 영혼에 가까운 예술가를 관리하는 것도 중개 기업의 역할이다. 예술가는 일반적으로 수익 활동보다는 작품 활동을 선호한다. '예술을 위한 예술'이 그들의 본능이기 때문이다. 예술 시장에서 성공하려면 안정되게 작품을 생산하는 예술가를 발탁하고 관리하는 능력을 보유해야 한다.

중개 기업이 주도하는 예술 시장에서 예술가가 행복할 수 있을까? 산업적으로 보면 예술가는 중개 기업에 소속된 노동자에 불과할 수 있다. 물론 슈퍼스타로 등극하면 소속사에 대한 협상력을 확보할 수 있다. 예술가가 갑이 되고, 소속사가 을이 되는 것이다. 하지만 문화 산업에서 독립된 협상력을 가진 슈퍼스타는 극소수에 불과하다. 대부분의 예술가는 생계를 유지하지 못해 부업을 해야 하는 '밥 굶는' 예술가에 머무른다. 예술가의 경제 상황이 어려워서인지 예술가의 다수는 반자본주의 성향을 보인다. 예술적으로 성공한 예술가조차 자신의 작품을 투자 혹은 투기의 대상으로 만드는 수집가나 딜러, 그리고 시장을 움직이는 자본주의에 적대적이다.

1인 보헤미안 기업의 부상

보헤미안 경제의 숙제는 단순하다. 작가가 기획사에 소속되지 않고 1인 기업으로 자신이 필요한 경제적 자원을 확보하는 것이다. 최근 많은 문화산업에서 플랫폼과 공간을 활용한 흥미로운 1인 기업이 늘고 있다.

첫 번째 1인 기업 모델이 마이크로 플랫폼이다. 개인 창작자가 자신의 콘텐츠를 기반으로 연결과 융합의 시너지를 창조하는 플랫폼을 구축하는 일이다. 예술가가 아닌 일반인도 동일한 관심사를 가진 사람을 대상으로 정보와 경험을 공유하는 네이버 카페 플랫폼을 구축해 적지 않은 수익을 올린다. 데릭 톰슨이 소개한 래퍼 라이언 레슬리(Ryan Leslie)가 정보 사회에서 가능한 새로운 1인 기업의 모델이다. 레슬리는 기존 기획사와 일하지 않고 팬들과 직접 교류(거래)할 수 있는 슈퍼폰(SuperPhone) 앱을 통해 팬덤을 구축하고 팬덤을 통한 수입 모델을 개척했다. 정기적인 수입으로는 1만 6천 명에 이르는 구독자의 월평균 100달러의 구독료다. 구독자는 정기적으로 레슬리의 음악과 정보를 받아 듣는다. 연말 행사, 특별 앨범 등의 비정규 서비스로도 수익을 올린다. 레슬리 팬들은 일인당 1,700달러에 달하는 연말 행사 티켓을 구입해준다. 이런 팬덤 수입 모델로 레슬리가 일 년에 버는 수입은 60만 달러에 달한다. 기획사 소속의 슈퍼스타의 수입에는 미치지 못하지만, 자신이 하고 싶은 음악을 하면서 안정된 생활을 하기에는 충분한 수입이다. 예술가 중심의 예술 시장을 육성하길 원한다면 레슬리가 새로운 모델을 제시한다.

도시의 공간 비즈니스가 두 번째 모델이다. 특정 상품을 구매하기보다는

연남동의 공간 플랫폼 '다이브인'

새로운 경험과 가치를 소비하기를 원하는 밀레니얼과 Z세대는 도시의 골목 상권에서 운영자의 취향이 담긴 개성 있고 매력적인 공간을 찾는다. 소비자의 공간 수요를 만족하는 일은 예술가의 몫이다. 건축가와 인테리어 디자이너가 디자인, 건축, 장소성 등의 공간 콘텐츠를, 미술가와 음악가, 문화기획자가 전시, 공연, 경험 등의 비공간 콘텐츠를 개발한다.

앤디 워홀의 팩토리가 보여주듯이 예술가는 오래전부터 자신의 작업실을 교육, 전시, 판매, 공연, 커뮤니티 공간으로 활용했다. 한국에서도 많은 창작자가 작업 공간과 상업 시설을 융합한 1인 기업을 운영한다. 1인 기업의 가능성을 보여주는 사례가 연남동의 공간 플랫폼 '다이브인'이다. 다이브인은 2채의 건물에서 아티스트 아틀리에와 아트 스테이(Art Stay)를 운영한다. 다이브인의 목표를 예술가가 예술을 통해 지역과 사람을 연결하는 커뮤니티를 건설하는 것으로 설명한다.

"콘텐츠의 시대, 누가 가장 창의성 있는 콘텐츠를 만드는가 생각해보면 그 주인공은 아티스트, 디자이너입니다. 아티스트들이 끊임없이 창의적인 콘텐츠를 내려면, 그들이 경제적인 부분을 포함해서 안정성을 갖춰야 합니다. 저희는 공간을 플랫폼 삼아 아티스트와 디자이너들을 지원하는 다양한 콘텐츠를 만들고, 지역 주민들에게도 해당 콘텐츠를 통해 지역에 기반한 예술적 경험을 할 수 있게 만들고 싶습니다."[5]

문제는 1인 보헤미안 기업의 환경이다. 거대 자본에 의존하지 않는 예술가 기업을 육성하기 위해서 정부는 무엇을 해야 하는가? 문화 시장의 소비자와 생산자를 어떻게 재구성해야 하는가? 문화 시장에서 1인 기업이 성공하기 가장 어려운 이유는 슈퍼스타 시스템이다. 문화 상품은 본질적으로 품질을 판별하기 어렵기 때문에 대부분의 소비자는 시장에서 이미 인정된 상품을 소비하는 성향이 강하다.

출판 시장의 경우도 마찬가지다. 소비자가 베스트셀러 작가를 선호하기 때문에 출판사도 이미 검증된 베스트셀러 작가의 책에 투자하는 악순환이 반복된다. 슈퍼스타 시스템을 대체하기 위해서는 소비자의 '쏠림 현상'을 완화해야 한다. 다행히 소비자 문화가 개성, 다양성을 추구하는 탈물질주

---

5 「골목을 만들면 사람이 모이고 문화가 꽃핀다」, 『스트리트H』 2019년 6월호 특집

의로, 즉 신인 작가에 유리한 방향으로 변한다.

정부가 할 수 있는 일은 학교의 다양성 교육이다. 다양성 교육을 강화함으로써 사회에서 진행되는 탈물질주의 트렌드를 더욱 확대할 수 있다. 생산 부문에서는 예술가가 자본과 기획사에 의존하지 않고 소비자와 시장을 찾을 수 있어야 한다. 여기서도 기술과 문화 트렌드는 예술가에게 유리하다. 유튜브 창작자의 성공에서 볼 수 있듯이 인터넷과 미디어 기술의 발전으로 1인 기업도 간단한 장비로 예술 작품을 창작하고, 많은 예산을 쓰지 않고 홍보할 수 있게 되었다. 또한 전통적인 상권이 아닌 지역에서 사람을 모을 수 있는 공간의 창업도 용이해졌다.

레슬리와 다이브인 모델이 보편화되기 위해 가장 필요한 인프라가 플랫폼이다. 레슬리와 다이브인은 슈퍼폰과 골목길에서 독립 기업으로 활동할 수 있는 플랫폼을 찾았다. 온라인과 오프라인 플랫폼이 예술가에게 진정한 창업 기회를 제공할 것인가, 아니면 예술가를 자율성 없는 긱 워커(Gig worker)[6]로 전락시키거나 둥지에서 내몰 것인가? 아직 명확하게 답할 수 있을 만큼 지식이 축적되지는 않았지만, 한 가지 확실한 것은 이 질문에 대한 정답을 찾는 국가와 도시가 미래의 창조 경제를 주도할 것이라는 사실이다.

---

6 긱 워커(Gig worker)는 고용주의 필요에 따라 단기로 일을 하는 노동자를 뜻한다. 디지털 플랫폼을 기반으로 한 공유 경제가 확산되면서 등장한 근로 형태로, 각종 서비스 업체에서 일하는 1인 계약 노동자들이 이에 속한다.

힙스터 붐에 사라진 보헤미안 도시

보헤미안이 매력적인 도시 문화와 문화 지구를 창조하면
스타트업, 소상공인 등 창조 인재와 창조 기업이 보헤미안 지구로 몰릴 것이다.

모든 도시가 보헤미안이 모이는 곳이 되고 싶어 한다. 그만큼 창조 도시에서 예술가의 창의성과 감성이 중요해진 것이다. 그런데 정작 예술가가 어떤 도시를 좋아하는지는 묻지 않는다. 그래서 예술가에게 예술가의 도시가 어디인지 물어보았다. 명확한 답을 주는 사람은 없었지만, 한 화랑 주인은 프랑스의 생폴드방스(Saint Paul de Vence)를 추천했다. 찾아보니 이곳은 경기도 파주의 헤이리와 같은 작은 예술가 마을이었다. 샤갈, 르누아르, 마네, 마티스, 브라크, 피카소, 모딜리아니 등 많은 예술가가 여름을 보낸 마을이지만 독립적인 예술가 도시와는 거리가 멀어 보였다. 어쩌면 자족적인 예술가 도시를 찾는 것 자체가 무리일 수 있다. 현대 도시에서 예술가는 수많은 직업 중 하나일 뿐이다. 그래서인지 우리는 보통 보헤미안 도시하면 파리 생제르맹데프레(Saint Germain des Pres), 뉴욕 그리니치빌리지(Greenwich Village) 등 대도시 안의 문화 지구를 연상한다.

사라진 1960년대 보헤미안 지구

작가라면 한 번쯤은 이런 문화 지구에서 글을 쓰고 다른 작가와 대화하는 자신의 모습을 상상했을 것이다. 작가는 유난히 도시의 한 모퉁이에 모여 사는 것을 좋아하는 듯하다. 프랑스 가톨릭 신학자 앙토냉 세르티양주(Antonin Gilbert Sertillanges)가 『공부하는 삶(The Intellectual Life)』에서 지적했듯이 속세와 떨어져 홀로 외로이 창작하는 작가에게 다른 작가와의 교류는 작가의 삶에서 없어서는 안 될 활력소이기 때문일지도 모른다.

작가들이 선호하는 동네는 일반적으로 지식과 예술의 생산과 공유가 가능하고 물가가 저렴한 지역이다. 대학과 가까이에 있는 그리니치빌리지나 생제르맹데프레가 한때 작가의 거리로 유명했던 것은 우연이 아니다. 서울도 지역 문화 전통을 올바르게 계승했다면 대학가인 동숭동과 신촌이 예술가와 지식인의 동네로 성장했을 것이다.

한 가지 흥미로운 점은 보헤미안 지구가 음악가나 화가보다는 작가와 지식인 중심으로 형성됐다는 사실이다. 일반적으로 공연장, 미술관 등 대규모 문화 시설이 밀집된 지역에는 보헤미안 지구가 들어서지 않는다. 예술가와 작가가 모이고, 또 모여 사는 보헤미안 지역은 대규모 문화 시설보다는 카페, 서점, 술집 등 상업 시설이 집적된 곳이다.

그러나 전 세계적으로 1960년대 보헤미안 도시는 사라지는 추세다. 사회주의, 페미니즘, 아나키즘, 동성애주의 등 현대 사회의 모든 사상이 유래했다는 뉴욕의 웨스트빌리지(West Village)도 이제 부유층 주거 지역에 불과하다고 비판받는다. 작가 지망생과 여행객이 유명 작가를 만나기 위해 생제르맹데프레의 카페를 기웃거리는 것도 1960년대의 추억으로 남았다.

부르주아, 힙스터, 보보 지역과 달리 보헤미안 지구가 더 이상 주목을 받지 못하는 이유는 역설적으로 보헤미안 지역이 전 도시로 확산됐기 때문이다. 뉴욕이 대표적인 사례다. 그리니치빌리지의 높은 임대료를 감당하지 못한 예술가들은 처음에는 이스트빌리지, 첼시 등 맨해튼의 다른 지역, 그 다음에는 브루클린, 브롱스, 퀸즈 등 뉴욕 전역으로 진출했고, 그 과정에서 힙스터 지역으로 알려진 새로운 '보헤미안 동네'가 수없이 만들어졌다.

리처드 플로리다가 제기한 창조 도시론도 보헤미안 지구의 확산을 설명하는 이론이라고 해석할 수 있다. 보헤미안이 매력적인 도시 문화와 문화 지구를 창조하면 스타트업, 소상공인 등 창조 인재와 창조 기업이 보헤미안 지구로 몰릴 것이다. 우리가 이해하는 일반적인 창조 도시는 창조 인재 집적 현상이 도시 전체에서 일어난 곳을 의미한다.

작가 도시의 귀환

상업적인 힙스터 지구가 확산되는 트렌드 속에 최근 뉴욕의 한 지역이 많은 작가가 거주하고 창작하는 '작가 도시'로 돌아왔다. 바로 독립 서점과 독립 출판의 중심지로 부상한 뉴욕의 브루클린이다. 세 집 건너 한 집에 소설가가 산다는 말이 있을 정도로 소설가들이 많이 산다는 브루클린. 비평가 에런 히클린(Aaron Hicklin)은 농담반 진담반으로 미국에서 작가로 성공하려면, 두 가지 조건을 만족해야 한다고 말한다.

첫 번째 조건은 유명 대학의 문예 창작 석사 학위(Masters of Fine Arts)고, 두 번째는 브루클린 정착이다. 학위를 받은 후 소설가로 성공하기 위해 브루클린으로 이주하는 작가가 많기 때문에 이런 풍자가 나왔다. 뉴욕 언론은 여행자에게 미국 현대 문학의 거장을 거리에서 만나고 싶다면 브루클린 독립 서점 여행을 떠나라고 조언한다.

브루클린 거리

왜 브루클린인가? 맨해튼과 이스트강을 사이에 두고 마주 보고 있는 브루클린은 19세기 유명 작가들의 거주지였다. 작가들이 처음 정착한 곳은 맨해튼과 가장 가까운 브루클린하이츠다. 여기에서 월트 휘트먼(Walt Whitman)이 매거진 『브루클린 이글(The Brooklyn Eagle)』을 편집했고, 노만 메일러(Norman Mailer)와 트루먼 카포트(Truman Capote)가 친구들을 모아 토론했다. 그런 브루클린이 최근 문학 중심지로 다시 부상했다. 마틴 에이미스(Martin Amis), 줌파 라히리(Jhumpa Lahiri), 제니퍼 이건(Jennifer Egan), 조너선 사프란 포어(Jonathan Safran Foer) 등은 1980년대 이후, 그러니까 브루클린이 젠트리파이(Gentrify)된 후 정착했다.

브루클린을 떠올리는 또 다른 이유는 특색 있는 문화 때문이다. 뉴욕은 버로우(Borough, 자치구)로 불리는 다섯 개 행정 구역으로 나뉘며, 브루클린도 다른 버로우와 마찬가지로 독특한 억양과 문화를 가진 하나의 도시로 기능한다. 브루클린 문화는 한마디로 '대안(Alternative)'이다. 맨해튼이 주류 문화를 상징한다면, 브루클린은 예술가와 작가에게 물질적, 문학적 대안을 의미한다. 독립적이고 비판적인 사고가 가능한 대안적인 장소에서 문학이 꽃피는 것은 어쩌면 당연한 일이다.

그보다 더 중요한 성공 요인은 지역 자부심으로 하나가 된 작가와 독자들로부터 찾을 수 있다. 브루클린의 작가들은 유별나게 출신 도시에 대한 자부심이 강하다. 특히 현존하는 미국 최고의 작가로 칭송받는 폴 오스터(Paul Auster)의 브루클린 사랑은 남다르다. 그는 브루클린에 거주하며 그곳을 배경으로 한 소설을 많이 썼다. 2005년작인 『브루클린 풍자극(The Brooklyn Follies)』에는 제목에까지 브루클린을 등장시켰고, 본문에도 브루클린에 대한 작가의 애정이 가득 담겨 있다.

독립 서점이 작가 도시의 구심점

이 지역 문학 공동체의 중심은 독립 서점이다. 독립 서점들이 지역 작가와 독자를 연결한 새로운 출판문화와 공동체 문화를 창조했다. 2014년 『브루클린 매거진(Brooklyn Magazine)』에 20개 이상의 주요 서점이 소개될 정도로 독립 서점은 지역 곳곳에 자리하고 있다. 독립 서점들은 지역 작가를 위해 다양한 활동을 제공한다. 브루클린 북 페스티벌 기간에는 저명 작가를 초대해 독서회와 저자 사인회를 연다. 평상시에도 거의 매일 독서회를 열고 커뮤니티 행사를 통해 브루클린 작가들의 작품을 홍보하고 판매한다.

브루클린에서 처음으로 독립 서점을 연 가게는 파크슬로프에 위치한 커뮤니티 북스토어다. 이 차분하고 세련된 서점은 지역 사회의 구심점이자 폴 오스터, 시리 허스트베트(Siri Hustvedt), 니콜 크라우스(Nicole Krauss)가 자주 찾는 곳으로 유명하다. 책을 사랑하는 이들이 모여 토론하고 다양한 생각을 공유할 수 있는 공간이 없었다면 작가의 도시가 탄생할 수 있었을까? 지역의 유능한 작가를 발굴하고 독자와 직접 소통하도록 연결해주는 독립 서점이 가득한 브루클린을 우리는 문학 중심지로 여긴다.

브루클린의 독립 서점은 적극적으로 지역주의(Localism) 전략을 추구한다. 이러한 특징은 서점 문만 열고 들어가도 금방 느낄 수 있다. 희귀본과 절판본을 전문으로 하는 뉴욕 덤보(Dumbo)의 독립 서점 피에스북숍(P.S. Bookshop)은 문 옆에 브루클린 기념품 전시대를 배치한다. 기념품에는 브루클린 작가의 작품도 포함되어 있다.

독립 서점은 지역 독자와 작가가 만나고 대화하는 일종의 사랑방이다. 독자들은 독립 서점에서 인터넷 쇼핑이 제공하지 못하는 문화와 가치를 체험할 수 있다. 다양한 지역 주민들과의 소통은 작가에게 중요하다. 그들의 경험과 스토리가 작품의 소재를 제공하기 때문이다.

중고 소설책을 파는 서점으로 유명한 윌리엄스버그(Williamsburg)의 북서그네이션(Book Thug Nation)은 더 적극적인 지역 사회 연계 전략을 추구한다. 지역 작가를 지원하는 것 외에도 서점 공간을 다양한 지역 사회 행사 공간으로 대여해 지역 공동체 발전에 기여한다. 독립 서점뿐만이 아니다. 유통업계 전체가 인터넷 쇼핑으로 사슬이 풀린 소비자를 한 곳에 묶어 놓는 방법을 찾고 있다. 특히 은행, 커피 전문점, 슈퍼마켓 등 지역에 매장을 가진 기업들이 공유 공간을 넓혀 동네 주민의 생활 중심지, 동네 비즈니스의 플랫폼이 되기 위해 노력한다.

　독립 서점은 브루클린뿐만 아니라 미국 전역에서 도서 시장의 혁신을 주도하고 있다. 2009년과 2014년 사이 미국의 독립 서점 수는 30% 증가했다. 독립 서점에게 새로운 기회를 제공한 계기는 대형 서점의 불황이었다. 온라인 서점의 부상으로 2011년 대형 서점 보더스(Borders)가 파산했고, 반스앤노블(Barnes & Noble) 서점도 2009년과 2014년 사이 60개 이상의 매장을 폐쇄했다. 매거진『위크(The Week)』의 제시카 헐링거(Jessica Hullinger)는 독립 서점의 경쟁력을 특별한 체험 제공, 맞춤형 도서 추천, 상품의 다변화, 지역 공동체 구축 등 네 가지로 설명했다. 작은 도시의 독립 서점은 개인 맞춤형, 지역 커뮤니티 비즈니스 모델로 대형 서점과 경쟁한다. 『뉴욕타임스』가 2016년 보도한 미 중서부의 한 독립 서점은 무려 1,500명의 고객을 개별적으로 관리한다. 등록한 고객에게 매달 추천 도서를 이메일로 보내고, 구매 도서에 할인 혜택을 준다.

　지역을 기반으로 작가와 독자를 발굴하고 지원하는 독립 서점과 독립 출판사가 전반적으로 침체된 출판업계를 구할 수 있을까? 독립 출판은 3D 프린팅, SNS, 인공지능 등의 기술 혁신 덕분에 출판과 마케팅 비용이 현격히 떨어지면서 상업성이 높아져 더욱 주목받고 있다. 지식인과 작가는 상업 출판사와 일하지 않아도 책을 쓰고 팔 수 있게 됐다.

　독립 출판은 이제 시작 단계다. 서점, 출판사, 작가, 소비자를 연결하고, 공동체를 구축하는 혁신적인 비즈니스 모델을 계속 발굴해야만 독립 출판이 대규모 상업 출판과 경쟁할 만큼 성장할 수 있다.

한국의 보헤미안 도시

한국에서도 홍대 지역을 중심으로 독립 서점과 독립 출판 클러스터가 형성되고 있다. 미국과 일본의 독립 서점과 같이, 동네 거점으로서 주민에게 특별한 책을 소개하고 동네에서 구하기 어려운 문구류나 아트 상품을 판매한다. 과연 홍대가 한국의 브루클린으로 성장할 수 있을까?

땡스북스, 유어마인드, 북티크 등 홍대 독립 서점 시장을 개척한 1세대 서점의 최근 동향을 보면 보헤미안 지구로서 홍대의 미래를 낙관하기 어렵다. 이들 모두 다른 지역으로 이전하거나 규모를 줄였다. 이는 서점이 영업할 수 있는 장소만으로는 부족하다는 것을 보여준다. 중요한 것은 생태계다. 진정한 의미의 브루클린이 되기 위해서는 우선 작가와 책을 좋아하는 사람들이 모여 사는 공동체 구축이 필요하다. 독서와 토론을 즐기는 주민들과 글을 쓰는 작가들이 함께 어우러져 브루클린이 되었음을 기억해야 한다.

인사동과 서촌, 삼청동 등 서울에는 홍대 말고도 고전적인 의미의 보헤미안 지역이 남아 있다. 그러나 보헤미안 정체성을 오랫동안 유지할 것이라고 장담할 수 없다. 상업적 골목 상권이 그 지역 안에서 계속 확장하기 때문이다. 홍대와 마찬가지로 다른 보헤미안 지역에 필요한 것 또한 생태계 조성이다. 작가가 모이고, 이들이 집단지성을 발휘할 수 있는 커뮤니티와 이를 지원하는 문화 시설을 도심에서 떨어진 외진 장소가 아닌 도심의 보헤미안 지역에 집적시켜야 한다. 보헤미안 도시의 경쟁력은 궁극적으로 문화 자원과 이를 통해 형성된 정체성에 달렸다.

3장

히피

마을 공동체에 살고 싶다면 히피입니다

인간성 회복, 자연 귀의, 평화주의, 창의성, 공동체 가치를 중심으로
사회를 조직해야 한다고 믿는다면 기본적으로 히피와 친화적인 사람이다.

한국 사람은 히피를 거의 괴물로 생각하는 것 같다. 대안 문화, 반문화, 저항 문화 같은 단어에는 개방적이지만, 이들 단어의 동의어로 히피를 쓰면 도망가듯이 경계한다. 한국이 언제까지 히피 운동을 기피할 수 있을지 의문이다. 라이프스타일 강국이 되기를 원한다면, 히피 운동을 새로 시작하지는 못 하더라도 최소한 그 가치와 유산을 수용할 수 있어야 한다.

히피는 1960년대 미국에서 처음 출현한 자연주의 저항 문화다. 이들은 기성의 사회 통념이나 제도, 가치관을 부정하고 인간성의 회복, 자연에의 귀의(歸依) 등을 강조하며 반사회적인 행동을 하면서 평화주의를 주장했다. 사회의 지배적인 문화에 정면으로 반대하고 적극적으로 도전하는 저항 문화의 일종이라 할 수 있다. 인간성 회복, 자연 귀의, 평화주의, 창의성, 공동체 가치 중심으로 사회를 조직해야 한다고 믿는다면 기본적으로 히피와 친화적인 사람이다.

1960년대 히피 운동

1960년대 미국 히피 운동은 세 축으로 움직였다. 첫 번째 축이 반전, 평화, 인권, 평등을 추구한 정치 운동이다. 히피 운동이 기성세대에 대한 저항 운동으로 시작됐지만, 베트남 전쟁에 반대하는 청년층이 참여하지 않았다면 전 사회적인 운동으로 확대되지 못했을 것이다. 이는 정치 이념적으로는 자본 대 노동이라는 구좌파적 계급론에서 벗어나 정치적 권위주의와 경제적 불평등뿐만 아니라 미시적 불평등과 일상의 권위주의, 인간 소외를 주목한 뉴레프트(New Left, 신좌파)와 맥을 같이 한다.

두 번째 축이 쾌락주의와 신비주의다. 기성세대의 보수적인 문화에 반발한 히피는 인간성과 감성을 회복한다는 명분으로 마약, 음악, 섹스, 대안 종교 등에 심취했다. 특히 LSD 등의 환각제를 복용한 뒤 생기는 일시적이고 강렬한 환각적 도취 상태 또는 감각 체험을 말하는 사이키델릭(psychedelic)은 개인적 일탈을 넘어 문화 운동으로 번졌다. 사이키델릭 상태나 체험을 재현한 그림, 포스터, 패션, 음악, 영화, 사진 등이 당시 대중문화를 휩쓸었다.

세 번째 축이 라이프스타일 운동이다. 생활 분야에서 히피가 추구하는 가치는 자연, 친환경, 자급자족, 공동체, 사회적 경제[7]다. 반전 운동, 사이키델릭, 록앤롤이 히피 운동의 전부가 아니다. 창조 커뮤니티와 관련해 주목해야 할 히피 문화가 DIY(Do It Yourself)와 메이커 문화다. 히피 공동체는 자급자족 경제 체제를 지탱하는 방식으로 개인의 창의성과 기술을 강조했

---

7 사회적 경제는 공동이익(일자리 창출, 양극화 해소 등)과 사회적 가치의 실현을 위해 사회적 경제 조직(사회적 기업, 협동조합, 마을 기업, 자활기업 등)이 상호협력하고 연대하여 사업체를 통해 수행하는 모든 경제적 활동을 의미한다.

다. '권위적인' 기업 조직은 거부했으나 DIY, 공예, 기술을 통한 개인의 창조적인 경제 활동은 권장했다.

히피의 라이프스타일 혁명

1960년대 초 샌프란시스코 헤이트 애시베리에 모여 대안적 라이프스타일을 추구한 히피들은 1968년에 열린 '사랑의 여름(Summer of Love)' 페스티벌을 기점으로 상업화된 도시를 떠나 캘리포니아, 오리건, 콜로라도 등지에서 전원 공동체를 구축한다. 전원 공동체를 이상으로 삼은 히피는 가능한 한 도시에서 멀리 떨어진, 자연 친화적인 곳을 주거지로 선택했다.

히피 라이프스타일의 키워드는 자연주의와 공동체다. 플라스틱과 인조 (Synthetic) 세계를 거부하고 자연과 교감(Commune)하며 살기를 원한 히피들은 의식주 모든 영역에서 친환경적인 삶을 선호했다. 히피가 어떤 삶을 추구했는지는 현재 전 세계적으로 유행하는 미니멀리즘(Minimalism)과 슬로 라이프(Slow Life)로 설명할 수 있다.

미니멀리즘은 "더 적은 것이 더 많다" 또는 "작은 것이 아름답다"는 심미적 원칙에 기초를 둔 예술 경향이다. 생활에서 미니멀리즘은 환경 오염을 유발하는 과잉 소비를 최소화하고 환경 친화적인 상품 중심으로 소비하는 문화를 말한다. 곤도 마리에(近藤麻理惠)가 시작한 정리 수납법 열풍도 미니멀리즘의 영향력을 반영한다.

슬로 라이프는 과다한 도시의 경쟁 사회를 벗어나 자연에서 자연의 템포로 천천히 사는 것을 의미한다. 그러나 전원생활만을 의미하지는 않는다. 음식 문화에서 슬로 라이프는 화학 첨가물이 들어간 가공식품이 아닌 자연 발효와 숙성 음식, 집에서 직접 요리한 음식 중심의 식생활을 말한다.

생활의 지속 가능성은 개인 윤리를 넘어 공동체 문화를 요구한다. 히피는 노동의 소외를 초래하는 대량 생산, 대량 소비도 거부했다. 음식과 식량을 재배했고, 생활에 필요한 도구와 물건을 스스로 만들어 사용하는 자급자족 체제를 지향했다. 히피가 기존 자본주의 체제를 피해 건설한 전원 공동체는 이윤 추구와 자본 축적에 적대적이었다. 시장 경제 대신 사회적 경제를 선호했으며 협동조합 형태로 살림살이를 꾸렸다.

주류로 진입한 히피의 생활 운동

반문화로 시작된 히피의 생활 혁명은 이제 우리 일상의 일부가 됐다. 2017년 4월 4일 『뉴욕타임스』의 헤드라인 제목이 독자들의 이목을 집중시켰다. 『뉴욕타임스』는 좋은 삶, 건강, 식생활과 관련된 다양한 아이디어나 상품들이 쏟아져 나오는 최근의 현상을 '1960년대 히피 문화의 승리'라고 표현했다. 현대인은 요가와 명상만 히피의 유산으로 생각하지만, 미국인들이 즐겨 소비하는 그래놀라, 콤부차, 아몬드 우유 등 요즘 유행하는 식품 대다수가 히피 문화에서 유래됐다는 것이다.

유기농, 로컬 푸드, DIY, 핸드 메이드, 천연 염색 등 실제로 선진국에서 주류 문화로 자리 잡은 의식주 트렌드도 그 기원을 히피 문화에서 찾을 수 있다. 우리에게 친숙한 유기농의 예를 들어보자.

친환경 농업의 역사는 길지만, 유기농을 산업화한 데에는 히피 운동이 기여했다. 히피가 유기농 상품의 주요 소비자이기도 했지만, 히피 사업가들이 협동조합과 슈퍼마켓을 창업해 유기농 유통 시장을 개척했다. 미국에서도 히피 출신 사업가 존 맥케이(John Mackey)가 1980년 홀푸드마켓(Whole Foods Market)을 창업하지 않았다면 유기농이 1990년대 주류 문화로 진입하기는 어려웠을 것이다.

로컬 푸드가 서브컬처에서 주류 문화로 발전하는 데에도 히피 사업가의 역할이 컸다. 1970년대 버클리에서 프랑스 음식점 셰파니스(Chez Panaisse)를 창업한 앨리스 워터스(Alice Waters)가 반경 60마일 이내에서 생산된 농산품만 사용하는 로컬 푸드 음식점을 표방함으로써 외식 업계에서 로컬 푸드 트렌드가 시작됐다. 앨리스 워터스도 1960년대 히피 운동에 적극 참여한 히피 출신 사업가다. 한국에서는 메이커로 알려진 DIY 운동 또한 히피 운동의 영향을 받았다. 20세기 초 주택 개선(Home Improvement) 트렌드로 시작한 DIY 문화는 1960년대의 카운터 컬처와 결합되어 지속 가능한 라이프스타일의 상징으로 부상한다. 1968년 히피들의 생활 가이드로 시작된 매거진 『전 지구 목록(The Whole Earth Catalog)』이 DIY 운동을 확산하는 중요한 매체가 된다.

히피 문화의 영향은 의식주에만 한정된 것이 아니다. 실리콘 밸리의 하이테크 산업, 캘리포니아의 라이프스타일 산업도 히피 문화가 영향을 미친 산업이다. 애플, 홀푸드마켓, 벤앤제리스 등은 히피가 직접 창업한 기업이다. 애플은 '다르게 생각하자(Think Different)', 홀푸드마켓은 '경영하며 공헌하자(Balance Business with Social Impact)'라는 캠페인을 통해 수익과 이상을 동시에 추구하는 기업 문화를 강조한다.

그러나 몇몇 기업인의 사례로만 히피 자본주의를 논하는 것은 히피 문화의 영향력을 과소평가하는 일이다. 『뉴욕타임스』 과학 전문 기자 존 마코프(John Markoff)는 2006년 저서 『도마우스가 한 말(What the Dormouse Said)』에서 PC 산업이 히피 문화에 기반해 발전했다고 주장한다.

IBM, DEC 등 기존 미국 동부 메인 프레임 컴퓨터 산업과 비교할 때,

샌프란시스코 히피 중심지의 하나인 미션 디스트릭트(Mission District)

PC 산업은 태생적으로 저항적 성격을 지닌다. 메인 프레임 컴퓨터가 대기업의 권력을 상징한다면, 개인이 독립적으로 정보를 보관하고 관리할 수 있도록 해주는 PC는 자유와 탈권력을 의미한다. 이러한 의미에서 대항 정신과 맞닿아 있는 PC 산업이 히피 문화의 중심지였던 샌프란시스코 인근의 실리콘 밸리에서 탄생한 것은 우연이 아니다.

히피 문화 산업화의 다른 한 축을 담당한 분야가 공유 경제다. 제품이나 서비스를 소유하지 않고 필요에 의해 서로 공유하는 활동을 의미하는 공유 경제도 과소비를 줄이고 합리적이고 지속 가능한 소비 생활을 추구한 히피 운동에서 유래한다.

공유 경제의 원조는 정보와 지식을 공유하는 온라인 커뮤니티다. 세계 최초의 온라인 커뮤니티 WELL(Whole Earth Lectronic Link)을 창업한 사람이 바로 『전 지구 목록』을 출판하고 PC 콘셉트를 이론화한 히피 운동 지도자 스튜어트 브랜드(Stewart Brand)다. 인터넷이 세상에 등장하기도 전인 1985년에 그는 이미 온라인 비즈니스 모델을 개척한 것이다. SNS와 인터넷을 중심으로 하는 IT 기술의 발전은 개인 대 개인과의 거래를 편리하게 만들어 히피가 꿈꾸던 공유 경제의 활성화를 가능하게 만들었다.

히피 문화가 하이테크 산업에 미친 영향이 모두 긍정적으로 평가되는 것은 아니다. 창업자 영웅주의가 히피 자본주의가 초래한 폐해 중의 하나다. 창업자를 영웅으로 대우하는 문화로 인해 실리콘 밸리의 많은 기업이 창업자의 독선과 권위주의로 어려움을 겪는다. 기업을 통해 단순히 돈을 버는 것이 아니고 세상을 바꾼다고 생각하는 히피 창업가가 이런 영웅주의에 빠지기 쉽다.

마을 공동체에서 구현된 히피 정신

보수적인 한국에서는 신촌블루스, 한대수 등 몇몇 연예인만이 히피를 공개적으로 표방했다. 그렇다고 히피 문화, 특히 히피의 생활 문화가 한국에서 차단된 것은 아니다. 히피 문화로부터 직접적인 영향을 받지 않았어도 히피가 추구한 공동체와 자연주의를 생활에서 실천하는 곳이 마을 공동체와 전원 공동체다.

현재 한국에도 전원과 도시에서 수많은 공동체가 운영되고 있다. 가치를 공유하는 사람들이 모여 친환경, 공동체, 인간 중심 교육 등 사회적 가치 중심의 생활을 실천한다. 마을 공동체의 주축은 환경 운동, 농민 운동, 대안 운동 계열의 활동가다. 이 중 일부는 종교 공동체로 시작했다.

충남 홍성의 홍동 마을이 대표적인 전원 공동체다. 이곳은 유기농법을

한국의 대표적인 마을 공동체 홍동 마을

개척한 풀무학교 중심으로 형성된 공동체 마을이다. 구성원은 원주민과 이주민을 아우르며, 친환경 농업이 그 생활 수단이다. 유기농 농산물과 요구르트, 바게트, 커피 등 젊은 세대가 선호하는 식가공 제품을 친환경적으로 생산한다. 홍동 마을은 교육 공동체이기도 하다. 마을 주민들이 어린이집을 운영하고, 초등학교와 중학교 교육에도 적극 참여한다. 전국적으로 유명한 홍동 마을 어린이집은 새로운 귀농 가족을 유인하는 마을의 대표 상품이 됐다. 경제 체제는 사회적 경제로 운영된다. 협동조합의 천국이라고 불릴 만큼 홍동 마을 주민은 수많은 협동조합을 운영한다. 공동체 가치는 도서관, 서점, 클리닉, 카페, 주점 등 마을의 생활 영역 전반으로 확산되었다. 마을 공동체 시설로 둘러싸인 홍동 마을의 중심지 갓골 마을을 걸으면 마치 유럽 작은 마을을 여행하는 분위기를 느낄 수 있다.

히피의 전원 공동체 생활이 일부 극단주의자들의 비현실적인 일탈에 불과할까? 많은 히피가 전원 공동체에서 오래 견디지 못하고 현실 세계로 돌아가고, 대부분의 전원 공동체가 실패했다고 해서 전원 공동체 운동이 중단된 것은 아니다. 미국뿐 아니라 한국에서도 마을 공동체 실험은 계속되고 있다. 더 나아가 공동체 실험이 도시 단위로 확산되고 있다.

『힙한 생활 혁명(ヒップな生活革命)』의 저자 사쿠마 유미코(佐久間裕美子)는 포틀랜드, 베를린, 브루클린 등 최근 생활 혁명을 주도하는 도시는 공동체를 통한 지역 생산과 지역 소비, 필요한 것은 직접 만들어 사용한다는 DIY 정신, 소상공인 창업을 통한 독립적인 경제 활동을 지향한다고 설명한다. 생활 혁명을 선도하는 도시가 히피의 전원 공동체 정신을 도시 단위에서 실천하는 것이다.

히피가 추구하는 지속 가능한 생활, 공동체 중심의 생활은 저성장과 고령화로 수축되고, 기후 변화와 대기 오염 문제에 대한 근본적인 대안을 찾아야 하는 선진국 사회에서 대세로 자리 잡고 있다. 미래에도 라이프스타일과 생활 문화 혁신에 대한 욕구가 계속 증가한다면, 자연과 공동체 기반의 히피 라이프스타일은 많은 사람에서 매력적인 대안으로 남을 것이다.

정치도 문화도 아닌 생활 운동

당시 미국 젊은이들은 주류 문화와 기존 사회질서에 반기를 들고,
사랑, 평화, 자유를 추구하며, 물질문명이 아닌
정신적 가치와 인간성 회복을 주장했다

19세기 이후 보헤미안에서 시작된 반문화 운동은 꾸준히 부르주아 패권에 도전한다. 보헤미안 운동이 종료된 1920년 이후에도 힙스터(1940년대), 비트(1950년대) 등 새로운 반문화가 순차적으로 등장한다. 1960년대 등장한 히피 운동도 정치 운동, 생활 운동 순으로 기성 문화를 강타한다.

그렇다면 1940년대 힙스터, 1950년대 비트닉(Beatniks), 1960년대 히피 운동가, 1960년대 히피 생활 혁신가 중 누가 미국의 역사를 바꿨을까? 이견이 있을 수 있으나 대개는 미국의 라이프스타일 시대를 오픈한 1960년대 히피 운동가를 꼽을 것이다.

1940년대 힙스터와 1950년대 비트

1960년대 히피 운동의 기원은 1940년대 힙스터 문화로 거슬러 올라갈 수 있다. 힙스터란 단어는 1930년대 '여성 재즈 댄서'을 지칭하는 낱말로

처음 사용된다. 1940년대에 들어오면 이 단어의 의미가 '흑인 재즈 음악을 좋아하는 백인 중산층 젊은이들'로 확대된다.

제2차 세계 대전이 벌어지는 혼란기 중에 뉴욕의 일부 백인 청년들은 흑인 음악과 댄스를 즐기기 위해 흑인 지역을 자주 찾는다. 이들은 재즈 음악만 좋아하는 것으로 그치지 않는다. 재즈 음악가의 라이프스타일 자체를 따르는 것이 유행이 된다. 재즈 음악가의 옷을 입고 그들의 말투를 따라 할 뿐 아니라 마리화나와 같은 마약을 흡입하고 개방적인 성생활을 즐기며 일부러 가난하게 사는 모습을 보이는 등 주류 사회에 저항하는 행동을 한다.

힙스터 청년들의 저항은 미국 사회의 구조적인 문제를 반영한다. 1930년대 대공황을 극복하고 풍요로운 소비 사회로 진입한 미국 사회는 인종, 여성 등 새로운 사회 문제에 직면한다. 개방적이고 진보적인 성향의 청년 세대가 맞닥뜨린 첫 번째 고민이 인종 문제다. 공정하고 정의로운 사회를 건설하기 위해서는 먼저 인종 문제를 극복해야 했고 흑인 사회와 그들의 문화를 이해하고 수용하는 것이 중요한 과제가 되었다. 흑인 사회와의 공감대를 찾는 청년들에게 매력적인 흑인 문화로 다가간 것이 재즈였다.

이처럼 초기부터 저항 문화의 성격을 가졌던 힙스터는 1940년대를 거치면서 비트 세대(Beat Generation)로 자연스럽게 진화한다. 1960년대 히피 운동의 기반을 세운 것으로 평가할 수 있는 1950년대 비트들은 1940년대 힙스터와 같이 기존 중산층 소비문화를 배격했고 개인의 자유, 실험적 도전, 성적 해방 등의 대안적 가치를 추앙하고 대기업과 군수 산업에 적대적이었다. 하지만 1950년대 비트와 1940년대 힙스터가 같은 성격의 운동은 아니다. 1940년대 힙스터가 대중 운동이었다면 1950년대 비트 세대는 문학 운동의 성격이 강했다. 잭 케루악(Jack Kerouac), 알렌 긴스버그(Allen

Ginsberg), 윌리엄 버로스(William Burroughs) 등 컬럼비아대에서 함께 공부했던 지식인들이 비트 세대를 주도했다.

1920년대 보헤미안 운동과의 차이도 흥미롭다. 1920~1930년대 보헤미안 운동이 유럽을 떠난 지식인들이 뉴욕의 그리니치빌리지에 모여 유럽의 혁명적 아이디어를 토론했다면, 1950년대 비트 운동은 지극히 미국 서민층에서 보헤미안 정체성을 찾고자 노력했다. 잭 케루악의 대표작『길 위에서(On the Road)』는 두 청년이 자동차를 몰고 전국을 다니며 서부의 자연, 작은 마을의 농부, 도시의 소외된 노동자와 청년에서 자아 정체성을 발견하는 과정을 묘사한다.

1950년대 비트와 1960년대 히피의 차이도 중요하다. 유토피아를 지향하고 실현을 위해서는 투쟁과 폭력도 불사한 히피와 달리 비트는 현실주의적이고 개인의 영적 깨달음(Awakening)을 강조했다. 비트 리더들의 사상은 명상과 고행을 강조한 불교 철학에 가까웠다.

잭 케루악, 앨런 긴즈버그, 윌리엄 버로스 등 뉴욕 출신의 비트 작가들은 샌프란시스코로 이주, 그곳에서 비트를 문학의 한 장르로 발전시킨다. 그들이 모인 장소는 이탈리안 이민자 로렌스 펠링게티가 창업한 노스비치 지역의 독립 서점 시티 라이츠 북스(City Lights Books)였다. 역사 때문인지 이 서점은 지금도 비트 문학 작가의 책으로 채워져 있다. 카운터 컬처 추종자들은 지금도 비트 문학을 그들의 바이블로 읽는다.

비트 운동은 1950년대 말에 자연스럽게 1960년대의 히피 운동과 통합되었다. 미국 사회의 기반을 뿌리째 흔들 만큼 격렬했던 히피 운동은 이후 등장한 모든 문화 운동과 서브컬처에 지대한 영향을 미친다. 2000년대 본격적으로 등장한 현대 힙스터도 예외가 아니다.

생활 운동으로 분화한 히피 운동

1960년대 미국을 휩쓴 히피즘의 본질은 탈물질주의다. 히피 문화는 1960년대 중후반 베트남 전쟁을 반대하며 일어난 저항 운동이다. 당시 미국 젊은이들은 주류 문화와 기존 사회 질서에 반기를 들고, 사랑, 평화, 자유를 추구하며, 물질문명이 아닌 정신적 가치와 인간성 회복을 주장했다.

그들의 저항 정신은 우드스톡(Woodstock)으로 대표되는 록 음악을 비롯해 패션, 미술 등 다양한 예술 분야에서 다채롭게 표출되었고 사회에 큰 변화를 일으켰다. 히피 이론가, 지도자, 중심지(캘리포니아, 샌프란시스코, 버클리), 문화(명상, LSD, 사이키델릭, 공동체 등)가 히피 역사를 주도했다.

그러나 1950년대 저항 운동만이 히피 운동의 부상에 기여한 것은 아니다. 1950년대 심리학, 경영학, 사회학 등 주류 학문에서 기득권 부르주아 문화를 비판하는 도서를 끊임없이 출판했다. 유아의 다양성을 존중하고 개인주의 교육을 장려한 벤저민 스포크(Benjamin Spock)의 『유아와 육아의 상식(Dr. Spock's Baby and Child Care)』, 산업 사회 엘리트의 위선을 폭로한 C 라이트 밀스(C. Wright Mills)의 『파워 엘리트(The power elite)』, 기득권의 대학 교육을 통한 신분 유지를 비판한 디그비 발트첼(E. Digby Baltzell)의 『프로테스탄트 기득권(The Protestant Establishment)』 등이 기존 문화와 제도의 한계를 비판함으로써 대안 문화 부상의 지적 토대를 마련했다.

히피 운동이 본격적으로 태동한 지역은 샌프란시스코 헤이트 애시베리(Haight Ashbury)다. 이 작은 동네에 1960년대 초반부터 대안적 라이프스타일을 찾는 미래의 히피들이 몰리기 시작했다. 히피들은 커피숍, 사이키델릭 숍, 무료 보건소와 자활 센터, 무료 슈퍼마켓, 동네 탁아소, 연장 대여소, 공동 정원과 텃밭 등을 운영하면서 자신이 사는 지역에서 공동체 생활을

버클리 모스북스(Moe's Books) 서가에서 찾은 『전 지구 목록 (The Whole Earth Catalog)』

실천하고 그 과정에서 새로운 히피 문화와 히피 비즈니스를 개척했다.

히피 주식회사(Hippie Inc.)의 마이클 클라센(Michael Klassen)은 소설가 켄 케시(Ken Kesey)를 히피 운동의 대표적인 인물로 평가한다. 케시는 1962년 정신병원이라는 전체주의 사회에 저항하는 환자들을 그린 소설 『뻐꾸기 둥지 위로 날아간 새(One Flew Over the Cuckoo's Nest)』를 발표해 인기 작가의 반열에 오른다. 그러나 그는 1964년, '즐거운 장난꾼들(Merry Pranksters)'이라 자칭한 친구들과 낡은 스쿨버스를 타고 미국 전역을 여행하면서 애시드 테스트(Acid Test)라 불리는 환각제 파티를 연다. 이후 샌프란시스코 남부 산악 지대의 작은 도시 라 혼다(La Honda)에 작은 자연 공동체를 만들어 생활에서 히피 가치를 실천한다. 1950년대 후반 알렌 긴즈버그, 잭 케루악 등 비트 세대 작가와 교류한 케시는 스스로를 비트 세대와 히피 운동을 연결하는 인물로 평가한다. 케시의 책을 읽고 미국의 젊은이들은 기성 사회에서 뛰쳐나온다. 샌프란시스코 히피 운동은 1967년 '사랑의 여름(Summer of Love)', 1969년 '우드스톡(Woodstock)' 축제를 분기점으로 쇠락한다.

히피 운동이 사회 운동으로 단명한 배경에는 여러 가지 요인이 작용했다. 마약, 자유 섹스, 집단생활, 가족 거부 등 1960년대 전성기 당시에도 히피는 사회적 문제를 야기했고, 무엇보다 베트남 징병을 피하려는 엘리트가 주도했기 때문에 대중에 뿌리가 약했다. 운동 자체가 상업적으로 흘러 헤이트 애시베리 히피들이 1967년 여름 히피 장례식을 열 정도로 내부 역동성을 상실했다. 1969년 닉슨 집권 후 베트남에서 철수하기 시작한 것도 히피 운동의 쇠락에 기여했다. 히피 운동을 견인했던 반전 운동의 명분이 약해진 것이다. 그러나 히피 운동에 결정적으로 타격을 준 사건은 1969년 찰스 맨슨(Charles Manson) 사건이었다. LA 주변에서 히피 공동체를 운영하던 그와 추종자들이 인종 전쟁을 부추기기 위해 이틀간 두 번에 걸쳐 7명을 죽인 사건이다.

쿠엔틴 타란티노(Quentin Tarantino) 감독은 2019년 영화 「원스 어폰어 타임 인 할리우드(Once Upon a Time in Hollywood)」에서 이 사건을 적나라하게 묘사한다. 영화에서는 맨슨 멤버들의 공격을 받은 클리프 부스가 이들을 퇴치하지만, 실제 사건에서는 그들이 로만 폴란스키의 집에 침입해 그의 아내 샤론 테이트를 비롯해 5명을 잔인하게 살인했다. 당시 테이트는 임신 9개월의 임산부였다. 물론 맨슨 갱이 실제 히피였는지는 논쟁의 여지가 있다. 하지만 미국 대중들은 히피 극렬분자들이 아무 이유 없이 무고한 사람들을 살해했다고 생각해 히피들을 적대시하기 시작했다.

1968년 이후 히피 운동의 중심은 생활 혁신으로 옮겨진다. 1968년에 히피 생활 가이드를 담은 매거진『전 지구 목록』이 발행되어 생활 운동을 주도한다. 여기에는 대안적 라이프스타일의 핵심 개념인 자급자족, 생태, 대안 교육, DIY, 홀리즘(Holism)을 실현할 수 있는 생활 기술, 도구, 상품이 소개되었다. 2000년대 이후 한국에 도입된 많은 라이프스타일 아이디어와 상품의 기원도 이 매거진에서 찾을 수 있다.

이후『전 지구 목록』은 스티브 잡스가 2005년 스탠퍼드대 졸업식 연설에서 '1960년대 구글(Google)'로 소개하면서 다시 유명해진다. 이 연설에서 인용한 명언 '늘 배고프고, 늘 어리석어라(Stay Hungry, Stay Foolish)'도 『전 지구 목록』의 커버에 쓰였던 카피다.

이 매거진를 발행한 스튜어트 브랜드(Stewart Brand)는 '1960년대 뉴레프트는 우리에게 풀뿌리 정치 권력의 행사를 요구했지만, 우리는 그 대신 풀뿌리 직접 권력(Direct Power)의 행사 즉, 생활의 도구와 스킬을 지지했다'고 자신의 생활 혁명 철학을 밝혔다.

『히피와 반문화(La Contre Culture)』의 저자 크리스티안 생 장 폴랭 (Christiane Saint Jean Paulin)도 1960년대 반문화를 빈곤, 불평등, 인종 차별, 베트남 전쟁, 뉴레프트 운동(소수 인종, 여성에 대한 사회적 권위주의를 거부한 정치 운동)과 미국 중산층의 생활 양식을 겨냥한 히피로 구분한다. 둘 다 산업 사회의 문화로 요약되는 주류적 사고방식과 상반되는 정치적 견해, 생활 양식, 그리고 철학적 개념을 추구했으나 뉴레프트는 정치적 표현, 히피는 사적 표현을 지향했다. 히피 세대가 추구한 '일상에서의 문화 혁명'은 그후 미국과 선진국 사회에 지대한 영향을 미친다. 뉴레프트는 소수 정치운동으로 남아있지만 히피 세대의 라이프스타일 혁신은 현대 모든 선진국의 생활 양식을 지배한다.

1960년대 당시에도 정치 운동과 생활 운동을 구분 짓는 것은 중요했다. 1964~1965년 언론 자유 운동을 시작한 버클리가 1960년대 신좌파 운동을 주도했다면, 샌프란시스코는 히피의 중심지로 생활 운동을 주도했다. 샌프란시스코와 버클리의 차이를 히피 밴드인 '제퍼슨 에어플레인(Jefferson Airplane)'은 불평자와 행동가로, 비트 작가 '앨런 긴즈버그(Allen Ginsberg)'는 정치꾼(Politico)과 히피로 구분했다. 히피의 생활 운동은 1990년대에 들어와 미국 주류 사회의 문화로 자리 잡는다.

코린 맥러플린(Corinne McLaughlin)과 고든 데이비드슨(Gordon Davidson)은 자신들의 저서 『더 나은 삶을 향한 여행, 공동체(Builders of the Dawn)』에서 전원 공동체와 뉴에이지 공동체 등 1960년대 히피 공동체를 계승한 다양한 공동체의 활발한 활동을 소개한다. 이들은 1960년대와 1990년대 공동체의 차이가 사회 변혁의 주체에 있다고 본다. 1960년대 공동체가 기성사회의 배척에서 대안을 찾았다면, 1990년대 공동체는 개인의 영적 성장과 더불어 모든 존재와 하나됨을 목표로 한다는 것이다.

생태 공동체와 전원 공동체는 기성 사회 구조와 공존하면서 영향력을 확대해 나간다. '1960년대 히피가 승리했다(The Hippies Have Won)'라는 표현으로 히피 라이프스타일의 부상을 공인하는 데까지 이른다. 앞에서 언급했듯이 현재 도시 문화를 주도하는 새로운 트렌드의 대부분이 히피 문화에서 유래했다.

부르주아 포섭을 통한 주류 문화로의 편입

어떤 과정을 통해 히피 문화가 주류 문화로 편입된 것일까? AMC 네트

2007~2015년 방영된 미국 드라마, 「매드맨(Mad Men)」

워크에서 2007~2015년 방영된 미드 「매드맨(Mad Men)」은 1960년대 히피 문화가 주류 문화로 변하는 과정을 그린다.(매드맨은 뉴욕 매디슨 애비뉴에서 일하는 광고인을 뜻한다.)

주인공 돈 드레이퍼(Don Draper)는 한국 전쟁에 참전했으나 전투 중 전사한 동료의 신분증을 위조해 탈영한 군인 출신의 광고 회사 크리에이티브 디렉터다. 그는 광고 회사에서 일하면서 1960년대 미국 사회 변화를 몸으로 체험한다. 그리니치빌리지에서 작가로 활동하면서 자유분방하게 사는 보헤미안 애인, 힌두교 공동체 운동 '하레 크리슈나(Hare Krishna)'에 빠진 동료, 캘리포니아의 여성 해방 운동을 주도하는 여성 친구, 아버지에 반항해 히피 공동체로 들어간 딸 등이 「매드맨」에 등장하는 히피와 문화 저항자다. 하지만 드레이퍼는 히피가 되지 못한다. 대신 그가 선택한 것은 히피 문화의 상업화다. 그는 딸을 찾기 위해 들어간 히피 공동체 '빅 서(Big Sur)'에서 새로운 광고 아이디어를 낸다. 다양한 연령과 인종의 사람들이 언덕에 올라 서로 손을 잡고 전 세계인과 코카콜라를 마시고 싶다고 노래하는 광고다. 이것이 바로 광고 역사를 바꾼 코카콜라의 1971년 힐탑(Hilltop)

광고다. 드레이퍼는 히피 문화를 배격하지 않고 이를 창의적인 방식으로 수용한 것이다. 미국 주류 사회는 이 광고를 기점으로 히피 운동의 가치를 수용하였고, 히피 문화는 대중문화의 중심에 들어선다. 힐탑 광고가 '히피발 라이프스타일 혁명'의 시작을 알렸다고 해도 과언이 아니다.

토마스 프랭크의 『쿨 문화의 정복(The Conquest of Cool)』도 미국 광고 산업과 패션 산업이 히피 문화를 산업화하는 과정을 설명한다. 프랭크는 미국 대기업의 역할을 수확으로 한정하지 않는다. 대기업이 히피 운동이 이룬 성과를 사후적으로 활용했을 뿐 아니라 초기부터 히피 문화를 지지하고 후원했다고 주장한다. 히피 운동이 막 시작되는 1960년대 초반 이미 미국의 광고 산업과 패션 산업은 1950년대의 획일적인 문화를 극복할 수 있는 대안과 논리를 적극적으로 찾았다는 것이다. 1970년대 주류로 진입하기 시작한 히피 문화는 1990년대에 들어서면서 주류 생활 문화의 패권을 잡았다고 말할 수 있다. 19세기 이후 부르주아에 대항한 반문화 중 유독 히피가 성공한 이유는 단순하다. 정치와 예술 운동에 머무른 반문화와 달리 히피는 생활 운동을 추구했다. 단기적인 정치적인 성과보다는 일상생활의 지속적인 변화를 선택한 것이다.

기술과 공유로 복원되는 히피 공동체

최근 공유 경제 동향은 또 다른 가능성을 보인다.
히피가 건설한 공동체 생활이
공유 경제와 디지털 노마드와 융합되는 것이다.

보헤미안과 달리 히피가 좋아하는 도시는 쉽게 찾을 수 있다. 1960년 대 전원에 귀의한 히피가 수많은 공동체를 만들었기 때문이다. 히피는 과거 광신도나 사회주의자가 건설한 유토피아촌 같은 공동체를 원했으며 자연 친화성을 강조했다. 그러나 히피가 이들과 다른 점은 DIY 문화를 선호한다는 것이다. 그 때문에 트리 하우스, 돔 모양의 집 등 비교적 손쉽게 지을 수 있는 주택을 선호했다. 집 내부도 에너지 절약을 위해 자연 채광과 공유 공간을 활용했다. 또한 히피들은 직각 건축을 권위적이라고 생각하여 고리 형이나 돔 모양의 건물을 많이 지었다. 그래서 밖에서 보면 마을이 우주 기지 같아 보였다. 『뉴욕타임스』가 2016년 3월 구글과 애플의 신사옥이 히피 건축에서 영감을 받았다고 주장한 이유다.

1970년대 히피가 전원 공동체를 떠난 후 현대 건축과 도시 계획에 대한 히피의 영향력은 사라지는 것처럼 보였다. 그러나 도시로 돌아온 히피는 오늘날 우리가 알고 있는 힙 문화를 개척했다. 스마트폰과 SNS가 보편화되고 삶의 질에 대한 문제의식이 다시 살아난 2010년대에는 공유 경제와 디지털 노마드를 결합해 도시와 전원에서 히피 공동체를 복원한다.

버클리에서 시작된 라이프스타일 혁신

전원에서 돌아온 히피는 1960년대 히피 운동이 활발했던, 주로 대학이 위치한 도시에 모여든다. 캘리포니아에서는 샌프란시스코 건너편에 위치한 버클리가 히피에게 우호적인 도시였다. 버클리는 1960~1970년대 반전 운동, 자유 언론 운동 등 대항문화의 중심지였다. 지역 히피의 창의성 덕분에 버클리는 유기농, 로컬 푸드, 스페셜티 커피(Specialty Coffee)[8], 독립 서점, 빈티지 패션을 개척한 도시 문화의 진원지가 된다. 버클리에서 시작해 대중화된 도시 문화는 점차 세계 주요 도시의 주류 문화로 자리 잡는다.

노스 버클리(North Berkeley) 골목길 '고메게토(Gourmet Ghetto)'에 가면 '고급' 히피 문화를 체험할 수 있다. '고급 음식점이 몰려 있는 빈민가'라는 수식어가 붙은 이곳에서 우리는 히피 문화의 진원을 발견한다. 샤턱애비뉴(Shattuck Avenue)와 바인스트리트(Vine Street)에 모여 있는 고메게토 음식점, 갤러리, 명상원, 독립 서점, 부티크들은 공통적으로 남다른 특징을 가진다. 히피 문화를 계승한 지역답게 로컬 푸드, 유기농, 공정 무역, 아르티장 등 사회적 책임과 상업적 독립성을 강조하는 상품을 판매하는 곳이 대다수다. 항상 기다림이 있는 채식 피자 전문점 치즈보드 콜렉티브(Cheeseboard Collective)를 포함한 많은 가게가 사회적 기업 전통을 기반

---

8 스페셜티 커피 협회(Specialty Coffee Association)의 평가에서 높은 점수를 받은 우수한 등급의 커피를 뜻한다. 대중적으로 품질이 좋은 커피를 통칭하는 말로도 쓰인다.

과학을 좋아하는 히피가 1960년대 지은 집의 모형

으로 한 협동조합으로 운영된다.

버클리는 캘리포니아 퀴진을 개척한 '셰파니스', 스페셜티 커피의 원조인 '피츠커피', 채식 피자 전문점 '치즈 보드 콜렉티브', 지역 농산물을 식재료로 사용하는 '캘리포니아 피자' 등 역사적으로 중요한 음식점을 다수 배출했다. 친환경 음식 문화를 선도한 로컬 푸드 운동의 발원지도 바로 고메게토다. 이 운동은 셰파니스를 개업한 앨리스 워터스에 의해 시작되었다.

워터스는 신선하고 질 좋은 식재료를 구하고자 기존의 농산물 유통 시장을 거부했다. 지역 농부와 직거래하면서 양질의 유기 농산물을 사용하겠다는 경영 철학이 소비자들에게 호응을 얻으며 지역 사회로 확산된 것이다. '팜 투 테이블(Farm to Table, F2T)'이라고도 불리는 '로컬 푸드' 운동을 실천하는 식당들은 모두 농장에서 직접 재배한 재료의 원산지와 재배자를 메뉴에 표기한다. 이렇게 정직, 안전, 건강 등 탈물질적 가치를 추구하며 버클리의 히피 문화를 이어가고 있다.

또 하나의 고메게토 랜드마크가 스페셜티 커피의 원조인 피츠커피(Peets' Coffee) 1호 점이다. 버클리 출신 기업가들이 피츠커피를 모델로 삼아 시애틀에서 창업한 가게가 스타벅스다. 음식과 커피뿐만이 아니다. 1950년대 후반 카페라테를 처음 개발한 카페 '메디터레니언', 식품 협동조합 운동의 중심 '버클리 코업', 독립 서점의 원형인 '셰익스피어 서점'과 '모스 서점' 등 다양한 분야에서 버클리식 도시 문화가 탄생했다.

잘 알려진 것처럼 히피는 1960년대부터 미국을 중심으로 형성된 반체제, 탈물질주의를 지향하는 사람을 의미한다. 이들은 기존의 사회적 통념이나 제도에 대항하며 인간성 회복, 자연 친화적 문화를 추구한다. 동물성 식품은 물론 가죽제품, 동물실험 화장품 등 동물과 연관된 모든 상품과 서비스를 거부하는 비거니즘(Veganism)을 히피 문화를 대변하는 라이프스타일이라고 말하는 것도 이 때문이다.

그러나 보수적인 미국 사회가 히피 문화를 완전히 수용했다고 볼 수는 없다. 과격한 정치 운동가, 마약 중독자, 노숙자 등 히피의 부정적 이미지로 인해 히피는 미국 사회에서 여전히 하위문화로 인식되고 있다. 주류 사회로 진입한 히피 문화는 이런 하위문화가 아닌 고급화된 히피 문화다. 오늘날 버클리를 대표하는 문화도 바로 고급화된 히피 문화다.

히피 도시의 확산과 베를린

버클리에서 시작된 '히피 도시'는 도쿄의 시모기타자와, 영국의 브라이턴, 인도의 고아 등 전 세계로 확산됐다. 현재 유럽에서 히피 문화를 주도하는 곳은 '네오 히피' 도시로 알려진 베를린이다. 1920년대 베를린을 기억한다면, 역사의 반복에 소름이 끼칠 수 있다. 1920년대 베를린은 전 세계 예술가들이 모여든 도시였다. 그들은 전쟁의 패배로 전통적인 권위가 무너진 곳에서 다른 도시에서 허용되지 않는 다양한 아방가르드 예술과 라이프스타일을 마음껏 실험했다. 미술, 음악, 문학뿐만이 아니다. 건축과 디자인, 영화, 연극, 패션 등 베를린의 영향을 받지 않은 분야를 찾기 어렵다.

1990년대 베를린이 다시 아방가르드 예술의 중심지가 된 것도 역사의 산물이다. 1989년 베를린 장벽의 붕괴로 동독 정부가 역사에서 사라지면서 베를린은 한동안 무정부 상태에 빠진다. 밀려오는 동독 주민을 정착시키고 도시가 안정을 되찾기까지는 상당한 시간이 걸린다. 이때 독일과 외국의 젊은 예술가들이 다른 유럽의 대도시에 비해 생활 비용이 저렴한 베를린에 몰려든다.

서베를린은 1989년 독일이 통일이 되기 전에도 하위문화의 중심지였다. 다른 서독 지역과 고립된 서베를린은 산업과 청년이 떠나는 도시였다. 그 빈자리를 메꾸기 위해 서독 정부는 다양한 유인책을 사용해 외지인을 유치했다. 외지인 중에는 서베를린의 독특한 상황과 분위기가 좋아 찾아온 히피와 이단아들이 많았다. 1970년대 말 베를린에서 작품 활동을 한 데이비드 보위(David Bowie)도 그중에 한 명이었다.

1990년대의 베를린은 해방 지구였다. 특히 동베를린에는 주민이 떠나면서 버리고 간 공간이 많았다. 베를린 장벽이 붕괴하고 새로운 권위가 자리 잡기 전 허용된 그 무정부 공간을 테크노 클럽, 히피 공동체, 무단 점거 운동, 아방가르드, 스니커 컬처, 러브 퍼레이드 등이 채웠다. 새롭게 유입된 외

홀츠 마르크트(Holtzmarkt)

지인은 이 빈 공간에서 다양한 대안 라이프스타일을 실험한다. 베를린뿐
아니라 라이프치히 등 많은 동독 도시가 이런 연유에서 다수의 히피 공동
체가 들어선 네오 히피의 성지가 된다.

2019년 봄에 찾은 베를린에서는 전시 「베를린 1990s(Nineties Berlin)」
가 한창이었다. 젊은이와 이단자들이 무정부 상태와 가까운 환경에서 히피
공동체, 테크노 뮤직, 클럽 문화를 개척한 1990년대 베를린 문화를 회고했
다. 베를린의 1990년대는 시내 다른 박물관에서도 쉽게 접할 수 있다. 예
술가 마을 크로이치베르크의 박물관에서도 1990년대 격렬했던 세입자 저
항 운동에 대한 전시를 만날 수 있었다.

도시 운동의 '전투성'은 시내 거리에서도 목격할 수 있다. 지역 역사의 영
향을 받아서인지 지금도 크로이츠베르크(Kreuzberg) 주민들이 리모델링

을 통한 세입자 퇴출 시도에 전투적으로 저항한다. 이곳 활동가들은 1990년대 재산권이 불확실한 동베를린 건물을 무단 점거해 예술과 공동체 공간을 확보한 전력이 있다. 동네 문화가 투쟁적이다 보니 상호도 전투적인 이름이 많다. 프리드리히샤인 크로이츠베르크(Friedrichshain Kreutzberg) 박물관이 소개한 업소 중 한국 청년이 2009년 창업한 치킨 가게인 '앵그리 치킨'은 "크로이츠베르크여, 계속 분노해라"라는 구호로 유명하다.

베를린 동역 부근 슈프레강은 동베를린과 서베를린의 경계를 이루었고 1990년대 이 지역의 빈 공간에 많은 야외 클럽과 바가 들어섰다. 그중 가장 유명한 클럽이 '바25(Bar25)'와 '베르크하인(Berghain)'이었다. 2010년 가건물이었던 바25가 철거되자 운영자 주발 디에지거(Juval Dieziger)와 크리스토프 클렌젠도르프(Christoph Klenzendorf)는 그 터에 새로운 개념의 도시 공간을 건설하는 사업을 시작한다. 이후 한 공익 재단의 도움으로 2017년 '자립적 소공동체' 홀츠마르크트(Holtzmarkt)를 오픈하는 데 성공한다.

홀츠마르크트는 도시 안의 자연 공동체다. 1960년대 히피의 자연 공동체를 도시 안으로 옮긴 것이다. 4천 평에 달하는 단지 안에는 카페, 유기농 음식점, 곡예사 교육원, 바, 야외 클럽, 어린이집 등 주민을 위한 편의 시설과 관광 시설이 모여 있다. 자연 공동체답게 단지의 모든 건물은 재생 목재, 벽돌, 창문을 사용했다. 강가에는 단지 식당에서 사용하는 채소를 재배하는 텃밭이 있다.

홀츠마르크트가 자급자족 히피 공동체라면 프리드리히샤인의 로우젤란데(Raw Gelande)는 히피 테마파크라고 할 수 있다. 1990년대까지 기차 수리 공장으로 쓰이던 대규모 단지에 대형 클럽, 공연장, 갤러리, 플리마켓, 음식점을 운영한다. 인도어(Indoor) 수영장과 스케이트장을 건설해 일 년 내내 아웃도어와 결합한 파티를 즐길 수 있다.

1960년대 히피 문화는 이처럼 버클리, 베를린과 같은 아방가르드 도시에서 건재하다. 과거와 다른 점은 네오 히피는 자연과 농촌보다는 도시에서 자리를 잡았다는 것이다. 두 도시가 공통적으로 추구하는 대안, 재생, 생태, 공동체 가치는 네오 히피의 정체성을 정의한다고 말할 수 있다. 더불어 두 도시의 차이도 감지할 수 있다. 고메게토 사례가 보여주듯이 버클리의 히피 문화가 주류 문화로 자리 잡았다면, 베를린의 히피 문화는 아직도 전위적이고 전투적인 정체성을 유지한다.

다시 돌아온 히피 공동체는 어떤 미래를 맞을까? 선택은 두 가지다. 도시에서 새로운 공동체를 더 건설하든지, 아니면 공간의 여유가 있는 전원으로 돌아가든지. 하지만 버클리나 베를린 모두 확실한 방향을 잡은 것 같지는 않다. 어쩌면 버클리의 현재가 베를린의 미래가 될지도 모른다. 히피 운동의 고급화는 역동성을 상실하는 미래를 초래할 수 있기 때문이다.

최근 공유 경제 동향은 또 다른 가능성을 보인다. 히피가 건설한 공동체 생활이 공유 경제와 디지털 노마드와 융합되는 것이다. 베를린과 버클리 모두 히피 공동체에 익숙한 주민들이 협동조합 기반의 공동 거주(Cohousing) 공간을 확대한다. 일부는 다시 전원으로 돌아가고 있다. 디지털 공유 빌리지 개념으로 기술 기반의 새로운 전원 공동체를 건설하는 것이다. 이는 과거의 수공업자를 메이커로, 과거의 농부를 디지털 노마드로, 과거의 물리적 공유를 디지털 공유로 전환하는 실험이다. 21세기 수축 사회와 환경우선 사회에서 히피가 매력적인 라이프스타일로 부상하듯이, 히피 공동체도 지속 가능한 도시 모델로 재탄생한다.

04
히피 기업의 핵심 가치

386세대는 정치 세력으로 영향을 행사할 뿐,
미국 히피 세대처럼 삶의 질, 탈물질주의,
대안적인 삶을 제시하는 문화 세력으로는 발전하지 못했다.

2010년 이후 자연주의와 공동체를 강조한 히피 정신은 라이프스타일 뿐 아니라 산업, 기업, 도시, 공동체 등 전 사회 영역에서 부활한다. 그렇다면 히피 문화는 앞으로 어떻게 경제와 산업을 바꿀 것인가? 현재 예측할 수 있는 변화의 매개는 마을 공동체 산업과 히피 산업(하이테크·라이프스타일 산업)이다. 마을 공동체를 통한 변화는 앞서 논의하였으니 여기에서는 히피 산업의 미래를 다루려고 한다.

히피와 산업의 관계를 논의하는 데 있어 기억해야 할 사실은 히피가 보헤미안, 비트 등 이전의 반문화와 달리 기업가 정신에 개방적이었다는 점이다. 이들은 대기업에는 적대적이었지만, 창의적이고 혁신하는 일에는 우호적이었다. '전근대 경제'로 돌아간 히피 전원 공동체에서도 공예, DIY, 과학, 기술을 통한 창조적인 활동은 적극적으로 권장했다. 하이테크와 라이프스타일 산업에 대한 히피의 기여는 두 가지로 개념화할 수 있다.

첫째가 생활 운동을 통한 기여다. 앞서 강조했듯이 히피가 개인 자유와 친환경 중심의 생활 운동을 펼치지 않았다면, 개인의 자유를 극대화하는 기술을 개발하는 하이테크 산업과 공동체와 친환경 생활을 지탱하는 라이프스타일 산업은 현재 수준으로 발전하지 못했을 것이다.

두 번째가 기업 활동을 통한 기여다. 1970년대 히피는 도시로 돌아온 후 애플, 홀푸드마켓, 벤앤제리스 등 많은 하이테크 기업과 라이프스타일 기업을 창업했다. 이 과정에서 관련 산업의 발전에 기여했을 뿐 아니라 히피 기업과 기업가의 정체성을 정립했다. 스티브 잡스가 강조한 대로 히피 기업의 핵심 가치는 이단아 정신과 인간 이해다. 히피 기업은 기계가 인간을 대체하는 4차 산업 혁명 시대에 어떤 기업을 어떻게 경영해야 하는지에 대한 해법을 제공한다.

히피 기업과 히피 기업가의 부상

히피 문화는 1960년대 중후반 베트남 전쟁을 반대하며 일어난 저항 운동이다. 당시 미국 젊은이들은 주류 문화와 기존 사회 질서에 반기를 들고, 사랑, 평화, 자유를 추구하며, 물질문명이 아닌 정신적 가치와 인간성 회복을 주장했다. 그들의 저항 정신은 우드스톡으로 대표되는 록 음악을 비롯해 미술과 패션 등 여러 예술 분야에서 표출되었고 사회에 큰 변화를 일으켰다. 버클리 사례가 보여주듯이 히피의 대항문화는 1970년대 이후 고급화된 히피 문화로 발전한다. 대항 정체성 기반의 히피 문화는 창조적 파괴를 통해 기업과 사회의 변화를 촉진하는 '히피 자본주의'로 진화한 것이다.

동시에 탈물질적 가치에 주목한 기업들이 등장하기 시작했다. '다른 것을 생각하라(Think Different)'를 주창한 애플, '경영하며 공헌하자(Balance

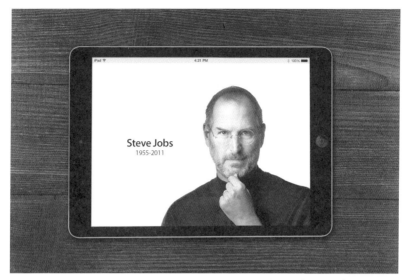

스티브 잡스(Steve Jobs) ©shutterstock

Business with Social Impact)'고 외치는 홀푸드마켓 등이 대표적이다. 이들 기업의 경영 철학은 수익과 이상을 동시에 추구함으로써 기업 문화를 통해 히피 정신을 계승하고 있다. 기성세대에 저항하며 개인의 가치와 개성을 드러내고자 했던 이들 '히피 자본가'들은 탈물질 소비자들의 폭발적인 호응으로 성장해 오늘날에 이르렀다. 결국 물질주의가 팽배했던 미국 사회가 탈물질적 가치를 생산하는 기업들을 배출한 것도, 소도시 버클리가 세계적인 라이프스타일을 선도한 것도, 히피 문화의 고급화와 산업화가 핵심이었던 것이다.

히피 기업 중 현대 경제에 가장 큰 영향을 미친 기업은 애플이다. 애플의 스티브 잡스는 자타가 공인하는 히피 출신 기업가다. 그는 젊은 시절 히피 문화에 심취해 마약을 즐긴 것을 자랑삼아 얘기하고, 그 정신이 애플의 기업 문화로 이어졌다고 강조하곤 했다. 기존 비즈니스 방식을 거부하고 고집스럽게 자신만의 독특함을 추구해온 애플의 기업 문화에는 이런 근간이 있었던 것이다.

스티브 잡스가 인정한 유일한 전기이자 그의 직접적인 진술이 담겨 있는 월터 아이작슨(Walter Isaacson)의 『스티브 잡스(Steve Jobs)』에는 마이크로소프트의 빌 게이츠를 시야가 좁은 '공붓벌레'로 혹평한 대목이 있다. 또 그는 마이크로소프트 유전자에는 인간애와 인문학이 없다며 빌 게이츠가 젊었을 때 마리화나나 히피 문화에 빠졌더라면 좀 더 넓은 시야를 갖게 됐을 것이라고 했다. 잡스는 자신이 젊은 시절에 사용한 환각제 LSD에 대해서는 사물에 이면이 있음을 보여주는 인생에서 가장 중요한 경험의 하나였으며 자신을 깨어 있는 사람으로 만들어 주었다고 회고했다.

2019년 서울 보안여관에서 열린 전시회 「사이키델릭 네이처」는 "자연에 대한 인간의 환영이 오늘날 세계를 어떻게 변화시켰나?"라는 문제의식에서 출발했다. 1960~1970년대 예술, 패션, 음악뿐 아니라 철학, 물리학, 정신분석학 등에 큰 영향을 미친 사이키델릭 운동을 회고하는 전시회다. 참여 작가들은 사이키델릭의 세계를 인간과 자연 사이에 일어난 고유한 감각의 세계로, 그리고 인간이 자연에 품어온 환영적 이상향의 근원을 들여다보는 하나의 프리즘으로 해석한다. 환각의 세계가 인간의 상상력을 확대한다는 스티브 잡스의 주장과 일맥상통한다.

젊은 시절의 잡스는 히피였지만, 애플을 창업한 후 인정사정없는 자본가로 변신했다. 히피였을 때나 성공한 기업인이었을 때나 변하지 않은 한 가지가 있다면, 항상 이단아였다는 사실이다. 기존의 정설과 권위를 거부하

전시 「사이키델릭 네이처」, 보안여관, 2019

고 항상 '다르게' 생각했다. 그의 인생에서 우리가 주목해야 할 부분은 끝없는 도전이다. 잡스의 도전은 기존 권위에 순응하지 않는 독립심과 기존의 권위를 극복할 수 있다는 자신감에 기반을 두고 있다.

히피 문화와 실리콘 밸리

히피 문화는 실리콘 밸리의 발전사에서도 중요한 역할을 한다. 실리콘 밸리는 1980년대 PC 시대의 개막으로 첨단 산업 중심지로서의 위치를 확고히 했다. 첨단 산업은 1930년대에 시작됐지만, 실리콘 밸리가 세계 경제를 주도하는 지역으로 부상한 것은 1980년대다. 1960~1970년대만 해도 실리콘 밸리가 첨단 산업을 주도하리라고 예상한 사람은 많지 않았다. 당시 미국 컴퓨터 산업의 중심지는 동부였다. 뉴욕에 본사를 둔 IBM이나 매사추세츠주의 DEC 등의 컴퓨터 회사가 기업에 메인 프레임 컴퓨터를 공급하면서 컴퓨터 시장을 장악하고 있었다.

실리콘 밸리에서 탄생한 PC(Personal Computer)는 말 그대로 개인이 회사로부터 독립하여 정보를 보관하고 관리할 수 있는 기계다. 메인 프레임이 대기업의 권력을 상징한다면 개인 컴퓨터는 대기업 권력에서 개인을 자유롭게 하는 탈권력을 상징한다. 실리콘 밸리에서 PC 산업을 개척한 사람들은 개인을 기업 메인 프레임에서 해방하고자 노력했다. 1960년대 대항문화를 컴퓨터 산업에서 실현한 것이다. 대항문화는 사회의 지배적인 문화에 정면으로 반대하고 적극 도전하는 하위문화다. 실제로 1960년대 스탠퍼드 연구소에서 마우스, 이메일, 워드 프로세서 등의 개념을 개발한 더글러스 엥겔바트(Douglas Engelbart) 등 많은 PC 산업 선구자들이 1960년대 대항문화의 추종자였다.

미국 언론은 최근에도 실리콘 밸리와 히피 문화의 관계를 주목한다. 히피 문화와 실리콘 밸리의 연결 고리는 크게 이단아 문화, 이상주의, 공동체 문화 등 세 가지다. 기존 사고방식을 거부하는 이단아 문화, 개인 해방을 추구하는 이상주의, 그리고 환경과 자연, 커뮤니티를 존중하는 공동체 주의가 PC, 스마트폰, 블록체인, 공유 경제 등 새로운 기술의 원동력으로 작용했다. 하지만 부작용도 만만치 않다. 특히 이단아로 성공한 창업자가 독단적으로 기업을 운영하는 사례가 빈번히 발생한다. 한때 독단적인 경영으로 애플 이사회에서 축출됐던 스티브 잡스부터 최근 물의를 일으켜 회사를 떠난 우버(Uber)의 창업자 트래비스 칼라닉(Travis Kalanick)과 위워크(WeWork) 창업자 아담 노이먼(Adam Neumann)까지 많은 실리콘 밸리 기업가가 '창업자 영웅주의'의 함정에 빠졌다.

히피 문화와 함께 창업한 기업은 애플과 같은 하이테크 기업뿐만이 아니다. 아이스크림 기업 벤앤제리스, 화장품 회사 더바디샵, 유기농 슈퍼 홀푸드마켓 등 기존과 다른 방식으로 반향을 일으키고 있는 기업들은 모두 창업자가 히피 출신이라는 공통점이 있다. 스타벅스의 하워드 슐츠(Howard Schultz), 나이키의 필 나이트(Phil Knight)는 히피 출신은 아니지만 히피 세대의 기업인들이 1960년대에서 파생된 생활 문화를 산업화했다.

21세기 가치로 부상하는 히피 기업의 정체성

물질주의의 첨병이었던 미국 기업들이 앞다투어 '일과 삶의 균형(Work Life Balance)'을 외치고 사회 공헌과 가치 중심적 사고를 강조하는 요즘의 분위기를 보면 물질주의에 저항하던 히피 정신이 실리콘 밸리에서 화려하게 부활했다고 평가해도 무방하다. 그야말로 히피 자본주의라 부를 수 있는 새로운 질서가 출범하고 있는 것이다.

히피의 핵심 가치는 사회적 책임과 더불어 창의성이 강조되는 창조 경제에서 경쟁력으로 작용한다. 스티브 잡스가 강조했듯이 히피 교육은 기업가에게 두 가지 능력을 제공한다.

첫 번째가 이단아 정신이다. 주류 가치와 시스템을 거부할 정도로 지적 자신감과 독립 정신을 보유한 기업인만이 잡스가 요구하는 '다른 것을 생각하라(Think Different)', '상자 밖에서 생각하라(Think Out of the Box)'를 제대로 실천할 수 있다.

두 번째는 인간에 대한 이해다. 기계적 효율성과 가격뿐만 아니라 인간의 감성을 자극하는, 소비에 사회적 의미를 부여하는 상품만이 AI 시대의 소비자를 유인할 수 있다. 단순히 스토리텔링의 문제가 아니다. 소재, 디자인, 기술을 통해 보다 인간적인, 그러니까 인간의 오감을 자극하는 상품과 서비스가 필요한 시대가 왔다. 인간에 대한 이해는 인간에 대한 존중에서 시작된다. 평등, 자기 지식(Self Knowledge), 개방성을 신봉하는 히피는 인간의 창조적 잠재력을, 그리고 모든 사람이 자신의 정체성에 충실한 삶을 살면 이 잠재력을 실현할 수 있다고 믿는다. 경영계에서 일어난 인문학 열풍도 결국 탈물질주의 시대에 새로운 상품을 개발하고 밀레니얼 세대를 경영해야 하는 기성세대 경영인의 니즈를 반영한다고 할 수 있다.

한국의 라이프스타일 세대

히피 문화를 생활 운동으로 승화하고, 그것을 바탕으로 창의적 라이프스타일 산업을 개척한 히피는 미국 산업 사회의 획일적 라이프스타일을 개혁한 세대다. 그럼 한국의 라이프스타일 세대는 누구일까.

정치적으로 히피 세대와 가장 가까운 세대는 1980년대 민주화 운동을 주도한 386세대다. 히피 세대와 마찬가지로 한국의 386세대도 기존 사회의 권위주의와 경직성에 저항했다. 386세대(1963~1968년생)는 2004년 총선 이후 베이비붐 세대(1955~1963년생)를 제치고 정치의 중심 세력으로 부상했다. 경제적으로도 인터넷, 화장품, 유통, 연예 산업 등 한국의 새로운 산업을 개척했다. 미국에 히피 자본주의가 있다면, 한국에는 386 자본주의가 있다.

미국 히피 세대와 한국 386 세대의 가장 큰 차이는 전자는 문화와 생활 운동으로 발전한 데 반해 후자는 정치 운동에 머물렀다는 점이다. 386 세대가 주도한 1980년대 학생 운동은 정치 운동에 근간을 두었고 지금도

386세대는 정치 세력으로 영향을 행사할 뿐, 미국 히피 세대처럼 삶의 질, 탈물질주의, 대안적인 삶을 제시하는 문화 세력으로는 발전하지 못했다.

한국의 라이프스타일 경제를 개척할 소임은 X세대와 밀레니얼 세대가 대표하는 미래 세대의 몫으로 남겨졌다. 이미 X세대와 밀레니얼 세대는 공간, 로컬, 친환경, 공동체, 모빌리티 등 다양한 라이프스타일 영역에서 기성 세대와 다른 감성과 능력으로 새로운 기업과 비즈니스를 개척한다.

개성과 다양성이 점점 중요해지는 오늘날, 혁신과 창조를 이끄는 '이단아' 세력을 키우고 그런 정체성을 계승하는 것은 매우 중요한 일이 되었다. 우리에게도 이단아 정체성으로 혁신적인 산업을 이끄는 히피 자본가, 히피 정신을 가진 기업가의 등장이 필요한 이유다. 버클리와 베를린 같은 히피 도시, 실리콘 밸리와 라이프스타일 산업 같은 히피 산업, 애플과 홀푸드마 켓 같은 히피 기업가의 탄생을 기대해 본다.

4장

보보

미국 보보와 강남 좌파

한국의 경우에는 고소득층이면서 진보적인 정치 성향을 가진
'강남 좌파'를 보보 정파로 볼 수 있다.

보보(스)는 '부르주아(Bourgeois)'와 '보헤미안(Bohemian)'의 합성어로, 진보 가치를 추구하는 기업가나 고소득 전문직을 뜻한다. 단어 자체는 칼럼니스트 데이비드 브룩스(David Brooks)가 자신의 저서 『천국의 보보스(Bobos in Paradise)』에서 처음 사용했다.

앞서 설명했듯 부르주아는 산업 사회의 엘리트로 전형적인 물질주의 가치를 추구하고, 보헤미안은 그 부르주아 문화의 대척점에 있다. 보보는 그 이름의 유래처럼 경제적으로는 부르주아를, 정치나 생활면에서는 보헤미안의 가치를 지향한다.

브룩스가 말하는 보헤미안 가치는 예술가적 가치뿐 아니라 개성, 다양성, 삶의 질, 사회적 책임을 포함하는 탈물질주의다. 미술 작품을 모으고 미술관을 후원해도 물질주의자는 보보가 될 수 없다. 보보가 1990년대 미국의 엘리트 사회를 장악했다는 사실은 탈물질주의가 미국 엘리트의 보

편적인 가치로 자리 잡았음을 의미한다.

보보는 보헤미안과 부르주아 사이에서 선택하지 못하는 사람에게 개념적으로 '편리한' 라이프스타일이다. 둘을 동시에 만족하는 라이프스타일이 가능함을 보여주기 때문이다. 다양한 반문화를 수용하지 못하는 보수적인 한국 사회에서 부르주아 외에 한국 엘리트가 선택할 수 있는 유일한 라이프스타일일지 모른다. 이런 이유에서 보보가 미국보다 한국에서 더 중심적인 역할을 할 가능성이 있다. 하지만 보보가 되는 것이, 그리고 보보가 라이프스타일 혁신에 기여하는 일이 쉽다는 말은 아니다. 보보는 두 개의 충돌하는 가치를 수용해야 하기 때문에 일관성을 유지하기 어려운 라이프스타일이다. 일관성 유지를 위해 필요한 상상력과 노력이 다른 라이프스타일보다 두 배 이상 클 수 있다.

문화적 보보

브룩스는 보보를 기본적으로 문화적 인간으로 정의한다. 보보를 전통적인 귀족 엘리트가 아닌 '교육받은 엘리트(The Educated Elite)'로 규정하고, 보보의 차별성을 7개의 규칙으로 설명한다.

1) 사치품에 돈을 낭비하는 천박한 부자와 달리 교육받은 보보는 주택, 음식, 의류 등 정말로 필요한 상품 중심으로 소비를 제한한다.

2) 등산용품, 가전제품, 가드닝 도구 등 진정한 가치를 가진 장인 수준의 품질(Professional Quality)을 가진 상품에는 돈을 아끼지 않는다.

3) 규모와 크기로 과시하는 것은 금기시하지만 작고 귀한 물건으로 집을 채우는 것은 허용한다.

4) 카펫, 가구, 그릇, 섬유 등 무조건 질감이 좋은 제품을 구매한다.

5) 항상 이웃이나 동료보다 한 단계 낮은 수준에서 구매하고 장식한다.

6) 유기농 농산품, 프리 레인지(Free Range) 치킨, 공정 무역 커피 등 사회적으로 의미 있는 물건에 많은 돈을 투자한다.

7) 자신의 취향을 만족시킬 수 있는 다양한 유형의 상품을 제공하고, 각 상품이 사회에 어떻게 긍정적인 영향을 주는지 설명하는 기업을 좋아한다.

소비 윤리만이 보보를 정의하는 키워드는 아니다. 보보는 일, 직업, 여가, 신앙, 정치 분야에서도 부르주아와 다른 생활 방식을 추구한다. 이들은 모든 영역에서 경제적 이익과 사회적 가치를 동시에 실현하기 위해 노력한다.

한국에서도 보보의 부상을 감지할 수 있다. 50대 이상 기성세대가 근면, 성실, 규율, 조직력을 강조하는 산업 사회 가치에 머물러 있는 반면, 20~30대 젊은 층은 미적 감각과 더불어 삶의 질, 개성, 다양성 등 탈물질주의 가치를 지향하며 기성세대와 다른 삶의 방식과 일의 철학을 좇는다. 사회적인 성공과 함께 탈물질주의를 추구하는 청년 엘리트가 한국의 보보라고 말할 수 있다.

경제적 보보

보보에게 직업은 좋아하는 일이다. 이들은 취미의 연장이라 할 만큼 자신이 좋아하는 일을 직업으로 선택한다. 그렇다고 애플의 스티브 잡스나 나이키의 필 나이트와 같이 세상을 바꾸려는 목적으로 창업을 해야만 보보가 되는 것은 아니다. 전문직이나 대기업의 직원이라도 도전적이고 실험적으로 일하고, 진보적 가치와 변화를 지향한다면 보보를 추구한다고 말할 수 있다.

대표적인 보보 브랜드라고 할 수 있는 친환경 고급 아웃도어 브랜드 파타고니아(Patagonia)

문화 변화의 의미를 이해하는 경영인이라면 보보 성향의 직원을 적극적으로 유치하고, 보보가 선호하는 커뮤니티를 구축하는 방향으로 기업문화를 운영해야 한다. 브룩스가 지적한 대로 직원 스스로가 활동가와 예술가로 생각할 때 회사를 위해 더 열심히 일할 수 있다.

정보화 시대의 대표적인 보보 직업은 지식인이다. 과거와 달리 현대 지식인은 학문의 세계에서 안주하지 않는다. 자신의 지식으로 학계뿐 아니라 대중에게 영향을 미쳐야 사회에서 인정받은 지식이 될 수 있다. 정보화 사회에서 지식과 정보가 자본과 물질적 자원만큼 중요해지자 기업들은 크리에이티브 디렉터(Creative Director), 수석 지식 오피서(Chief Knowledge Officer) 등 산업 사회 기업에서는 볼 수 없었던 직책을 만들어 지식인을 임원으로 유치하고 이들을 통해 지식 문화, 혁신 문화를 조직 문화로 내재화하기 위해 노력한다.

산업계의 보보는 보보 기업이다. 보보가 사회적 가치의 실현을 위해 창업한 기업을 말한다. 지속 가능한 수익을 창출해야 하는 보보 기업은 보헤미안 문화를 수용하지 않고 생존하기 어렵다. 사회적 가치의 실현이 일차적인 목표이기 때문에 보헤미안 가치에 대한 의지도 확실하다.

보보 기업은 다양한 유형의 기업을 아우르는 포괄적인 개념이다. 마을 기업, 마을 공동체, 디지털 공동체 빌리지를 운영하는 공동체 사업가, 하이테크와 라이프스타일 산업을 혁신하는 히피 기업가, 사회 혁신 운동을 배경으로 커뮤니티 비즈니스, 협동조합, 소셜 벤처를 창업한 사회 혁신가, 기업의 사회적 책임(CSR)과 공유가치 창출(CSV)을 선도하는 일반 기업도 모두 보보 기업에 포함된다.

한국 기업에서도 미국만큼은 아니지만 보보 성향을 보이는 기업이 활동한다. 386세대가 주도한 IT 산업이 대표적인 보보 산업이다. 네이버, 다음, 카카오, 넥슨 등 한국을 대표하는 IT 기업은 일반적으로 진보 정당을 지지한다. 기업 문화 측면에서도 기존 대기업과 달리 환경, 인권, 탈권위주의 등 진보 가치에 우호적이다. 미국에서 보보 산업으로 분류되는 소셜 벤처, 사회적 기업, 임팩트 투자사도 한국에서 급속히 성장한다.

정치적 보보

정치적 보보는 보보 철학과 일치하는 정책과 정당을 지지하는 정치인과 유권자다. 정치적 보보는 성격상 특정 정파에 우호적이며, 언론과 일반인이 일반적으로 연상하는 보보 정파는 진보 정당의 문화 엘리트다. 브룩스는 1960년대 이후 교육을 통해 엘리트 계급으로 진입한 사람이면 특정 정파와 관계없이 보보 성향을 보인다고 주장한다. 1990년대 말 집필 당시는 그랬을지 모르지만, 현재는 대부분의 보보가 진보 정당을 지지하고 브룩스와 같이 보수 정당을 지지하는 보보는 소수다.

한국의 보보도 미국의 보보와 마찬가지로 진보 정당의 문화 엘리트를 지지한다. 한국의 경우에는 고소득층이면서 진보적인 정치 성향을 가진 '강남 좌파'를 보보 정파로 볼 수 있다. 진보 가치관과 물질적인 안정을 동시에 추구하는 젊은이들에게 강남 좌파가 이상적인 엘리트의 모습으로 보일 것이다. 이런 대중적 인기에 힘입어 강남 좌파는 진보 정당의 희망으로 떠올랐다. 한국이 서구 민주주의 경험을 따른다면 강남 좌파가 진보 정당의 주류로 등장하는 것은 시간문제다. 문재인 정부를 강남 좌파로 분류할 수 있다면, 이미 주류로 진입했다고 말할 수 있다. 브룩스가 강조했듯이 미국 진보 진영의 신주류는 1990년대에 미국의 강남 좌파 격인 보보로 교체되었다.

미국의 보보 정파와 한국의 강남 좌파의 공통점은 또 있다. 둘은 위기도 비슷하게 겪는다. 미국의 보보 정파가 위기에 처한 이유는 노동자, 서민 등 전통적인 진보 정당 유권자의 지지를 잃었기 때문이다. 보보 정치인은 일자리, 민생 문제보다는 인권, 다문화, 환경 등 엘리트 내부 문제나 관념적 이슈에 몰두한다. 중산층과 서민의 이익은 뒷전이고 엘리트 내부에서 자신의 이익을 보호하고 확대한다는 비판을 받는다. 트럼프 같은 미국 보수 포퓰리스트가 보보 정파의 이런 약점을 이용해 전통적인 민주당 지지층인 중서부 중산층과 노동자의 지지자를 얻는 데 성공했다.

미국의 보보와 마찬가지로 한국의 보보도 서민 생활과 거리가 먼 이슈

에 열중한다. 소수 노동 엘리트 계급의 이익을 대변하기 위해 600만 명이 넘는 자영업자의 이익에 소홀했다는 비판도 강남 좌파의 엘리트 편향성을 반영한다. 한국의 강남 좌파가 엘리트 중심적 정치를 계속한다면 미국 보보 정파와 같이 보수 대중주의의 공세에 무너질 수 있다.

강남 좌파 관점에서 다행인 것은 한국 보수가 아직 포퓰리즘을 제대로 활용하지 못한다는 사실이다. 한국 보수의 중심 세력은 대기업과 제조업 중심의 한국 경제를 지탱해 온 부르주아 세력인 '강남 우파'다. 한국 보수가 서민과 노동자 이익을 위해 보호 무역 주의와 같은 트럼프식 포퓰리즘을 선택하는 것은 상상하기 어렵다. 보호 무역 주의는 수출에 의존하는 대기업과 제조업의 이익에 반하는 정책이다. 물질적인 성공을 강조하는 전형적인 산업 사회 엘리트인 강남 우파가 젊은 층이 지지하는 탈물질주의를 수용할 가능성도 낮다. 보수 정당의 이런 한계로 인해 강남 좌파가 권력을 유지하는지도 모른다.

한국 보보의 지속 가능성

한국 보보가 지속 가능해지기 위해서는 우선 일관성을 강화해야 한다. 미국 보보는 개인 생활에서 보보의 가치를 실천하지만, 한국 보보를 대표하는 강남 좌파는 부르주아 문화를 버리지 못하고 있다. 최근 한국에서 일어난 일련의 정치 스캔들은 강남 좌파가 강남에 거주하는 것에 그치지 않고 강남이 대표하는 부르주아 라이프스타일을 추종한다는 것을 여실히 증명했다. 엄격한 기준을 적용하면, 생활과 정치를 통합하지 못한 강남 좌파는 진정한 의미의 보보가 아니다.

보보 기업의 활성화도 한국 보보의 과제다. 현재와 같은 작은 규모로는 한국의 라이프스타일 산업을 선진국 수준으로 발전시키기 어렵다. 한국은 히피 운동과 같은 대규모 반문화 운동을 경험하지 않아 탈물질주의 기반 자체가 미약하지만, 다행히 밀레니얼 세대가 탈물질주의에 우호적이다. 덕분에 보보 산업도 보보 세력의 경제적 기반이 될 수 있을 만큼 성장할 수 있을 것이다.

과연 보보가 대안적인 삶을 갈망하지만 물질을 포기하지 못하는 한국 사회에 탈출구가 될 수 있을까? 한국 보보의 지속 가능성은 궁극적으로 보보 계급의 노력에 달렸다. 보보가 새로운 생활 운동을 전개해 정치뿐 아니라 실생활에서 탈물질주의 가치를 실천하고, 보보 기업의 창업을 유도해 경제 분야에서 탄탄한 기반을 다진다면, 다가오는 라이프스타일 시대의 주역이 될 것이다.

02
보보 기업가와 보보의 미래

보보 좌파가 탈물질주의의 통로로 사회 운동과 정치에 집중한다면,
보보 우파는 시장을 통해 사회가 필요한 탈물질주의를 실현하기 위해 노력한다.

1990년대 미국 사회의 새로운 지배 계급으로 등장한 보보는 18세기 이후 진행된 경제, 사회, 정치 변화의 결과다. 브룩스는 『천국의 보보스』에서 보보의 부상 과정을 상세하게 설명한다. 그러나 2000년대 이후 보보의 여정은 순탄하지 않았다. 특히 정치 분야에서 구심점을 잃은 것처럼 방황한다. 2020년 대선에서 말도 많고 탈도 많았던 트럼프가 재선을 노리는 것만 봐도 보보 정파의 현주소를 알 수 있다.

그렇다면 보보의 시대가 끝난 것일까? 미국과는 별도로 보보의 미래는 한국에서 특별한 의미를 지닌다. 미국과 달리 한국의 탈물질주의는 막 시작되었고, 현실적으로 보보 계급이 한국의 라이프스타일 경제를 주도할 가장 좋은 위치에 서 있다. 미국 보보의 실수를 반복하지 않기 위해 한국 보보는 무엇을 해야 할까? 보보 중심 사회로 가기 위해서는 일단 보보 기업인의 역할이 중요하다.

부르주아의 자살적 양보

보헤미안과 부르주아의 융합을 의미하는 보보의 어원에서 알 수 있듯이, 보보의 기원은 미국의 부르주아와 보헤미안의 역사에서 찾을 수 있다. 각기 다른 영역에서 독립적으로 생활했던 부르주아와 보헤미안이 상호 작용을 시작한 것은 제2차 세계 대전 이후다. 보보 부상에 가장 크게 기여한 세력은 역설적으로 산업 사회 엘리트였다. 브룩스는 보보가 산업 사회 엘리트를 밀어낸 것이 아니라고 주장한다. 산업 사회 엘리트는 보보의 도전에 크게 저항하지 않고 조용하게 사라졌다는 것이다.

미국에서 '산업 사회 엘리트의 자살'은 1950년대에 시작됐다. 와스프(WASP)로 불리는 미국 동부의 귀족 계층은 귀족 학교와 대학교를 중심으로 신분을 유지했다. 1950년대 동부 명문 대학에 입학한 학생의 절대다수가 명문 고등학교를 졸업한 와스프 자녀였다. 특별히 공부를 잘하지 않아도 가족을 배경으로 쉽게 명문 대학에 입학할 수 있었다. 그런데 1940년대 후반을 기점으로 동부 명문 대학이 입학 정책을 바꾼다. 가족 배경보다는 학업 성적으로 학생을 선발하기 시작한 것이다. 실력 중심(Merit Based)의 입학 제도를 도입한 대표적인 대학이 하버드다.

1933년 하버드대 총장으로 취임해 1955년까지 재직한 제임스 브라이언 코넌트(James Bryant Conant)는 진보적인 헨리 촌시(Henry Chauncey)를 입학처장으로 임명함으로써 하버드 입학을 중산층에 개방하는 개혁을 시작한다. 이 코넌트-촌시(Conant-Chaucey) 개혁으로 하버드는 성적 우수자를 중심으로 신입생을 충원한다. 1952년 583점에 불과했던 하버드 신입생 평균 대학 입학 자격시험(SAT) 성적이 1960년에는 678점까지 상승한다.

명문 대학 개방과 동시에 산업 사회 엘리트의 또 하나의 보루인 대기업 문화가 무너진다. 1950년대에는 『조직인(The Organization Man)』『풍요 사회(The Affluent Society)』『신분 추구자들(The Status Seekers)』『프로테스탄트 기득권(The Protestant Establishment)』 등 중산층과 대기업 문화를 비판하는 베스트셀러가 쏟아져 나온다. 산업 사회 비평가는 대기업이 강요하는 획일적 조직 문화를 비판한다. 이들은 대기업 직원을 독립적인 행위자가 아닌 시스템을 지탱하는 하나의 톱니에 불과하다고 보고, 보다 독립적이고 창의적인 삶을 위해서는 제조업 중심의 대기업에서 벗어나 새로운 지식 산업과 문화 산업에서 기회를 찾아야 한다고 조언한다.

지배 문화였던 산업 사회 문화가 약해지는 상황에서 1950년대 시작된 저항 문화는 산업 사회 엘리트를 무너뜨리는 충격으로 작용했다. 모든 저항 문화는 기득권 문화, 중산층 문화에 대한 반작용으로 시작했다. 저항 문화가 반대를 위한 반대만 한 것은 아니다. 시간이 지나면서 저항 문화는 주류 문화와 주류 기업의 대안을 제시했다. 1970년대부터 저항 문화는 주류 문화에 영향을 미치는 중요한 문화로 자리 잡는다.

디지털 경제의 교육 프리미엄

보보 부상에 결정적 기여를 한 또 하나의 요인은 정보 사회의 도래다. 산업 사회 엘리트가 약화되고 대안 문화가 매력적인 문화로 인식되기 시작했지만, 보보가 산업 사회 엘리트를 대체하기 위해서는 경제적인 성공을 이루어야 했다. 그때 마침 정보 사회 혁명이 시작됐다. 지식과 교육으로 무장한 새로운 교육 엘리트는 정보 사회에서 새로운 기회를 찾았다. 디지털 경제에서는 아이디어와 지식이 자원과 자본만큼 경제적 성공에 중요하다. 지식 산업과 정보 산업은 보보에 최적화된 산업이라고 해도 과언이 아니다.

디지털 혁명이 시작된 후 미국의 경제 불평등 문제는 악화됐다. 교육에 대해 큰 보상을 제공하는 정보 사회가 확산됨에 따라 대학 졸업자와 고등학교 졸업자의 임금 격차는 1970년대 이후 지속적으로 확대되었다. 대학 교육에 대한 프리미엄이 늘자 더 많은 사람이 대학에 진학하고 미래를 보장하는 일류 대학 입학을 위한 경쟁은 격화됐다.

1950년대 이후 대학 교육을 통해 좋은 교육을 받은 중산층 자녀들은 정보 사회에서 새로운 기회를 찾아 지배 계급으로 진입하기 필요한 부와 사회적 지위를 획득했다. 출신 성분이 반기득권적이고, 1960년대 저항 문화를 거치면서 의식화된 보보는 1990년대 들어와 새로운 기득권으로 등극한다.

보보가 히피나 보헤미안과 달리 물질적인 성공을 피하지 않은 데에는 1980년대 보수주의의 부활도 긍정적인 역할을 했다. 1980년 레이건 대통령이 당선되면서 네오콘(Neocons)으로 불리는 보수 이론가들은 진보 이념과 진보 정당의 약점을 적극적으로 공격한다. 진보 진영의 방만한 복지 정책으로 국가 재정은 파산 지경에 이르렀고 기업 활동은 위축됐다고 비판했다. 윤리적으로는 진보 진영이 허무주의에서 헤어나지 못할 것으로 공격했다. 보보가 이런 과정을 통해 지배 계급으로 등장했지만 오랫동안 물질적 성공과 진보적 가치를 분리하며 살 수는 없었다. 넘치는 부 속에서 새로운 윤리와 새로운 라이프스타일의 수요가 대두했다. 내면적 보헤미안과 외면적 부르주아의 융합이 필요했고, 그 결과가 보보 라이프스타일이다.

1990년대 보보는 1950년대 부르주아와 달리 정치보다는 문화로 사회적 영향력을 확대했다. 또한, 자신의 리더십을 경제 성장과 안보보다는 삶

트럼프 보수주의에 반대하는 미국의 보보 유권자

의 질 개선을 위한 것으로 정당화한다. 2010년대 중반 트럼프의 등장으로 변하기는 했지만 1990년대 보보 문화는 경쟁 세력에 대한 적대감보다는 예의(Civility)를 강조했다.

2000년에 책을 쓴 브룩스도 보보의 미래를 희망적으로 평가한다. 능력 주의로 성공한 보보는 앞으로도 계속 자신을 개혁하면서 자신의 지위를 지킬 것으로 전망한다. 미래에 대한 보보의 구조적 불안감도 오히려 보보를 더 강하게 만들 것이라고 한다. 보보가 과거 귀족과 달리 가문의 힘보다 자신의 노력으로 성공했기 때문에 미래에 대한 보장도 스스로 확보하기 위해 더 노력한다는 것이다.

브룩스가 2010년대 미국을 겪은 후에도 동일한 주장을 할지는 확실치 않다. 다른 엘리트 계급과 마찬가지로 보보도 엘리트 지위에 스스로 만족해 역동성을 상실할지 모른다. 브룩스가 강조한 능력주의도 양날의 칼이다. 1990년대에는 대중이 대학 입학 자격시험 성적을 실력으로 인정했을지 모르나, 현재 사회 분위기는 이를 보보가 자신의 지위를 부당하게 존속하려는 수단이자 불평등을 악화시키는 주범으로 인식한다.

보보 중심의 정계 개편

상호 충돌적인 보헤미안과 부르주아를 통합한 보보가 지속 가능할까? 경제적 지속 가능성은 개선되고 있다. 기술과 문화의 발전이 보보 기업, 즉 기업 활동을 통해 보헤미안 가치를 실현하려는 기업에게 과거보다는 양호한 기업 환경을 제공한다. 소비자가 소셜 벤처, 스몰 브랜드, 로컬 브랜드에 우호적이고, SNS, 스마트폰, 3D 프린팅 등 기술의 발전으로 마케팅과 기술 개발 비용이 현저하게 줄어들었다. 보보 기업의 창업과 운영이 쉬운 일이 아닌 것은 확실하지만, 과거보다 성공 가능성은 높아지고 있다.

문제는 정치다. 보보 계급이 지지하는 정당과 정파가 위기를 맞고 있다. 1990년대 전성기를 구가한 미국 보보 정치 계급은 2010년대 들어와 보수 포퓰리즘에 무기력하게 무너진다. 보보 정치인을 대표하는 힐러리 클린턴이 2016년 대선에서 보수 포퓰리스트 도널드 트럼프에게 패배한 것에서 보보 정치의 한계가 드러났다. 민주당 내에서도 노동자 계급을 대표하는 전통 진보 정파에 밀리는 형국이다. 보보 정파의 정치적 실패는 궁극적으로 시장에서 보보 기업을 위축시킬 것이다. 정책적인 지원도 약해질 것이지만, 보다 큰 위협은 정통성의 약화이다. 일정 수준의 이상주의를 요구하는 보보 기업의 창업에 인재를 유치하려면, 보보 기업에 대한 정치권 지원을 포함한 광범위한 사회적 지지가 필요하다.

브룩스가 주장한 대로 보보는 기본적으로 엘리트 문화다. 시간이 지나 중산층이 보보 라이프스타일을 채택할 수도 있겠으나, 그러한 상황이 되기까지는 보보가 중산층의 지지를 확보해야 한다. 보보는 지금껏 다문화주의, 인권, 이민자 권리 등 중산층의 생계와 거리가 먼 문화 이슈에 집중함으로써 중산층 유권자를 소외시켰다. 전통적으로 민주당을 지지했던 미국 중부와 남부의 노동자 계급이 트럼프와 공화당을 지지하게 되는 이유다.

보보가 해야 할 일은 명확하다. 정치적으로는 중산층 지지를 확보하는 방법을 찾아야 한다. 탈물질주의를 부를 재분배하는 명분이 아닌 새로운 성장 동력으로 활용해야 한다. 보보 철학으로 중산층이 참여할 수 있는 새로운 산업과 고용을 창출해야만 지속 가능한 다수 연합을 구축할 수 있다.

문화적으로는 소수 가치에 대한 집착을 극복해야 한다. 보보 문화가 다수 문화, 대중문화로 발전하기 위해서는 다수의 이익과 가치를 소수의 이익과 가치만큼 중요시해야 한다. 보보 정파가 현재 진보 정당에 소속해 있는 것, 특히 보보 기업이 이를 지지하는 것은 과도기적인 현상일지 모른다. 탈물질주의를 적극적으로 수용하지 않는 보수 정당의 경직성 때문에 보보 정파가 어정쩡하게 진보 정당에 몸을 담고 있는 것이다. 탈물질주의가 확산되고 보수 정당이 탈물질주의에 개방적으로 변한다면 보보 정파는 보수 정당에서 더 안정적으로 정체성을 유지할 수 있을 것이다.

탈물질주의 사회의 정당 체제는 보수 진영의 부르주아 우파와 보보 우파(기업 활동을 통해 탈물질주의를 실현하려는 정파), 진보 진영의 보보 좌파(정부 개입이나 공동체를 통해 탈물질주의를 실현하려는 정파)와 프롤레타리아 좌파로 재편될 것이다. 보보 우파와 보보 좌파는 비슷한 경제력과 가치관을 가졌지만,

이를 실현하는 방법에서 극명한 차이를 보인다. 보보 좌파가 탈물질주의의 통로로 사회 운동과 정치에 집중한다면, 보보 우파는 시장을 통해 사회가 필요한 탈물질주의를 실현하기 위해 노력한다. 이런 구도하에서는 현재 진보 정당을 지지하는 보보 기업이 보수 정당의 보보 우파를 지지할 가능성이 높다.

보보 전체의 관점에서 보면 보보 중심의 정계 개편은 보보 내부의 권력 이동을 의미한다. 보보 권력의 중심이 보보 좌파 성향의 전문가와 지식인에서 보보 우파 성향의 기업인으로 넘어가는 것이다. 보보가 중산층 고용을 창출하는 보보 중심의 사회로 가기 위해서는 보보 기업가가 보보의 미래가 되어야 한다.

03

전국 기업과 로컬 기업의 선택

진보 가치를 추구하면서 시장 경제에서 경쟁하는 보보는
시장과 탈물질주의라는 상호 충돌하는 두 가치를
조화시켜야 하는 태생적 숙제를 안고 있다.

보보 기업은 삶의 질, 환경, 인권, 도시 재생, 빈곤 해결 등의 가치를 비즈
니스 모델로 개발한 기업이다. 보보 기업은 주로 라이프스타일 산업, 하이
테크 산업, 사회적 기업, 임팩트 투자, 소셜 벤처 분야에서 활동하며, 2010
년대 이후 사회적 경제에 대한 관심과 지원이 늘면서 새로운 성장 동력으
로 주목받는다.

보보 기업은 수익과 사회적 가치, 부르주아와 보헤미안이라는 상호 충돌
하는 가치를 추구하기 때문에 다른 기업보다 기업 정체성에 대한 의지가
강해야 하며, 이를 실현하는 데 필요한 유연성과 창의력 또한 갖춰야 한다.

보보 기업의 창업자가 내려야 하는 또 하나의 중요한 결정은 기업 형태
다. 창업 과정에서는 주식회사와 협동조합, 성장 과정에서는 대기업과 로컬
기업 중 하나의 기업 형태를 선택해야 한다.

1980년대 본격적으로 시작된 유기농의 산업화 과정은 협동조합보다는

주식회사가, 대기업보다는 로컬 기업이 보보 기업에 더 적합한 기업 형태일 가능성을 제시한다.

대기업 모델의 전형

역사적으로 가장 성공한 보보 기업을 꼽으라면 필자는 주저하지 않고 미국에서 유기농 전문 슈퍼마켓 시장을 개척한 '홀푸드마켓'을 선택할 것이다. 1980년 미국 오스틴에서 유기농 식품점에서 일하던 히피 존 맥케이(John Mackey)는 보다 효율적인 방법으로 유기 농산품을 소비자에게 전달하기 위해 홀푸드마켓을 창업한다.

홀푸드마켓은 눈앞에 보이는 이윤보다 지역 주민의 건강과 사회 환경을 우선시하는 기업으로 출발했다. 건강과 환경을 가격만큼 중요한 가치로 추구하는 지역 주민의 라이프스타일에 딱 맞는 비즈니스 모델이었다. 이 회사는 또한 웰빙 라이프스타일을 위해 아낌없이 투자하는 소비자가 만족할 만한 제품을 판매했다.

1970년대부터 미국 전역에 등장한 그 많은 자연식품 판매점 중 이 기업이 선두에 선 이유는 무엇일까? 홀푸드마켓은 '온전한 식품, 온전한 종업원, 온전한 지구'라는 신조답게 기본에 충실한 기업이다. 자연식품 판매 가게로서 항상 소비자의 건강과 자연식품 홍보에 앞장섰다. 최근 논란이 되고 있는 GMO(유전자 변형 농산물, Genetically Modified Organism) 판매 문제에서도 홀푸드마켓은 친환경 노선을 선택했다.

2013년 3월 미국 정부가 유전자 조작 농산물을 이용한 식품 생산과 판매를 전면 허용하자 미국의 시민 단체와 환경 단체가 크게 반발했다. 다른 식품 판매점이 식품 회사의 압력으로 GMO 표기를 주저하는 사이, 홀푸드마켓은 2018년까지 모든 판매 상품에 자발적으로 유전자 조작 농산물 포함 여부를 표기하겠다고 발표했다. GMO 표기에 대한 회사의 설명이 흥미롭다. 홀푸드마켓은 유전자 조작 농산물이 불포함된 상품이 그렇지 않은 상품에 비해 15% 더 판매된다는 연구에 근거해, GMO를 표기함으로써 웰빙 상품을 찾는 소비자들의 신뢰를 얻는 것이 오히려 비즈니스에 유리하다고 주장한다.

이처럼 홀푸드마켓의 성공에는 웰빙과 친환경 소비 트렌드가 한몫했다. 세계적으로 선풍적인 인기를 끌고 있는 웰빙 트렌드는 친환경적이고 신선한 재료를 사용한 건강식품 브랜드를 성장시켰다. 건강하고 안전한 먹거리를 추구하는 웰빙 문화는 소비자에게 환경 보호에 동참한다는 자부심을 심어줌으로써 식품부터 의류, 잡화, 레저 등 다양한 생활 영역으로 확산되고 있다. 웰빙의 가치를 인식하고 체험하고자 하는 욕구, 좀 더 비싼 가격을 지급할 경제적 능력이 있다는 과시 욕구, 환경 보호에 일조하고 싶은 도덕적 욕구가 홀푸드마켓을 미국 자연식품 대표 기업으로 성장시켰다. 하지만 이것만으로는 설명이 부족하다.

홀푸드마켓이 성공한 요인은 간단하다. 진정성을 원하는 소비자들에게 진정성으로 답했다. 소비자는 다른 가게는 몰라도 홀푸드마켓만은 정당한 방법으로 생산한 건강식품을 판매할 것이라고 믿는다. 회사가 상품의 진정성을 부각하는 방법도 이채롭다. 다양한 사회 공헌 활동도 기업 이미지 제고에 한몫하지만, 홀푸드마켓 특유의 분위기도 무시할 수 없다. 매장의 온도, 쾌적함, 세련된 디자인, 감동적인 서비스를 통해 이 회사 제품을 신뢰할 수밖에 없게 만든다.

미국 부유층은 홀푸드마켓이 없는 동네에서는 절대 살지 않겠다고 선언

할 정도로 이 가게를 지역 사회의 중심지이자 자부심으로 생각한다.

홀푸드마켓은 뉴욕에서도 지역 문화의 중심으로 자리 잡았다. 맨해튼에서 제일 큰 식료품 가게는 바워리스트리트(Bowery Street)에 있는 매장이다. 또한 맨해튼의 대표적인 랜드마크인 타임 워너(Time Warner) 빌딩 지하에도 입점해 있어 점심을 사서 길 건너 센트럴 파크로 가는 수많은 뉴요커들로 항상 북적인다.

그런데 2017년 6월 16일, 홀푸드마켓 고객은 충격적인 뉴스를 접하게 된다. 그날 전자 상거래 기업 아마존이 홀푸드마켓을 137억 달러(15조 5000억 원)에 인수한다고 발표했다. 홀푸드마켓을 사랑하는 소비자들은 충격에 빠졌다.

아마존의 홀푸드마켓이 친환경 슈퍼마켓으로 계속 유지될 수 있을까? 전문가들은 회의적이다. 가격 경쟁력을 목표로 시애틀에서 계산대 없는 식료품점, '아마존고(Amazon Go)'를 운영하는 아마존이 고품질의 값비싼 친환경 유기농 식품을 판매하는 홀푸드마켓의 경영 방식을 유지할 리 만무하다는 것이다. 전문가 예측이 맞는다면, 홀푸드마켓 매장이 있는 미국 430여 개 지역은 하루아침에 지역 공동체의 구심점을 잃게 된다.

홀푸드마켓이 창업한 텍사스 오스틴에서 1990년대 초반 이 기업의 성장 과정을 지켜본 필자는 아마존의 홀푸드마켓 인수에 대한 오스틴 주민들의 상실감이 어떨지 상상이 된다. 제2의 실리콘 밸리가 되기 위해 시애틀과 오스틴은 오랫동안 경쟁해왔다. 시애틀의 자랑이 아마존이라면, 오스틴의 자존심은 홀푸드마켓이었다. 향토 기업을 잃게 된 오스틴 시민들이 안타까우면서도, 전국 통합 비즈니스 모델의 한계에 대해 생각해보았다.

로컬 기업 모델

우리나라에는 홀푸드마켓과 비슷하면서도 다른 식료품점이 있다. 바로 연희동의 '사러가쇼핑센터'이다. 1965년 창업한 이곳은 대형 마트와 백화점이 지배하는 국내 시장에서 찾기 어려운 대규모 독립 슈퍼마켓이다. 1975년 재래시장 '연희 시장'을 인수해 개장하여 법적으로는 전통 시장으로 분류된다. 슈퍼마켓 외에도 떡집, 제과점, 외국 상품 전문점, 약국, 의류점, 양품점 등 지역에 필요한 다양한 가게가 입점해 있다. 이곳은 홀푸드마켓의 초기 창업 모델인 지역 기반 비즈니스 모델로 연희동 골목 상권의 부흥을 이끌었다. 지금도 사러가쇼핑센터는 신길동과 연희동 두 곳에만 매장을 운영한다. 또한 배달 서비스, 정육점과 수산물 코너의 직영 관리, 친환경 상품 중심의 매장 구성 등의 전략으로 소비자의 신뢰를 얻고 있다.

지역 사회와 공동체를 이루는 지역 기반 비즈니스 모델은 적지 않은 위력을 발휘한다. 간판 상점이 지역 상권을 위해 다양한 공공재를 창출하면, 지역 사회는 지역 소비자의 충성과 대형 마트가 누리지 못하는 활력 있는 배후 상권으로 상점을 지원한다. 이러한 상생 덕분에 사러가쇼핑센터가 대형 마트, 백화점과 동등하게 경쟁하는 독립 마켓으로 성장할 수 있었다.

현시점에서 홀푸드마켓과 사러가쇼핑센터 모델의 차이는 경제학에서도 중요하다. 홀푸드마켓의 실패가 '전국 통합 비즈니스 모델'의 한계를 입증한다면, 사러가쇼핑센터의 건재는 지역 기반 모델의 잠재력을 보여주기 때문이다. 승승장구하던 홀푸드마켓이 위기에 빠진 것을 보면서 자연스럽게 질문하게 된다. 홀푸드마켓은 왜 지역 기반 비즈니스 모델을 포기하고 전국 통합 모델을 선택했을까? 오스틴 도심 지역에서 서비스를 제공하는 동네 마켓으로 출발한 홀푸드마켓의 창업자 맥케이는 두 번의 중요한 결단을 내

사러가쇼핑센터, 연희동

린다. 첫 번째 결정이 주식회사 창업이다. 홀푸드마켓 전에는 소규모 협동
조합이 자연식품을 판매했다. 맥케이는 예전 근무하던 조합에서의 안 좋
은 경험으로, 의도적으로 조합 모델을 피했다. 그는 자신의 저서에서 주식
회사를 선택한 이유를 이렇게 설명했다.

"자연식품 전문점이 존재하는 이유는 좋은 식품을 공급하는 데 있는 것
으로 알고 있었다. 그런데 내가 일한 협동조합의 회원들은 조합 내부 정치
에 더 관심이 많고 소비자 후생은 뒷전이었다. 그래서 나는 가장 좋은 식품
을 가장 싼 가격에 판매할 수 있는 기업을 창업하기로 결심했다."[9]

---

9 『Conscious Capitalism』, John Mackey, 2013, p.3

두 번째 결정이 전국 비즈니스 모델의 선택이다. 1984년 휴스턴 시장을 시작으로, 홀푸드마켓은 공격적인 투자와 마케팅, 인수합병으로 전국 시장에 진출했다. 전국 진출에 필연적으로 수반되는 결정이 상장이다.

전국화에 필요한 자금을 확보하기 위해 홀푸드마켓은 1992년 나스닥에 상장했다. 홀푸드마켓은 해마다 성장을 거듭해, 2017년 연 매출 160억 달러에 달하는 미국 최대의 유기농 슈퍼마켓이자 가장 영향력 있고 일하고 싶은 기업이 되었다. 그러나 기업 공개와 전국화와 경쟁 압박으로 홀푸드마켓 창업 이념을 지키기 어려운 상황을 맞이했다. 크로거, 월마트 등 경쟁 슈퍼마켓이 유기농 식품을 판매하기 시작한 것이다. 경쟁 기업의 유기농 시장 진입으로 단기 실적과 비용 절감에 대한 투자자의 압박이 거세졌다. 2013년, 주가가 65달러에서 최고점을 찍은 후 하락하면서 홀푸드마켓은 원칙과 타협하기 시작했다. 전국을 12개 지역으로 나눠 지역 단위로 구매하던 정책을 포기하고 중앙에서 구매하는 방식으로 전환했다. 또한 가격 경쟁력을 확보하기 위해 PB(Private Brand, 자체 브랜드) 판매를 늘려 2016년 매출의 20%까지 높였다. 2016년에는 저가 매장인 '386'을 출시했다. 그러나 경영 실적은 개선되지 않았고 투자자의 압력을 이기지 못한 홀푸드마켓은 결국 2017년 6월 아마존에 매도하기로 결정됐다.

결과만 놓고 보면 맥케이의 전국화 모델은 지속 가능하지 않은 것으로 판명됐다. 홀푸드마켓의 전국 통합 모델에 대한 재평가는 친환경 슈퍼마켓 산업은 전국 기업이 아닌 지역 기업이 경쟁력을 가진 분야라는 주장에 힘을 실어줄 것이다. 초심을 잃지 않고 지역 슈퍼마켓으로 남았다면 더 오래 자신의 경영 철학을 지켰을지 모른다.

역사는 가정을 허용하지 않는다. 사회 전체 이익을 보면 새로운 시장을 개척한 홀푸드마켓이 사라지는 것이 결코 안타까운 일만은 아니다. 유기농과 건강식품 문화가 대세로 자리 잡은 만큼, 더 훌륭한 서비스를 제공하는 새로운 기업들이 홀푸드마켓의 공간을 채울 수 있기 때문이다. 홀푸드마켓이 어려워지기 전에 포틀랜드의 뉴시즌스마켓(New Seasons Market)을 필두로 이미 미국 전역에서 홀푸드마켓에 버금가는 지역 기반 유기농 슈퍼마켓이 등장했다.

현시점에서 우리나라 건강식품 산업을 위해 소비자가 할 수 있는 일은 사러가쇼핑센터와 같은 지역 기반 슈퍼마켓을 응원하는 것이다. 뜻있는 기업가들이 전국 곳곳에 지역의 신뢰를 받는 슈퍼마켓을 창업해 대형 마트와 백화점이 지배하는 식품 유통 시장의 판도를 바꿔야 한다. 2019년 광주에서 오픈한 '로컬 푸드 빅마트'와 같은 시도가 이어져야 한다. 지역 기반 슈퍼마켓은 골목 상권에 활력과 정체성을 동시에 제공할 수 있는 지속 가능한 모델이다.

로컬 크리에이터의 가능성

유기농의 한 축을 담당하는 로컬 푸드 운동도 지역에서 시작됐다. 미국 캘리포니아 버클리에서 작은 식당을 운영한 자영업자 앨리스 워터스가 로컬 푸드 운동의 선구자다. 그가 개업한 프랑스 음식점 셰파니스는 시작부터 평범하지 않았다. 신선하고 좋은 품질의 식자재를 구매하기 위해 기존 농산물 유통 시장을 거부했기 때문이다.

지역 농부와 직접 거래하며 양질의 유기 농산물을 확보하는 그의 경영 방식은 소비자의 전폭적인 호응을 얻었고, 다른 식당들도 너나 할 것 없이 이에 동참했다. 이러한 움직임은 'F2T(팜투테이블, Farm to Table)'이라고도

뉴시즌스마켓(New Seasons Market)

불리는 로컬 푸드 운동으로 발전했다. F2T를 실천하는 식당 모두 농장에서 직접 재배한 모든 재료의 원산지와 재배자를 메뉴에 표기해 정직, 안전, 건강 등 탈물질적 가치를 추구했다. F2T 선두 주자 워터스는 '음식은 정치다'라고 주장하며 단순히 식당을 경영하는 데 그치지 않고, 1996년 세파니스 재단을 설립했다. 학교를 대상으로 건강한 음식 문화를 전파하고, 버클리 지역 공립 학교는 재단의 지원을 받아 교과 과정의 일부로 음식에 대해 가르친다. 학생들은 교내 텃밭에서 직접 재배한 채소를 활용한 요리를 하고, 농산물 그림과 자료는 수학, 과학 등 다른 과목의 수업 자료로도 사용된다. 유기 농산물로 만든 급식을 제공하는 재단 사업은 청소년 비만 문제를 해결하기 위해 영부인이었던 미셸 오바마(Michelle Obama)가 시작한 '렛츠 무브(Let's Move)' 운동의 모델이 됐다.

워터스의 사례는 지역 혁신과 지역 비즈니스를 결합한 로컬 크리에이터의 파급력이 국가적인 사업으로까지 발전할 수 있음을 보여준다. 워터스와 셰파니스 재단 그리고 렛츠 무브 운동은 버클리를 대표할 뿐만 아니라 주류 도시 문화의 아이콘이 됐다.

보보 기업의 딜레마는 보보 정파와 도시의 그것과 크게 다르지 않다. 진보 가치를 추구하면서 시장 경제에서 경쟁하는 보보는 시장과 탈물질주의라는 상호충돌하는 두 가치를 조화시켜야 하는 태생적 숙제를 안고 있다. 공화당 포퓰리즘에 대응하지 못하는 미국 민주당 엘리트, 젠트리피케이션 압력에 무너진 뉴욕 웨스트빌리지, 아마존에 인수된 홀푸드마켓 모두 이러한 한계를 드러내 보인다.

결과만 놓고 보면 유기농이라는 구체적인 히피 상품을 사업화한 홀푸드마켓이 히피 정신을 추상적으로 계승한 다른 보보 기업보다 불리한 환경에서 경쟁했다고 볼 수 있다. 보보 기업은 태생적으로 불리한 환경을 극복하기 위해서는 다른 기업보다 더 노력하는 수밖에 없다. 새로운 기술과 혁신으로 시장 경쟁력 및 지역 자원에 기반한 지역 경쟁력을 강화해야 한다.

지역 기반 사업의 중요성은 보보 산업 전체에 적용된다. 특히 인류의 최대 과제로 대두된 친환경 경제를 구축하는 데 있어서 지역 생산, 지역 소비를 실현할 수 있는 로컬 기업은 보보가 우선적으로 고려해야 하는 모델이다. 다른 분야에서도 기업의 가치를 응원하는 충성 고객을 확보해야 생존할 수 있는 보보 기업에게 지역은 충성 고객을 가장 효과적으로 구축할 수 있는 플랫폼을 제공한다. 홀푸드마켓과 앨리스 워터스가 보여준 것처럼 보보 기업은 지역 매장을 지역 사회의 구심점으로 만들 수 있다. 지역과 사회적 가치의 상생에 보보 산업의 미래가 놓여 있다.

04

보보 문화는 지켜질 수 있을까

보보가 선호하는 지역은 역사와 문화가 살아 있는 도심의 저밀도 지역이다.
이런 지역은 상대적으로 희소성이 높아 젠트리피케이션이 쉽게 발생한다.

이 책은 문화와 산업, 도시의 통합이 라이프스타일 경제를 주도한다는 문제의식에서 출발했다. 보보 문화도 다른 라이프스타일과 마찬가지로 산업과 융합된 자신만의 도시를 만든다. 여기서 보보 도시는 보보가 모여 사는, 즉 탈물질주의를 중시하는 부유층이 모여 사는 도시를 말한다. 보보 도시의 역사를 보면, 보보 도시가 직면하는 가장 큰 문제가 지속 가능성이다.

보보 도시가 보보 도시의 정체성을 유지할 수 있을까? 보보 도시의 지속 가능성은 상업 지역을 중심으로 특히 젠트리피케이션이 많이 발생하는 한국에서 명품이나 프랜차이즈 상점이 아닌 개성 있는 독립 가게로 구성된 상권이 얼마나 오래 지속될 수 있는지에 달렸다.

보보 도시의 원형
뉴욕은 다양한 도시 문화가 존재하는 글로벌 도시다. 어퍼이스트사이드가 부르주아를, 윌리엄스버그가 보헤미안을 대표한다면, 보보 문화의 중심지는 웨스트빌리지다. 웨스트빌리지는 뉴욕에서 손꼽히는 부촌이다. 상가 임대료도 가장 비싼 지역 중의 하나다. 중심 거리의 작은 가게 임대료가 월 4~5만 달러에 달한다.

웬즈데이 마틴에 따르면, 웨스트빌리지 주민은 대표적인 부르주아 지역인 어퍼이스트사이드 주민만큼 부유하지만, 교육이나 신분에 집착하지 않고 자유롭고 독립적인 라이프스타일을 선호한다고 한다. 이곳은 또한 뉴욕 미술 산업의 중심지인 미트 패킹 디스트릭트(Meatpacking District)와 첼시에서 예술가와 작가의 거주지인 그리니치빌리지로 이어지는 예술 벨트의 중간에 위치한 예술가 마을이다. 주민 성향과 예술 자원으로 보보 지역의 정체성을 유지하는 것이다.

그러나 상가 구성은 전혀 보보적이지 않다. 웨스트빌리지가 저층 건물 구조와 예술가 문화를 지켰으나 그 대가는 개성 있는 독립 상인이 접근할 수 없는 혹독한 수준의 젠트리피케이션이었다. 과연 보보 도시는 구조적으로 명품 상가 지역으로 전락할 수밖에 없는 운명일까?

보보 지식인이 보호한 보보 도시

뉴요커가 웨스트빌리지의 보보 문화를 즐길 수 있는 것은 온전히 한 사람의 덕분이다. 바로 뉴욕과 현대 도시의 영웅으로 떠오른 제인 제이콥스(Jane Jacobs)다. 평범한 가정주부이자 잡지사 직원으로 일했던 그를 위해 3개의 전기가 출판됐고, 브로드웨이 뮤지컬이 만들어졌으며, 기록 영화도 개봉했다.

제이콥스의 가장 큰 업적은 뉴욕 원도심(1811년 도시 계획에서 제외된 맨해튼

웨스트빌리지(West Village)의 모습

남부 지역)의 구제다. 1950~1960년대 그가 재개발에 맞서 싸우지 않았다
면, 웨스트빌리지, 그리니치빌리지, 소호, 리틀 이탈리아 등 맨해튼 원도심
지역은 빌딩 숲이 되어 있을 것이다. 브룩스도 부르주아 건설 산업에 저항
해 전통 공동체 구조와 건축을 보전하기 위해 노력한 그를 대표적인 보보
지식인으로 소개한다.

　뉴욕은 도시 모델의 실험장이다. 끊임없이 도시 모델을 제공하는 세계
수도 뉴욕이 처음 전파한 모델은 계획도시다. 마천루, 넓은 대로와 대형 블
록, 그리드(Grid) 구조, 도시 고속 도로, 도시와 교외 공원 등으로 만들어진
글로벌 메가폴리스 뉴욕은 세계 모든 대도시가 벤치마크하고 싶어 하는
계획도시의 전형이다. 흥미로운 점은 계획도시와 도시 재개발뿐 아니라 도
시 재생도 뉴욕의 수출품이라는 사실이다.

　낙후된 지역에 대한 도시의 선택은 두 가지다. 하나는 기존 건물과 도시를 철거해 새로운 계획도시를 건설하는 재개발 사업이다. 다른 하나는 기존 건물과 도로를 유지하면서 리모델링, 도시 어메니티(Amenity)[10], 지역경제 활성화 사업으로 낙후 지역에 활력을 불어넣는 도시 재생 사업이다.

체계적인 도시 계획 제도가 도입된 1911년 이후 지속적으로 재개발 사업을 추진한 뉴욕 정부에 제동을 건 사람은 정치인, 언론인, 학자가 아닌 웨스트빌리지에 거주한 평범한 시민 제인 제이콥스다. 그가 이끈 주민 단체는 뉴욕시가 제안한 LOMEX(로우어 맨해튼 익스프레스웨이, Lower Mahattan Expressway) 사업을 무산시켜 계획도시와 재개발 중심의 도시 개발 패러다임에 근본적인 변화를 가져온다.

LOMEX는 맨해튼 남부를 관통하는 고속 도로다. 뉴저지에서 맨해튼으로 들어오는 홀랜드 터널에서 시작해 맨해튼 동부의 브루클린 브리지와 윌리엄스버그 브리지를 통해 브루클린으로 빠져나가도록 디자인됐다. 이 고속 도로를 건설하기 위해서는 소호, 리틀 이탈리아를 철거해야 했으며, 웨스트빌리지, 그리니치빌리지, 첼시 등 맨해튼 남부의 저밀도 지역 전체를 재개발 대상으로 지정해야 했다. 1958년 뉴욕시는 내부 조정 문제로 연기됐던 사업을 재추진하기 시작했다.

제이콥스는 1962년에서 1968년까지 LOMEX를 반대하는 시민운동을 주도했다. 그는 주민 대표로 구성된 'LOMEX 저지 공동 위원회(Joint Committee to Stop the Lower Manhattan Expressway)'를 조직하고 시 정부를 압박했다. 인류학자 마가레트 미드, 루스벨트 대통령의 부인 엘리노어

---

10 어메니티(Amenity)는 공원, 스포츠, 미술관, 박물관, 상업 시설 등 도시의 쾌적성과 예술성을 증진하는 인프라를 의미한다.

루스벨트, 건축 비평가 루이스 멈포드, 도시 계획 변호사 찰스 아브람스 등 유명 인사들의 참여와 지원이 시민운동에 큰 힘이 되었다. 제이콥스는 데모, 회의장 점거 등의 이유로 2번이나 체포당할 정도로 공격적인 반대 운동을 펼쳤다. 1950년대 웨스트빌리지 마을 보호 운동에 참여해 체득한 조직화와 선전 능력을 십분 발휘했다. 그가 주도한 주민 반대 운동에 부딪친 뉴욕시는 1969년 공식적으로 LOMEX 계획을 철회했다.

이러한 업적으로 대중은 그를 시민운동가로 기억하지만, 학계는 현대 도시학의 선구자로 존경한다. 학부 수료 학력만으로 새로운 학문 분야를 개척하고 경제학 노벨상 후보자로 언급될 수준의 위대한 업적을 남겼다. 제이콥스에 대해 관대한 주류 사회의 평가와 달리, 정작 그가 속했던 진보 지식인 사회의 평가는 냉정하다. 그들은 누구를 위해 웨스트빌리지를 구했는지 묻는다. 제이콥스가 투쟁해 지킨 동네가 뉴욕, 아니 세계에서 가장 비싼 주거지로 젠트리파이되었기 때문이다.

듀플리케이션은 막았으나 젠트리피케이션은 막지 못했다

웨스트빌리지의 현재 모습은 결코 이상적이라고 평가하기 어렵다. 중심 거리인 블리커스트리트(Bleecker Street), 허드슨스트리트(Hudson Street) 등 중심 상가 거리는 임대 문의 사인이 붙은 빈 가게가 즐비하다. 상인들이 급격한 임대료 인상을 감당하지 못해 떠나버린 가게들이다. 『뉴욕타임스』에 따르면 블리커스트리트의 공실률이 심각하며 크리스토퍼스트리트(Christopher Street)에서 뱅크스트리트(Bank Street)에 이르는 5개 블록에 15개 가까운 가게가 비어 있다고 한다. 웨스트빌리지가 상업 젠트리피케이션의 마지막 단계인 '고임대료 화석화(High Rent Blight)' 현상으로 고통받고 있는 것이다.

이 지역의 부동산 가격이 급등하기 시작한 시기는 1990년대 후반이었다. 인기 드라마 「섹스 앤 더 시티(Sex And The City)」의 배경으로 등장한후 관광객이 몰리기 시작하고, 기존 동네 상점들이 밀려난 자리에는 고급디자이너 가게들이 들어왔다. 임대료도 덩달아 올랐다. 1990년대 1ft²에월 75달러였던 상가 임대료가 2000년 후반에는 월 300달러로 상승했다.월 7천 달러의 임대료를 지불하던 상점들이 이제는 월 5만 달러 수준의 임대료를 내야 한다.

그러나 일방적인 비판은 공정하지 못하다. 1960년대 제이콥스가 싸워극복한 것은 젠트리피케이션이 아닌 획일적 도시 모델을 강요하는 듀플리케이션(Duplication, 복제화)이었다. 그는 웨스트빌리지가 고급 주택지로 변하는 것은 막지 못했지만 재개발을 통해 대형 아파트촌으로 변하는 것은저지했다. 그의 노력 덕분에 맨해튼 남부, 브루클린 중심부 등 뉴욕의 많은지역이 재개발 없이 옛 모습을 간직하고 있다. 제이콥스의 골목 보호 운동이 없었다면, 정치인과 건설업계는 웨스트빌리지뿐 아니라 맨해튼 전체를대로와 큰 블록으로 이루어진 계획도시로 만들었을 것이다.

과연 웨스트빌리지가 지금의 위기를 극복할 수 있을까? 많은 우려에도불구하고 미래를 긍정적으로 전망할 수 있는 이유는 많다. 우선 웨스트빌리지는 골목길 경관이 뛰어나고 문화 중심지로서 위치가 견고하다. 골목상권의 성공 조건 중 하나인 골목 친화적 공간 디자인은 유지될 것이 확실하다. 전체 건물의 80%가 문화재로 지정돼, 저층 건축과 짧은 블록 구조를바꾸기는 어렵다. 문화 시설도 계속 확장되고 있다. 뉴욕의 새로운 명물로떠오른 하이라인 파크가 웨스트빌리지에서 시작되고, 입구 중심으로 형성

블리커스트리트(Bleecker Street)의 상가

된 첼시와 미트 패킹 디스트릭트의 갤러리 산업이 계속 확장되고 있다. 휘트니 미술관이 2015년 하이라인 파크 입구로 이전한 후 웨스트빌리지의 미술 중심지 위치는 더욱 견고해졌다.

위협 요인도 만만치 않다. 골목 상권에 대한 소비자 수요가 관건이다. 독립 가게 중심의 웨스트빌리지 라이프스타일이 좋아 높은 주택 가격을 지불한 주민들에 의해 상권은 유지되겠지만, 임대료가 지나치게 오르면 가게들이 그곳을 떠나지 않고 영업을 계속할 수 있을지 불확실하다. 아직 웨스트빌리지를 떠난 독립 가게들이 돌아오고 있다는 소식은 없다. 웨스트빌리지 상권이 정체성을 회복하려면 더 많은 시간이 필요할 것으로 보인다.

서울의 보보 도시

서울의 보보 지역은 듀플리케이션과 젠트리피케이션의 위기를 어떻게 극복하고 있을까? 서울에도 웨스트빌리지 같은 보보 지구가 존재한다. 도심에서 예술가가 많이 사는 부촌이 후보지인데 깊은 연구를 하지 않아도 연희동, 부암동, 평창동, 한남동이 후보지로 떠오른다. 이 중 한남동은 주민 구성상 부르주아 지역에 가깝고 평창동은 상권이 활발하지 않아 일차적으로 제외할 수 있다.

연희동과 부암동 중 하나를 고르라면 연희동이 웨스트빌리지와 더 유사하다고 평가할 수 있다. 웨스트빌리지가 뉴욕의 대표적인 보헤미안 지역의 하나인 그리니치빌리지의 옆에 위치한 고급 주택지이듯이, 연희동도 서울의 대표적인 보헤미안 지역인 홍대와 근접한 고급 주택지다. 연희동과 웨스트빌리지 둘 다 대학가라는 것도 공통점이다.

그렇다면 연희동의 현재 상황은 어떨까? 아직 듀플리케이션의 위기가 닥치지는 않았다. 연희동의 일부 외곽 지역에는 아파트 단지가 들어섰지만, 중심 지역은 단독 주택 중심의 저밀도 마을 구조를 유지한다. 1990년대 다소 침체를 경험했지만, 1970년대 이후 일관되게 서울을 대표하는 단독 주택 단지로 활력을 유지했다. 연희동 상권은 지역 주민을 서비스하는 동네 상권으로 머물다 2010년대에 외부인이 찾는 골목 상권으로 변신한다. 2010년대에 들어서야 보보 도시의 면모를 갖추기 시작한 것이다. 프랜차이즈 중심의 연세대 정문 상권과 달리, 연세대 서문 지역인 연희동의 상권은 개성을 갖춘 이색적인 독립 가게 중심으로 형성됐다. 연희동은 또한 매년 '연희 걷다'라는 타이틀로 아트 페어를 개최할 정도로 마을 문화가 발달됐다. 연희동의 수많은 가게가 '연희'를 상호로 사용하는 것을 보면 연희동이 하나의 브랜드가 된 것을 실감할 수 있다.

보보 도시의 필수 조건인 예술가 마을로서의 정체성도 강하다. 오랫동안 예술가가 많이 사는 동네로 알려졌던 연희동은 2000년대 후반을 시작으로 더 미디엄, CSP111 아트스페이스 연희동 프로젝트, 연희 문학 창작촌이 자리 잡으면서 문화 중심지가 되었다. 최근에는 연희동 골목길에서 작업실을 마련하는 공예 작가들이 늘었다.

2010년대 연희동이 보보 도시로 발전한 데에는 접근성과 공간 디자인이 중요한 요인으로 작용했다. 연희동은 서울의 대표 골목 상권인 연남동, 홍대와 보도로 연결되어 있어 걸어서 접근하기에 용이하다. 서울에 몇 남지 않은 대규모 단독 주택 지역으로 특유의 조용하고 우아한 분위기를 자아내는 것 역시 특징이다. 웨스트빌리지의 공간적 특색이 저층 타운 하우스라면, 연희동의 공간적 특색은 1970년대 단독 주택이다. 서교동, 동교동, 연남동, 연희동 등 1970년대 서울시가 조성한 단독 주택 단지가 홍대 상권의 기반이 됐다. 세계적인 부자가 모이는 웨스트빌리지와 단순 비교하기는 어렵지만, 연희동은 젠트리피케이션 문제를 상대적으로 잘 관리하고 있다. 2012~2016년 서울 전역에서 발생한 젠트리피케이션의 피해도 상대적으로 적었다. 임대 전단을 쉽게 볼 수 있는 서교동과는 달리, 연희동 상가의 공실 상황은 눈으로 보기에도 양호하다.

연희동이 젠트리피케이션 피해를 피할 수 있었던 요인 중의 하나는 상권 개발 방식이다. 연희동 상권은 단독 주택을 개조한 오픈 상가 건물로 구성되어 있는데, 이 중 70여 개가 쿠움파트너스라는 한 기업에 의해 개발됐다. 이 기업은 하나의 단독 주택에 오픈 계단과 브리지(Bridge)를 사용해 4~6개의 상업 공간을 개발하는 것으로 유명하다. 개조한 건물에서 임대 사업을 직접 하기 때문에, 지역 임대료에 적지 않은 영향력을 행사하는 것으로 알려져 있다.

전문 용어로 설명하면 쿠움파트너스는 연희동에서 '지역 관리 회사' 역할을 수행한 것이다. 연희동 일대에서 공동체 친화적인 콘텐츠 기반 공간을 개발하는 어반플레이도 연희동 상권 관리에 기여할 것으로 예상된다. 미국이나 일본에서는 낙후 지역이나 대규모 재개발 지역을 중심으로 한 기업이 상권 전체나 일부 건물의 임대업을 대행하는 타운 관리 회사(Town Management Company) 또는 지역 관리 회사(Area Management Company) 모델이 확산되고 있다. 지역 관리 회사와 같은 모델이 아니어도, 미국의 많은 도시가 지역 상권을 비즈니스 개선 지구(Business Improvement District) 또는 동네 상권(Neighborhood Business District)으로 지정해 관리한다. 지역 주민, 건물주, 상공인이 비영리법인이나 협동조합을 조직해 상권에 필요한 다양한 커뮤니티 활동을 하도록 권장하고 지원한다.

더 많은 연구가 필요하지만 웨스트빌리지와 연희동 사례는 상권 관리 시스템이 보보 도시의 정체성을 유지할 수 있는 수단이 될 수 있음을 보여준다. 보보가 선호하는 지역은 역사와 문화가 살아 있는 도심의 저밀도 지역이다. 이런 지역은 상대적으로 희소성이 높아 젠트리피케이션이 쉽게 발생한다. 한국의 많은 도시가 도심 문화 지구의 젠트리피케이션 문제로 고민한다. 공동체 문화를 강화하는 민간 중심의 상권 관리 시스템이 지속 가능한 새로운 대안으로 활발하게 논의되기를 기대한다.

5장

힙스터

한국의 힙스터는 로컬 크리에이터

한국적 맥락에서는 도시의 골목 상권에서
자신만의 공간을 운영하는 혁신적인 소상공인,
바로 로컬 크리에이터가 힙스터 생산자다.

힙스터(Hipster)는 '무엇에 대해 더 잘 알고 있는' 이라는 뜻의 힙(Hip)에 사람을 뜻하는 접미사(-ster)가 붙은 말로, 한국에서는 최신 트렌드를 따르거나 만드는 것에 관심이 많은 사람으로 이해된다. 쉽게 말해 20~30대 사이에 유행하는 트렌드를 따르는 사람이다.

"한국의 힙스터 다수가 '현실주의자 힙스터', 즉 완전히 새로운 삶의 방식을 창출하기보다는 '힙한 스타일'의 제품과 먹거리를 구입하고 아이템을 사는 힙스터"[11]

---

11 「공간과 장소를 중시하는 그들, 겸손과 고객 중시가 힙플레이스 만든다」, 송규봉·이일섭, 『DBR 299호』, p.63

한국 다수 힙스터에 대한 위와 같은 정의를 홍대의 '진짜' 힙스터들은 받아들이지 않을 것이다. 그들은 20~30대 나이에 빈티지나 재활용 옷을 즐겨 입으며, 주로 픽시라고 불리는 싱글 기어 자전거를 타고 다닌다. 픽시는 이동 수단의 가치를 넘어 다양한 색깔과 디자인으로 꾸며 힙스터의 개성을 표현하는 수단이다. 소비 성향도 남다르다. 그들은 인디 음악, 카페, 다이브 바, 채식, 아날로그 레코드 등 특유의 문화 상품 소비에 돈을 아끼지 않는다. 그러나 『매거진B』의 박찬용 에디터는 생각이 다르다. 그는 자신의 저서 『우리가 이 도시의 주인공은 아닐지라도』에서 힙스터를 "소박하고 잘 만들어진 것들을 애정하고 자기 자리에서 꾸준히 살아가는 사람들을 존중하는 사람"이라고 정의한다. 박찬용의 힙스터는 우리가 일반적으로 아는 '가치와 품격을 이해하는 사람'과는 다르다. 후자는 주로 자기 취향의 명품을 찾고 추천한다.

힙스터를 어떻게 정의하든 라이프스타일의 선택과 도시 경제에 중요한 것은 힙스터의 생산 문화다. 힙스터 소비가 늘어나면 힙스터 문화를 생산하는 사업자가 더 많이 필요하다. 힙스터 생산자는 누구인가? 한국적 맥락에서는 도시의 골목 상권에서 자신만의 공간을 운영하는 혁신적인 소상공인, 바로 로컬 크리에이터가 힙스터 생산자다.

힙스터의 원조는 반문화

힙스터가 탄생한 미국에서의 개념은 단순히 외적인 구분을 넘어선다. 미국이나 한국의 힙스터 모두 기존 사회적 가치에 대한 대안을 찾는 것은 같지만, 미국의 힙스터는 한국보다 더 반사회적이다. 특히 '힙스터의 성지'라고 불리는 포틀랜드나 브루클린의 힙스터는 한국이나 다른 미국 도시의 힙스터보다 더 과격한 원리주의자다.

포틀랜드 힙스터를 풍자한 드라마 「포틀랜디아(Portlandia)」의 첫 에피소드를 보면 포틀랜드 힙스터의 과격성을 엿볼 수 있다. 주인공 프레드와 캐리는 식당에서 닭요리를 주문하면서 요리에 사용되는 닭의 사육지를 묻는다. 웨이트리스가 지역 양계장에서 사육된 닭이라고 답하지만 프레드와 캐리는 제대로 된 환경에서 자랐는지, 올바르게 도살되었는지, 어떤 사료를 먹었는지 등을 계속 질문한다. 웨이트리스의 답에 만족하지 않은 둘은 결국 양계장에 직접 가서 사육 환경을 확인한다.

이렇게 공격적으로 환경, 인권, 동물 권리 등에 대한 자신의 철학을 고집하는 힙스터는 때로 '힙스터 탈레반'이라고 조롱받는다. 힙스터는 기존 사회의 가치와 다른 가치를 추구하는 다름에서 정체성을 찾지만, 결국 자신의 가치를 다른 사람에게 강요하는 또 다른 획일성을 야기하는 문제에 봉착한다.

힙스터가 자아도취에 빠지는 것도 힙스터에 대한 반감이 커지는 이유다. 지나치게 남과 다른 것, 나만의 것을 추구하면 개성의 추구인지, 나르시시즘의 추구인지 혼란스러울 수 있다. 자유롭고 독립적으로 살고 차별적인 도시 문화가 좋아 힙스터를 선택했지만, 사회에서는 이들을 이기적인 나르시시스트로 보는 것이다. 힙스터가 자아도취의 '함정'에서 벗어나는 방법은 힙스터 소비자에서 힙스터 생산자로 변신하는 것이다. 힙스터 소비를 넘어 이를 직접 생산하면 상인 정신, 상인의 실용주의를 수용하게 된다. 상인으로 생존하려면 사회에 대한 적대감과 자아도취 추구를 고집할 수 없다. 힙스터가 상인으로서 지역에서 새로운 가치를 창출하고 일정 수준의 수익을 올리면 힙스터 문화의 지속 가능성도 신장된다.

힙스터와 로컬 크리에이터의 공통점

한국의 힙스터는 미국에 비해 인권, 환경, 독립 문화 등 사회 윤리 성향이 약한 편이다. 그럼에도 불구하고 한국에서도 힙스터는 반주류적인 문화다. 일반 소비자가 가성비를 중시하고 주류 사회가 인정하는 브랜드를 선호한다면, 힙스터는 소비를 통한 경험과 체험을 중시하고 주류 사회의 기준보다는 자신의 개성에 맞는 아이템을 소비한다. 더 나아가 자신과 같이 자유롭고 독립적인 라이프스타일을 추구하는 사람과 교류하고 연대한다.

한국의 힙스터가 모여 있는 홍대에 가면 제법 포틀랜드 거리와 비슷한 분위기를 느낄 수 있다. 힙스터가 좋아할 만한 가게가 많은 홍대나 그 주변의 상수역과 합정역 일대는 개성 있는 젊은이들이 많이 모인다. 그들은 가식적인 모습을 싫어하며, 독특한 옷을 입고 허름한 바나 카페에 모여든다. 자전거도 홍대 문화의 일부다. 홍대에 가면 좁고 위험한 길에서도 자전거를 타고 다니는 젊은이들을 자주 볼 수 있다. 자전거에 대한 수요가 많아서인지 여기저기에 자전거 가게도 많이 있다.

한국의 힙스터도 미국의 힙스터와 마찬가지로 활동 범위를 넓히고 있다. 이들은 비주류 분야에서 창의적인 비즈니스 모델로, 특히 힙스터가 선호하는 도심에서 창업한다. 이것의 대표적인 산업이 로컬 문화와 가치를 창조하는 '로컬 크리에이터'다.

로컬 크리에이터의 부상

현재 소상공인은 지역 상권에서 지역성과 연결된 고유의 콘텐츠로 승승장구하는 로컬 크리에이터와 충분한 준비 없이 생계를 위해 창업한 사업자로 구분된다.

서울 연남동에서 커뮤니티 라운지와 지역 브랜드 편집숍을 운영하는 어반플레이, 강원 양양의 한적한 해변을 연 50만 명이 찾는 서핑의 메카로 변신시킨 '서피비치', 전통적인 시장 음식인 어묵을 베이커리 경영과 접목한 부산의 '삼진어묵', 부산의 명란을 카페와 미식으로 브랜딩 한 '덕화명란', 미아동의 우체국을 재생해 지역 상권의 앵커 스토어(Anchor store)를 창업한 '카페 어니언' 등이 중견 기업 규모로 성장한 로컬 크리에이터다.

이러한 로컬 크리에이터 부상에는 가치와 기술 변화가 주효했다. 로컬 크리에이터를 찾는 소비자는 감성, 경험, 개성, 다양성 등 탈물질적 가치를 중시한다. 이는 소비자 각각의 취향을 맞출 수 있는 로컬 크리에이터에게 유리한 소비 행태다. 또한 SNS 생활화는 로컬 크리에이터가 위치와 규모에 관계없이 많은 고객을 유치할 수 있게 만든다.

로컬 크리에이터는 동네와 지역을 브랜드로, 창조 도시로 만드는 데에도 영향을 준다. 골목 상권이 들어서면 주변 동네가 브랜드가 되고, 그렇게 되면 창조 인재가 유입된다. 연남동, 상수동, 합정동, 망원동, 후암동, 해방촌, 성수동, 뚝섬 등이 골목 상권을 기반으로 사람과 돈이 모이는 '브랜드 동네'로 성장한 곳이다. 이곳에는 음식점만 있는 것이 아니다. 곳곳에 코워킹(Co-Working), 코리빙(Co-Living), 건축·디자인 사무소, 복합 문화 공간, 공방, 독립 서점 등 크리에이티브 공간이 가득하다. 소비의 공간이었던 골목 상권이 스타트업, 소상공인, 예술가가 집적된 한국형 창조 도시로 진화하고 있는 것이다.

서울뿐만이 아니다. 지방에서도 로컬 크리에이터가 경제를 선도한다. 이들의 활약으로 광주의 동명동과 양림동, 수원 행궁동, 강릉 명주동, 전주 풍남동, 대구 삼덕동이 지역을 대표하는 골목 상권으로 자리 잡았고, 제주의 화장품, 강릉의 커피, 양양의 서핑 등이 지역적인 특색을 살린 지역 산업으로 주목받고 있다.

로컬 크리에이터에게 필요한 것은 커뮤니티

그렇다면 정부는 무엇을 해야 하는가? 출발점은 로컬 크리에이터 산업의 중요성을 인정하는 것이다. 로컬 크리에이터를 포함한 혁신적인 소상공인의 잠재력을 인식하지 못한 채 소상공인 전체를 구조 조정 대상으로 접근하면 이들이 제공하는 지역 발전의 기회를 놓치게 된다. 미래 경제 관점

부산 영도의 힙스터 바 '와치홈바(Wachi Home Bar)'

에서도 소상공인에 대한 인식의 변화가 필요하다.

전 세계적으로 프리랜서, 디지털 노마드 등 독립적이고 자유로운 직업과 일에 대한 수요가 커지고 있다. 한국의 밀레니얼 세대도 전통적인 제조 중심의 대기업보다는 개인의 창의성과 개성을 살릴 수 있는 소상공인 영역의 로컬 크리에이터 창업에 적극적인 관심을 보인다. 따라서 정부는 양면 정책을 추진해야 한다. 한편으로는 시장에서 진행되는 자영업 구조 조정을 수용하고, 다른 한편으로는 소상공인 인재 육성과 퇴출 사업자의 재훈련을 통해 사업자 전반의 경영 능력을 강화해야 한다. 그러나 로컬 크리에이터에 대한 지원은 생각보다 효과가 크지 않을 수 있다. 기질적으로 독립적인 로컬 크리에이터는 정부의 지원에 의존하는 것을 원하지 않기 때문이다. 상당수의 로컬 크리에이터는 자신이 좋아하는 일을 하면서 지역에서 평범하게 살길 원한다. 지역을 살리라는, 대기업을 만들어내라는 사회의 요구를 부담스럽게 생각한다.

로컬 크리에이터가 공통적으로 원하는 것이 있다면 커뮤니티다. 같은 일을 하는 사람, 같이 협업할 수 있는 파트너, 같은 취향을 가진 사람이 모이는 장소 등 취향과 협업에 의해 형성된 '느슨한 연대'다. 정부가 로컬 크리에이터 산업의 육성을 위해 개인 창업자가 아닌 지역 생태계에 투자해야 하는 이유다.

정부가 구체적인 사업을 원한다면, 기존 교육과 지원 기관을 연결해 원천 기술, 창업 교육, 창업 지원을 통합적으로 제공할 수 있는 '장인 대학'을 설립하는 것이 현실적인 대안이다. 현재 한국 상황에서는 지역과 상생하는 로컬 크리에이터와 그들이 개척하는 골목 상권이 지역 발전과 소상공인 산업의 유일한 희망으로 떠오르고 있다. 한국의 힙스터인 로컬 크리에이터가 우리가 기대하는 수준으로 지역 산업과 중산층 경제에 기여한다면, 반문화가 경제를 살리는 시대가 왔다는 주장의 설득력이 더욱 커질 것이다.

힙스터는 창업으로 저항한다

히피가 1968년 이후 자연으로 돌아가
자본주의와 결별한 것과는 달리
힙스터는 자본주의의 중심지인 도시에서 둥지를 틀었다.

힙스터란 단어는 1930년대 '여성 재즈 댄서'를 지칭하는 말로 처음 사용되었다. 1940년대에 들어오면 '흑인 재즈 음악을 좋아하는 백인 중산층 젊은이들'로 그 의미가 확대된다. 1940년대 힙스터가 흑인 문화를 좋아하는 청년 중심의 하위문화였다면, 현대 힙스터는 좀 더 주류에 가깝고 독립 상점, 로컬 비즈니스, 로컬 푸드 등의 새로운 산업을 개척한 소상공인이다.

힙스터와 다른 반문화의 가장 큰 차이는 창업 친화성이다. 힙스터도 다른 반문화와 같이 부르주아와 자본주의에 대해 적대적이지만, 집단주의를 기피하는 개인주의 성향이 강해 좋아하는 일을 혼자 하는 것을 선호한다. 자본주의 사회에서 진정으로 자유롭고 독립적인 일은 자신만의 공간을 확보할 수 있는 1인 기업, 소상공인, 자영업이다.

힙스터는 또한 미래의 대안 문화와 대안 산업을 주도할 위치에 서 있다. 역설적으로 가장 개인주의적인 힙스터가 다른 반문화보다 먼저 경제적인 독립을 성취했다. 탄탄한 경제적 기반을 바탕으로 로컬 경제, 도시 문화와 도시산업을 개척하는 힙스터가 부르주아를 견제하고 보완할 수 있는 가장 강력한 세력이다.

힙스터 문화를 확산시킨 지구적 위기

현대 힙스터는 1990년대 말과 2000년대 초 브루클린과 포틀랜드 중심으로 출현한다. 1990년대까지 이들 도시는 맨해튼과 시애틀 같은 중심 도시에 문화적으로 의존했다. 중심 도시에 대해 일종의 열등의식을 갖고 있던 도시였던 만큼 새로운 문화로 차별화하려는 열망도 그만큼 컸다.

먼저 힙스터 문화가 자리 잡은 곳은 브루클린이다. 브루클린에서는 이미 2003년에 힙스터 핸드북이 출판될 정도로 힙스터가 새로운 지역 문화로 각광을 받는다. 주류 언론이 힙스터를 공인한 시기는 2000년대 후반이다. 2009년 7월 타임지는 힙스터 특집을 발행한다.

포틀랜드도 1980년대 말부터 커피, 유기농, 베이커리 등 독립 가게 중심의 상권이 들어서기 시작했다. 당시 힙스터 가게들이 모인 곳은 포틀랜드와 호손 거리였다. 포틀랜드는 2011년 시작된 드라마 「포틀랜디아」의 방영으로 대중들에게 힙스터 도시로 이미지가 각인된다. 포틀랜드 문화를 풍자한 이 드라마의 첫 장면의 제목이 "90년대의 꿈은 포틀랜드에 살아 있다(The Dream of the 90s is Alive in Portland)"다. 여기서 1990년대는 조지 부시(George W. Bush)가 2000년 대선에서 당선되기 전, 카운터 컬처가 주류 문화로 진입하기 시작하고 그런지 뮤직(Grunge Music)과 그런지 룩 (Grunge Look)이 지배하던 시대다.

2000년대 중반 포틀랜드와 브루클린 중심으로 형성된 힙스터 문화는

브루클린의 스트리트 아트

2008년 글로벌 금융 위기를 계기로 미국 전역으로 확산된다. 대량 생산과 대량 소비의 자본주의 체제에 대해 회의를 느낀 미국 젊은이들은 삶에 대한 보다 본질적인 고민을 하기 시작한다. 편리하고 화려하지만 낭비적인 소비보다는 자신이 진짜 필요한 것을 직접 만들거나 아니면 자신이 살고 있는 지역에서 직접 만든 상품을 소비하길 원한다. 물건이 생산되는 과정을 배우거나 직접 체험하는 데서 새로운 의미와 가치를 찾는다.

일본은 2011년 동일본 대지진을 겪은 후 미국과 동일한 가치 변화를 경험한다. 전통적으로 자연주의와 공동체주의가 강했던 일본이 더욱 환경과 공동체 친화적인 삶을 추구하기 시작한 것이다. 변화를 주도한 세력이 일본의 힙스터다. 지역으로 돌아간 일본 힙스터들은 일본 전역에서 지역 브랜드를 개발하는 등 지역 재생에 힘쓴다.

지역 소비를 권장하는 포틀랜드 독립서점

대기업도 탈물질주의 트렌드에 동참했다. 무인양품, 유나이티드 애로우즈(United Arrows), 요지 야마모토 등 세계적으로 유명한 일본의 미니멀리즘 브랜드가 2010년대 일본에서 급성장한 것은 우연이 아니다. 2010년대는 미국과 일본의 힙스터 문화가 전 세계로 확산되는 시기다. 한국에도 상륙했고 성수동, 을지로, 대현동 등에서 일반 골목 상권과 다른, 배타적이고 숨겨진 공간으로 구성된 새로운 유형의 상권을 개척한다.

2010년대 중반까지 서울의 골목 상권에서 활동하던 로컬 크리에이터가 한국의 1세대 '힙스터'라면, 그 후 미국 힙스터의 영향을 받은 로컬 크리에이터가 2세대 힙스터라고 말할 수 있다. 미국의 힙스터 문화가 한국에서 2000년대 중반에 시작된 골목 상권과 결합해 다른 나라에서 보기 힘든 역동성을 발휘한다. 그 결과 한국에 많은 힙스터 지역이 자리 잡았다.

세계의 힙스터 도시 순위에도 한국 도시가 곧잘 등장한다. 홍대, 이태원, 을지로, 성수동은 세계적인 힙스터 성지다. 2017년 영국 일간지 텔레그래프(Telegraph)는 홍대를 세계 2위의 힙스터 지역으로 소개했다. 미국의 여행 매거진 『타임아웃(TimeOut)』이 2018년 선정한 '세계 50대 쿨한(Coolest) 동네'에 을지로가 당당히 2위에 올랐다.

힙스터와 히피의 차이

거시적 관점에서 힙스터는 1960년대 히피의 후손이다. 둘 다 자신의 시대를 대표하는 탈물질주의 중심의 저항 문화다. 하지만 히피와 힙스터는 분명한 차이가 존재한다. 정체성이 뚜렷한 히피와 달리 힙스터의 정체성은 모호하다. 힙스터가 무엇을 의미하는지에 대해서는 아직 논쟁 중이다. 또한 히피는 자신을 히피라고 부르지만, 힙스터는 타인의 취향과 유행을 거부하고 힙스터 현상 자체를 유행으로 여기기 때문에 힙스터라 불리는 것을 원치 않는다.

사회 개혁에 대해서도 차이를 보인다. 힙스터가 개인 취향과 차별성에 몰입한다면 히피는 사회 개혁에 더 큰 관심을 보인다. 유토피아 건설, 평화 정착, 비폭력, 인종 평등 등 히피가 추구한 가치는 힙스터의 관심사가 아니다. 힙스터는 주류 사회에 대해서 상대적으로 온건한 자세를 취한다. 히피가 주류 사회를 배격했다면 힙스터는 주류 사회와의 공존을 모색한다.

생활 문화의 차이로는 음식 문화를 들 수 있다. 히피가 간단하고 건강한 음식으로 만족했다면 힙스터는 다양한 식재료로 요리를 하길 좋아하는 미식가다. 유기농, 글루텐 프리(Gluten Free), 동물 인권 등 식자재 생산 과정의 윤리에 대해서도 집착에 가까운 열정을 보인다. 예술에 있어서도 힙스터가 미니멀리즘을 선호한다면 히피는 사이키델릭 등 혼미할 정도로 화려하고 원색적인 디자인을 좋아한다. 선호하는 주거 환경도 다르다. 히피가 자연 친화적인 공동체를 이상향으로 추구하지만, 힙스터가 선호하는 지역은 도시다. 히피는 자연 공동체에서 의도적으로 가난하게 살려고 노력한다면 힙스터는 가난을 일종의 스타일로 소비한다.

히피와 힙스터의 가장 큰 차이는 직업이다. 히피는 직업을 갖는 것을 거부했지만 힙스터는 기업가가 되는 길을 선택했다. 또 히피가 1968년 이후 자연으로 돌아가 자본주의와 결별한 것과는 달리 힙스터는 자본주의의 중심지인 도시에서 둥지를 틀었다. 히피가 기업 거부로 저항했다면, 힙스터는 창업과 기업가 정신으로 저항한 것이다.

힙스터의 기업가 정신

소상공인 창업에 적극적인 힙스터는 문화를 창출할 수 있는 지역에서 모여 사는 것을 선호한다. 이런 힙스터 지역에는 힙스터가 창업한 업종이 일종의 클러스터를 형성한다. 독립 서점, 수제 맥주, 스페셜티 커피, 레코드 가게, 비건 음식점, 타투 스튜디오 등 힙스터들이 개척한 새로운 도시산업이다. 2018년 이삿짐 운송 회사 무브허브(Movehub)는 인구 대비 힙스터 가게의 수를 기준으로 미국과 세계의 힙스터 도시 순위를 발표했다. 그만큼 미국에서는 힙스터 집적이 도시 문화뿐 아니라 삶의 질, 도시 경쟁력을 결정하는 중요한 지표로 인식된다.

힙스터의 기업가 정신 또한 계속 활발하다. 힙스터는 끊임없이 새로운 트렌드를 내놓는데, 초기 힙스터의 트레이드마크는 스페셜티 커피, 다이브 바, 레트로, 지속 가능성, 글루텐 프리, 핸드메이드, 빈티지였다. 2000년경에는 그다음으로 픽시, 타투, 턱수염 트렌드가 등장한다. 최근에는 뜨개질,

도시 양봉, 박제술, 페도라, 책 디자인과 제책이 힙스터 문화를 주도한다.

힙스터의 미래에 대해서는 긍정론과 비관론이 엇갈린다. 힙스터에게 비판적인 사람은 크게 힙스터 문화의 빈곤과 모순성을 지적한다. 힙스터는 히피, 펑크, 그런지 등 과거 하위문화를 차용해 상업적으로 활용하지만 정작 자신만의 독창적인 문화는 부족하다는 것이다. 또한, 힙스터가 지나치게 새로운 것과 다른 것을 추구하기 때문에 궁극적으로는 새로운 유형의 획일성을 조장한다고 비판한다. 힙스터와 달리 히피는 시간이 지나면 지날수록 긍정적인 평가를 받는다. 히피가 자신이 원한 세상을 순수하게 추구했던 것도 인기 부상에 기여한 것으로 보인다.

그러나 기업가 정신에 기반한 힙스터의 자생력을 무시할 수 없다. 힙스터는 지속적으로 새로운 유행과 문화를 창출하며, 다른 반문화와 달리 이를 사업화한다. 1960년대 히피가 이상주의에 치우쳐 단명했다면 힙스터는 자생적인 경제적 기반을 구축해 지속적으로 문화를 생산할 수 있는 능력을 확보했다. 장기적으로 보면 힙스터의 생존력이 더 높다고 평가할 수 있다.

산업적으로도 힙스터가 새로운 소상공인과 리테일 산업의 주축이 될 수 있다. 기계가 노동을 대체하고 온라인 쇼핑이 대량 생산 리테일을 대체하는 상황에서 오프라인 리테일은 기계가 제공할 수 없는 경험과 감성을 제공해야 생존할 수 있다. 현재로서는 인간의 감성에 어필하는 가치를 이해하고 예술가적 감수성이 뛰어난 힙스터 사업가들이 미래 경제가 요구하는 하이터치(High Touch) 산업을 개척할 수 있는 유리한 고지를 점거하고 있다. 적어도 오프라인 상권 분야에서는 힙스터와 같은 반문화가 경제를 살린다는 주장이 과장으로 들리지 않는다.

03

힙스터가 제안하는 오프라인의 미래

성공한 리테일 모델을 관통하는 핵심 경쟁력은
탈물질주의 콘텐츠임을 기억해야 한다.

　　2000년대 오프라인 리테일의 혁신은 힙스터가 주도했다. 당시 힙스터
의 성공 방식은 운영자의 개성과 철학을 담은 개인 공간이었다. 다수의 힙
스터는 지금도 개인 공간에서의 자유롭고 독립적인 삶을 실천한다. 한국의
힙스터인 로컬 크리에이터도 도시와 지역에서 개인 공간 중심으로 고유한
영역을 개척한다.

　　그러나 개인 공간이 힙스터 비즈니스의 미래인지는 명확하지 않다. 미국,
일본, 한국에서 힙스터 비즈니스의 중심이 2010년대에 이미 개인 공간에
서 복합 문화 공간으로 옮겨졌기 때문이다. 색다른 경험과 새로운 콘텐츠
를 요구하는 소비자를 만족시키기 위해 힙스터들은 콘텐츠의 범위를 운영
자의 개인 취향에서 로컬과 커뮤니티로 확대했다.

　　현재 로컬 크리에이터 산업의 트렌트는 한 개의 공간에서 다양한 콘텐츠
를 제공하는 단일 복합 문화 공간이지만, 미래에는 동네 전체를 문화 공간

시애틀 파이크 플레이스 마켓의 스타벅스 1호점

으로 활용하는 커뮤니티 복합 문화 공간이 로컬 크리에이터 산업을 견인할
것이다.

스타벅스 모델의 진화

미국이나 한국에서 힙스터 문화의 상업화가 가장 두드러진 분야가 커피
전문점이다. 1960년대 초반 샌프란시스코 지역의 히피들이 스페셜티 커피
에 눈을 뜬 이후 스페셜티 커피는 대안 문화의 상징이 됐다. 1990년대 힙
스터 세대가 브루클린과 포틀랜드에서 커피 전문점을 중심으로 도심 상권
을 개척함에 따라 커피는 전 세계적으로 대표적인 힙스터 비즈니스로 부
상했다.

도시 문화의 큰 흐름은 물질주의에서 탈물질주의로의 전환이다. 사람들

의 가치가 물질적 성공, 경쟁, 신분, 조직력이 상징하는 물질주의에서 개성, 다양성, 삶의 질, 사회적 가치가 대표하는 탈물질주의로 변함에 따라 도시 문화도 미니멀리즘, 빈티지, 레트로, 커뮤니티, 로컬리티, 골목길 등 탈물질주의 수요를 충족하는 방향으로 진화한다. 커피 문화가 도시 문화의 핵심으로 부상한 것은 우연이 아니다.

도시에서 카페라는 탈물질주의 공간이 처음으로 대중화된 데는 커피 기업 스타벅스의 역할이 컸다. 스타벅스의 업종을 상품으로 표현하면 에스프레소 커피 카페다. 하지만 스타벅스의 혁신은 에스프레소 커피, 에스프레소 커피로 만든 커피 음료가 아닌 커피를 여유롭게 즐길 수 있는 '공간'을 제공하는 데에 있다. 우리가 혁신 모델로 인식하는 스타벅스 모델은 제2의 창업자 하워드 슐츠가 개척했다.

원조 스타벅스는 1973년 시애틀 파이크 플레이스 마켓에서 오픈한 원두커피 판매점이다. 스타벅스의 원조 창업자들은 원두를 로스팅해 판매하면서 원두커피를 시음하게 하는 독특한 소비자 서비스를 선보였다.

뉴욕의 커피 기계 수입상이었던 하워드 슐츠는 1980년 시애틀의 작은 가게가 다량의 커피 기계를 주문하는 것이 궁금해 직접 시애틀 매장을 방문한다. 원두커피를 처음 마셔본 그는 원두커피가 커피 산업의 미래라고 판단해 스타벅스에 자원한다. 스타벅스 마케팅 담당자로 채용된 슐츠는 우연한 기회에 이탈리아를 방문, 현지의 에스프레소 커피 카페 문화를 체험한다. 이후 스타벅스 창업자들에게 에스프레소 커피 카페의 창업을 제안하지만, 원두커피 가게의 정체성을 유지하고 싶었던 창업자들은 슐츠의 제안을 거부한다. 실망한 그는 회사에서 나와 독립적으로 '일 지오날레(Il Giornale)'라는 에스프레소 커피 카페를 창업한다. 그러던 중 슐츠에게 기회가 찾아온다. 1987년 스타벅스 창업자들이 캘리포니아 버클리 소재 피츠커피를 인수하기 위해 스타벅스를 매물로 내놓은 것이다. 버클리로 돌아가는 창업자들로부터 스타벅스를 인수한 슐츠가 제2의 창업을 통해 오늘날의 스타벅스 모델을 탄생시킨다.

처음부터 집과 직장의 대안이 되는 제3의 공간 제공을 목표로 삼은 스타벅스는 현대 도시 문화를 주도하는 공간 비즈니스를 개척했다. 창업 후에도 지속적으로 공간 비즈니스를 혁신하고 새로운 가치를 창출한다. 초기에는 도시에서 일상을 향유할 수 있는 대안적 공간으로서의 의미가 중요했다. 대안적 공간은 경쟁적인 문화가 강한 다른 하이테크 도시와 달리 여유와 삶의 질을 중시하는 시애틀에 어울리는 개념이다. 자유롭고 여유로운 도시에서 이를 상징하는 브랜드가 탄생한 것이다.

최근 주목하는 가치는 커뮤니티다. 지역 사회에 뿌리를 내리고 지역의 고객 기반을 강화하기 위해 매장 인테리어를 할 때에도 지역 특색을 드러낼 수 있도록 디자인하고 동네 행사 게시판 등을 설치한다. 많은 젊은이들이 이미 스타벅스를 업무 공간으로 활용하는 것을 고려하면, 스타벅스는 자연스럽게 지역 주민이 함께 일하고 작업하는 코워킹 스페이스로 진화했다고 평가할 수 있다.

또한 스타벅스는 도시 라이프스타일을 판매한다. 스타벅스가 제안하는 라이프스타일은 아침에 커피 한 잔을 들고 걸어서 출근하는 진보적이고 트렌디한 대도시 전문직의 삶이다. 대도시 전문직의 라이프스타일을 상품화하기 위해 공정 무역, 인권, 환경 등 진보적인 가치를 표방하고, 인테리어, 제과, 배경 음악 등 모든 매장 요소를 이들의 취향에 맞게 구성한다.

온라인 커뮤니티에서도 스타벅스는 혁신을 시도한다. 미국에서 현재 가

시애틀 캐피탈힐 스타벅스 리저브 로스터리

장 많이 쓰이는 모바일 결제 앱은 구글이나 애플 페이가 아닌 전체 결제의
40%가 앱을 통해 이뤄지는 스타벅스 앱이다. 스타벅스 앱 사용자 수가 2
천만 명을, 선불카드에 충전된 현금 보유량이 1조 원을 넘어섰다. 스타벅스
앱에 축적된 현금 자산이 미국의 보통 지방 은행을 능가할 수준으로 증가
했다. 많은 전문가들은 디지털 혁신을 주도하는 스타벅스가 막대한 금융
자산과 고객 베이스를 기반으로 새로운 플랫폼 기업으로 도약할 것으로 전
망한다.

　현시점에서 스타벅스 모델을 어떻게 정의할 수 있을까? 처음에는 제3의
공간이었지만 지금은 커피를 매개로 한 커뮤니티 기반 복합 문화 공간으로
정의하는 것이 맞다. 커뮤니티 복합 문화 공간의 힘은 스타벅스가 입점한

곳의 주변 부동산 가격이 상승하는 이른바 '스타벅스 임팩트'로 입증되었다. 미국의 한 연구에 따르면 1997년에서 2014년 사이에 일반 주택의 평균 지가 상승률이 65%였던 것에 반해 스타벅스 주변 주택은 96%나 오르며 현격한 차이를 보였다.

커뮤니티 복합 문화 공간의 위력은 많은 유동 인구를 상권으로 끌어들이는 브랜드 파워다. 스타벅스를 찾은 손님들이 자연스럽게 주변 가게를 방문해 전체가 활성화되는 스필오버(Spillover) 효과가 일어나는 것이다. 네브래스카주 오마하에서는 스타벅스가 도심에 여섯 개 매장을 동시에 오픈한 직후 모든 도심 가게의 매출이 25% 상승했다. 관광객들도 스타벅스 매장이 있는 곳을 선호한다. 스타벅스 간판으로 도시 라이프스타일의 질적 수준을 가늠하게 된다.

독립 커피 전문점도 스타벅스 임팩트의 수혜자가 될 수 있다. 흔히 스타벅스의 진출로 인한 독립 커피점의 퇴출을 우려하지만 실상은 다를 수 있다. 아무리 스타벅스라도 모든 고객의 취향을 다 만족시킬 수는 없다. 지역에서 생산되는 세계 최고 수준의 코나 커피를 판매하는 하와이의 독립 커피점과의 경쟁에서 글로벌 구매 시스템을 운영하는 스타벅스가 승리할 것을 장담할 수 없다. 개인 서비스를 제공하고 지역의 특징을 살리는 제품을 개발하는 독립 가게들은 스타벅스와 경쟁하며 상호 보완적으로 성장할 수 있다.

커뮤니티 비즈니스 중심의 제2세대 골목 상권

포틀랜드, 멜버른, 그리고 서울의 골목 상권에서 최근 확산되는 트렌드도 복합 문화 공간이다. 매장과 카페를 동시에 운영하는 리테일 기업이 늘어나고 있는 것이다. 서점에서 시작된 이 트렌드는 최근에 갤러리, 옷 가게, 편집숍, 코워킹 스페이스, 세탁소, 바버숍 등 힙한 분위기를 원하는 모든 매장으로 확산되고 있다. 하나의 원인으로 불경기를 들 수 있다. 장사가 안 되는 매장이 카페 사업을 추가하는 것이다. 특히, 아직 일정 수준의 수익성을 창출하지 못하는 독립 서점들이 서적 매출을 보완하는 아이템으로 커피를 활용하는 경향이 있다. 하지만 매장에 들어서는 커피 전문점을 부대사업으로만 이해하는 것은 단편적 견해일 수 있다. 사람들을 모이게 하는 커피 전문점이 도시 문화 전체를 선도한다는 점을 고려하면, 도시 문화와 오프라인 매장의 진화 과정으로 커피 전문점의 매장 진출을 설명해야 한다.

커피가 리테일 매장으로 진입하는 과정은 리테일 매장이 복합 문화 공간으로 진화하는 과정이다. 커피가 커뮤니티 구축의 매개체로 등장한 배경에는 커피라는 기호식품의 매력뿐 아니라 스타벅스가 개척한 비즈니스 모델의 영향력이 크게 작용했다. 커피를 통해 커뮤니티 복합 문화 공간을 개척하는 방법을 보여준 것이다. 커피 전문점을 매장에 입점시키는 다른 기업도 스타벅스와 마찬가지로 커피를 매개로 커뮤니티 복합 문화 공간을 구축하는 것이다.

모든 기업이 스타벅스 모델을 따라가는 것은 아니다. 커피 코너를 기본으로 공간의 행사장, 공연장, 작업장 기능을 강화하고 있다. 도쿄 다이칸야마 '츠타야 서점'은 라이프스타일 제안으로, 교토 이치조지 '게이분샤'는 갤러리와 팝업 스토어로, 연남동 '연남장'은 공연장과 동네 축제로, 성수동 '성수연방'은 편집숍과 공유 공장으로 새로운 리테일 매장 모델을 모색한다.

커피 전문점 중심의 복합 문화 공간은 한국에서도 전 리테일 산업으로 확산되고 있다. 한국의 청년 창업가들은 골목 상권에서 수많은 '공간'을 창업한다. 스타트업도, 기업도, 소상공인도, 상점도 아닌 공간이다. 공간 요소가 그만큼 부동산과 리테일 창업에 중요해졌다는 뜻이다. 공간 창업의 대상은 소매점, 외식업체, 숙박업소, 디자인 패션업체, 편집숍, 서점, 갤러리 등 매장을 기반으로 운영되는 상업 시설이다. 공간을 임대하거나 공유한다는 의미의 공간 비즈니스도 공간 창업의 하나다.

복합 문화 공간이 늘어나면서 서울 골목 상권의 주축도 바뀌고 있다. 2000년대 형성된 1세대 골목 상권의 선도 업종이 F&B였다면, 2세대 골목 상권을 주도하는 업종은 라운지, 살롱, 복합 문화 공간, 코워킹, 코리빙, 로컬 편집숍를 망라한 커뮤니티 비즈니스다. 이 분야는 지역에서 독립적인 생태계를 구축해야만 경쟁할 수 있는 업종이다. 여기서 말하는 생태계는 충성 고객뿐 아니라 협업 파트너, 지역 주민을 포함한다.

커뮤니티 비즈니스는 두 개의 새로운 수요를 만족한다. 첫 번째가 소비자 수요다. 로컬에 대한 소비자의 수요가 개인 취향을 기반으로 한 콘텐츠에서 지역 자원을 연결하는 콘텐츠로 넘어가는 것이다. 두 번째가 공급자 차별성에 대한 수요다. 대기업과 온라인 쇼핑과의 경쟁이 확대되면서 로컬 크리에이터의 규모와 차별성이 중요해졌다. 로컬 크리에이터가 지역 차별화로 대기업과 경쟁하려면 지역 문화와 커뮤니티를 수용할 수 있는 규모의 커뮤니티 비즈니스가 필요하다.

모든 로컬 크리에이터가 커뮤니티 복합 문화 공간 모델을 따르지 않을 것이다. 태생적으로 독립적인 힙스터는 자신의 커뮤니티가 지나치게 확장되는 것을 원하지 않는다. 일부는 초기 개인 공간 모델을 고수할 것이다. 개인 공간 모델 자체도 인테리어를 포함한 모든 것을 스스로 만드는 DIY와 메이커 운동에서 볼 수 있듯이 더욱 개인화될 수 있다. 커뮤니티 공간을 추구하는 운영자도 획일적인 커뮤니티 모델은 지양할 것으로 예상한다. 의도적으로 커뮤니티를 작게 한정하는 운영자와 의도적으로 커뮤니티를 크게 확대하는 운영자가 공존하는 것이 가장 가능성이 높은 로컬 크리에이터 산업의 미래다.

성공한 리테일 모델을 관통하는 핵심 경쟁력은 탈물질주의 콘텐츠임을 기억해야 한다. 개성, 다양성, 삶의 질, 커뮤니티가 대표하는 탈물질주의가 본질적인 라이프스타일의 변화를 의미하며, 모든 리테일 기업은 보다 혁신적인 방법으로 오프라인 매장에서 탈물질주의 콘텐츠를 창출하기 위해 노력한다. 그 과정에서 미래 모델로 자리 잡은 것이 커뮤니티 복합 문화 공간이다. 힙스터가 개척한 개인 공간이 새로운 힙스터에 의해 복합 문화 공간, 커뮤니티 복합 문화 공간으로 진화하는 것이다.

소상공인 중심의 창조 도시

라이프스타일은 지역의 일상 속에 스며들어
지역의 삶을 풍요롭게 하고 지역 산업의 원동력으로 작동한다.

브루클린, 오스틴과 더불어 포틀랜드는 자타가 공인하는 힙스터 도시다. "포틀랜드를 계속 엉뚱하게 (Keep Portland Weird!)"라는 공식 슬로건만 보아도 알 수 있다. 무브허브(MoveHub, 물류 컨설팅 전문 업체)가 매년 발표하는 힙스터 도시 랭킹에서 포틀랜드는 늘 최상위권을 지켰다. 무브허브는 수제 맥주 기업, 비건 식당, 커피 전문점, 독립 서점, 자전거 통근자, 타투 스튜디오, 바이닐 레코드 가게 등의 통계로 힙스터 도시 순위를 매긴다.

힙스터는 1990년대 미국에서 시작된 새로운 대항문화 또는 이 문화를 따르는 사람이다. 힙스터가 많다는 것은 그만큼 포틀랜드가 새로움과 자유로움을 추구하는 도시라는 뜻이다. 포틀랜드는 미국 서부 오리건주에 위치한 인구 60만의 도시다. 이곳은 캘리포니아 등 서부의 경제 중심지와도 떨어져 있으며, 북서부의 중심지인 시애틀과도 자동차로 4시간이나 떨어져 있다. 이곳 사람들은 오랫동안 임업, 농업 등 자체 자원으로 지역 경제를 일구었다. 이런 고립된 환경에서 포틀랜드가 세계 도시 트렌드를 선도하는 힙한 도시가 된 것은 놀랄 만한 일이다.

포틀랜드 사례에서 우리가 주목해야 할 부분은 인구다. 포틀랜드의 인구는 60만 명, 오리건 전체의 인구는 400만 명이다. 한국 기준으로는 포틀랜드는 소도시, 오리건주는 경남 규모의 광역 단체다. 작은 규모의 광역 단체의 소도시가 세계가 부러워하는 도시 문화를 창조하고, 이를 바탕으로 창조 인재와 창조 산업을 유치한 것이다.

또 다른 교훈은 문화와 도시 정책의 중요성이다. 포틀랜드는 1980년대까지 다른 산업 도시와 마찬가지로 탈산업화, 도심 공동화, 환경 오염으로 쇠락한 도시였다. 1980년대부터 지속 가능성을 전면으로 내세우며 친환경, 친공동체, 친소상공인 도시 정책을 추진해 창조 도시의 반열에 올랐다.

과연 한국 도시가 포틀랜드의 정책을 도입하면 소상공인 중심의 창조 도시로 성공할 수 있을까? 포틀랜드의 교훈은 그리 단순하지 않다. 한국 도시 중 어느 도시가 지속 가능성 가치를 전면 수용하고 실생활에서 실천할 수 있을까? 그런 도시를 쉽게 떠올릴 수 없다. 더욱 복사하기 어려운 문화가 힙스터다. 포틀랜드 모델은 거의 전투적인 수준에서 환경, 공동체, 독립 기업을 옹호하는 힙스터를 한 도시에 모아야 성공할 수 있는 모델이다.

포틀랜드의 소상공인 산업

포틀랜드는 다른 도시에 비해 독립적인 소상공인 산업의 비중이 높은 도시다. 2015년 포틀랜드가 속한 오리건주의 고용에서 소상공인 산업이 차지한 비중은 미국 평균 49%를 상회하는 55%로 50개 주 중 8위에 올랐다. 독립 기업의 규모를 측정하는 '인디 시티 인덱스(Indie City Index)'에 따르면 포틀랜드는 인구 100만에서 300만 사이의 메트로폴리탄 지역 중 6번째로 독립 산업의 규모가 크다. 포틀랜드를 앞선 도시는 산호제이, 오스틴, 투산, 뉴올리언스, 내쉬빌 정도다.

규모도 규모지만 포틀랜드 독립 산업이 특별한 진짜 이유는 창의성에 있다. 포틀랜드의 독립 가게, 로컬 크리에이터, 공예 공방, 메이커스, 스타트업은 전국적으로 알려진 로컬 브랜드를 많이 배출한다. 포틀랜드에서 출발해 전국적으로 유명해진 로컬 브랜드를 기반으로 포틀랜드는 커피, 수제 맥주, 자전거 산업의 중심지로 성장했다.[1][2] 2018년 인포그룹(Infogroup)이 선정한 수제 맥주 도시 1위, 2018년 『바이시클링 매거진(Bicycling Magazine)』이 선정한 자전거 도시 5위, 2018년 미국 금융 서비스 업체 월렛 허브(Wallet Hub)가 선정한 커피 도시 4위의 성적은 우연이 아니다.

도시 경제학자 리처드 플로리다는 로컬 브랜드와 힙스터 산업은 창조 산업과 창조 인재를 유치하는 도시 어메니티라고 주장한다. 플로리다가 예측한 대로 매력적인 자연환경과 도시 문화를 자랑하는 포틀랜드는 1970년대 이후 글로벌 아웃도어 기업 나이키 본사와 하이테크 기업 인텔의 사업장을 유치했다.

---

12 커피: 스텀프 타운 커피 로스터즈(Stumptown Coffee Roasaters), 코아바 커피(Coava Coffee), 리스트레토 로스터즈(Ristretto Roasters) / 수제 맥주: 데슈트 브루어리(Deschutes Brewery), 팻 헤즈 브루어리(Fat Head's Brewery), 텐 배럴 브루잉(Ten Barrel Brewing), 로그 증류소&펍(Rogue Distillery and Pub House) / 독립 서점: 파웰스 북스(Powell's Books), 브로드웨이 북스(Broadway Books) / 자전거: 조우 바이크(Joe Bike), 사가 프로파일즈(Saga Profiles) / 호텔: 에이스 호텔(Ace Hotel) / 유기농 슈퍼마켓: 뉴 시즌즈 마켓(New Seasons Market)

포틀랜드 소상공인 생태계

포틀랜드 소상공인 산업이 강한 이유는 일차적으로 소상공인 생태계, 그리고 이차적으로는 소상공인에 우호적인 도시 문화에서 찾을 수 있다. 하버드 경영대 마이클 포터(Michael Eugene Porter) 교수가 운영하는 ICIC 연구소[13]에 의하면 소상공인 생태계에는 주민 단체, 정부, 경제 개발청, 금융 기관, 직업 훈련 기관, 소상공인 단체가 중요하다. 포터 교수가 지적한 6개 분야에서 포틀랜드에서 이 분야를 대표하는 기관을 정리했다. 모든 분야에서 활발한 지역 단체를 찾을 수 있는 것이 흥미롭다.

포틀랜드 소상공인 생태계는 산업 전체를 아우르는 생태계가 아닌 각분야를 지원하는 생태계로 구성되어 있다. 메이커, 신발 디자인, 로컬 푸드등 적어도 포틀랜드를 대표하는 3개 소상공인 산업에서는 다른 도시에서볼 수 없는 창업 훈련과 지원 기관을 찾을 수 있다.

첫 번째는 메이커 산업 생태계다. 메이커 협동조합 '포틀랜드 메이드 컬렉티브(Portland Made Collective)'가 메이커 스페이스 ADX, 메이커 편집숍 '메이드 히어 PDX(Made Here PDX)'와 협력해 지역 메이커를 지원한다. 메이드 히어 PDX는 포틀랜드에 매장을 두 개 운영하면서 정말 많은 포틀랜드 브랜드를 판매한다. 자기 물건을 팔아 달라고 부탁하기 위해 이곳을찾아오는 사업자가 매일 있을 정도로 포틀랜드 메이커 기반은 탄탄하다.

두 번째는 운동화 창업 생태계다. 포틀랜드는 나이키 본사, 아디다스 미주 본사, 언더아머 연구소 등 수많은 운동화 기업이 모여 있는 클러스터다. 디자이너 교육 기관으로 주목해야 할 곳이 '펜솔 풋웨어 아카데미(Pensole

---

13   ICIC(Initiative for a Competitive Inner City), 1994년 설립.

포틀랜드 거리를 걷는 힙스터

Footware Academy)'다. 나이키 디자이너가 창업한 이 기관은 포틀랜드 기업과 협업해 미래 디자이너를 기업이 발주한 프로젝트에 참여시키는 방식으로 훈련한다.

세 번째는 로컬 푸드 생태계다. 환경 단체 에코트러스트(Ecotrust)가 로컬 푸드를 장려하기 위해 운영하는 로컬 푸드 인큐베이터 '레드 온 새먼 스트리트(Redd on Salmon Street)'가 대표적인 기관이다. 비영리 환경 단체이기 때문에 투자금 회수라는 압박에서 상대적으로 자유롭게 창업자를 지원할 수 있다.

결론적으로 포틀랜드도 다른 도시와 마찬가지로 지역의 몇 개 산업 중심으로 생태계가 형성되어 있다. 운동화 디자인, 메이커, 로컬 푸드 등 포틀랜드에 생태계가 존재하는 산업 중 로컬 푸드는 한국 도시도 벤치마크해야 하는 산업이다. 농산물을 전국 단위로 유통하고 있는 한국에서 로컬 푸드 생태계를 구축하는 것이 쉬운 일이 아니지만, 환경과 건강과 연결된 문제이기 때문에 더 이상 지체할 수 없는 사업이다.

독립 산업 경쟁력의 기원

포틀랜드 독립 산업이 활발한 더 근본적인 원인은 로컬 문화, 동네 문화, 환경주의, 힙스터 문화가 대표하는 도시 문화에서 찾을 수 있다. 로컬 중심 문화의 영향력은 거리를 걸으면 금방 느낄 수 있다. 편의점, 패스트푸드 등 다른 도시에서 흔히 볼 수 있는 프랜차이즈 가게를 찾기 어렵기 때문이다. 2006년 월마트 매장의 진입을 저지한 것처럼 포틀랜드는 전통적으로 스몰 비즈니스와 독립 상점을 보호하는 도시로 유명하며 지역 상품 구매를 독려하는 '바이 로컬(Buy Local)' 소비자 운동도 활발하다.

시정부의 동네 상권 정책 또한 로컬 브랜드 발전에 기여한다. 포틀랜드는 하나의 통합된 도시라기보다는 여러 동네가 네트워크를 형성한 도시다. 그만큼 동네와 동네 상권이 정체성이 뚜렷하고 독립적인 경제 단위로 중요하다. 포틀랜드는 지역을 중심부, 산업 지역, 대학 지역, 동네 상권(Neighborhood Business District)으로 구분해 관리하고 지원한다. 현재 50개 지역이 동네 상권으로 지정되어 있다.

동네 상권은 포틀랜드 총 고용의 1/4을 담당하는 중요한 산업이다. 동네 상권에서 활동하는 소상공인은 2만 명에 이른다. 시정부는 지역 주민과 소상공인이 협동조합 등의 주민 협의체를 조직해 상권에 필요한 다양한 커뮤니티 활동을 하도록 권장하고 지원한다.

로컬 소비와 동네 상권 문화는 지역 환경 운동을 통해 축적되어 왔다. 대량 생산, 대량 소비가 환경에 미치는 악영향 때문에 로컬에서 생산하는 독립 기업과 브랜드를 선호하는 것이다. 포틀랜드 환경주의의 대표적인 사례가 도시 계획과 온실가스 배출 감축 노력이다. 포틀랜드는 환경과 삶의 질을 보호하는 성장, 즉 스마트 성장(Smart Growth)을 추진하는 대표적인 도시다. 포틀랜드의 환경 철학은 도시 계획에서 그대로 드러난다.

1979년 처음으로 서울의 그린벨트와 유사한 '도시 성장 경계(Urban Growth Boundary)'를 설정해 지속적으로 무분별한 도시 성장과 개발을 제한했다. 구체적인 스마트 성장 전략으로 밀집 지역(Compact Neighborhoods) 건설, 대중교통망 구축, 보행자와 자전거에 편리한 도시 디자인을 들 수 있다. 밀집 지역은 상업과 주거 건물의 밀도를 높여 도심 중심으로 도보, 자전거, 대중교통을 이용할 수 있는 도시를 뜻한다.

온실가스 배출 감축에도 적극적이다. 2016년에 이미 온실가스 배출을 1990년 대비 17% 감축했다. 그 기간 미국 전체의 온실가스 배출이 7% 증가한 점을 감안하면 괄목할 만한 성과다. 이를 달성하기 위해 포틀랜드 시민이 감수한 불편과 희생은 상상하기 어렵다. 자연과 도시의 공존을 실현하겠다는 강력한 의지를 엿볼 수 있는 대목이다.

2009년 코펜하겐 협정 준비 당시 IPCC(Intergovernmental Panel on Climate Change)는 온실가스 의무 감축국에 2020년까지 1990년 대비

25~40% 감축을 권고했다. 온실가스 배출 강경파인 EU는 최종안으로 1990년 대비 20% 감축안을 제출했다. 2016년 포틀랜드는 EU와 IPCC 목표치에 근접한 수준으로 감축한 셈이다.

포틀랜드의 환경주의, 로컬 문화는 1960년대 반문화와 관련이 있다. 1960년대 후반 1970년대 초, 캘리포니아에서 활동하던 히피들은 캘리포니아가 지나치게 상업화되었다고 판단하여 새로운 생활 문화를 개척하기 위해 오리건으로 이주한다. 자연주의, 평화, 공동체를 표방한 히피 반문화 전통이 오리건에 뿌리를 내린 것이다. 히피 반문화를 승계한 것이 힙스터 문화다. 힙스터 정의에 대한 합의는 없지만 일반적으로 주류 사회와 상업 문화를 거부하고 자신만의 개성을 추구하는 사람을 힙스터라 정의할 수 있다.

포틀랜드의 힙스터 문화

포틀랜드 역사를 알면 이 도시가 힙스터 중심지가 된 것을 쉽게 이해할 수 있다. 포틀랜드에는 젊은이가 많이 살고 대중교통과 친환경 문화가 잘 발달해 있으며, 힙스터가 좋아하는 문화적 인프라가 풍부하다. 독립적이면서도 개방적인 도시 분위기의 포틀랜드는 획일적인 삶을 거부하는 힙스터에게 안성맞춤이다.

2010년 포틀랜드를 배경으로 시작된 TV 드라마 「포틀랜디아」가 포틀랜드 문화의 특이성을 세계 전역으로 전파했다. 포틀랜드 문화를 대표하는 지역은 오랫동안 히피 중심지로 알려진 호손 디스트릭트(Hawthorne District)이다. 「포틀랜디아」의 주인공이 사는 지역도 여기다. 북부 캘리포니아의 버클리 거리를 걸어본 사람은 호손의 분위기를 금방 파악할 수 있다.

포틀랜드 교외와 시내를 연결하는 전차 네트워크

호손의 중심부는 87년 전통의 바그다드 극장(Baghdad Theater)이다. 미국 서부 도시의 한가운데에 아랍 이름의 극장이라니 이름부터 심상치 않다. 바그다드 극장 앞은 항상 관광객으로 붐빈다. 거리 음악가가 관광객을 위해 연주하는 모습도 바그다드 극장 근처에서 흔히 볼 수 있는 장면이다. 호손을 걷다 보면 히피, 동성애자, 거리 음악가 등 비범한 사람들을 많이 만날 수 있다. 타인의 시선을 신경 쓰지 않는 듯 특이한 옷을 입고 노래를 부르며 다닌다.

호손에서는 사람만 비범한 게 아니다. 가게와 음식점도 평범하지 않다. 호손에는 히피 음악을 파는 가게, 빈티지 의류나 독특한 소품 등을 파는 가게가 많다. 거리에서 직접 옷을 파는 가게도 많은데, 그런 곳은 대부분 중

고상품을 취급한다. 그 외에도 호손에는 인도, 네팔, 멕시코, 에티오피아 등 다양하고 이국적인 음식점이 즐비해 있다.

최근 호손에는 브런치 카페, 버블티 숍, 제과점, 케이크 전문점 등 고소득 전문직이 좋아하는 가게 또한 많이 들어서고 있다. 도시학에서는 고소득 전문직 직장인이 예술가, 히피, 저소득 노동자가 사는 지역으로 이사해 그 지역을 고급문화와 주거 지역으로 바꾸는 과정을 젠트리피케이션이라고 부른다. 어떻게 보면 전통적 히피 지구였던 호손을 포함한 포틀랜드 전체가 이 과정을 거치는 중인지도 모른다.

필자는 호손이 계속해서 힙스터 문화를 유지하기를 희망한다. 다른 포틀랜드 지역처럼 힙스터 문화가 변질되는 것을 원하지 않는다. 고급 주택가가 포틀랜드 전역으로 확산해 호손과 같은 힙스터 지역이 없어지면 도시의 다양성은 크게 훼손될 것이다. 포틀랜드 고유의 새롭고 자유로운 라이프스타일까지도 위협받을 수 있다. 포틀랜드를 위해서라도 적어도 호손만은 규격화되지 않은 도시 문화를 계속 유지해 나가길 소망한다.

세상에 영원한 것은 없듯이, 전성시대를 누리는 포틀랜드의 성공이 영속되리라는 보장은 없다. 일부에선 이미 2014년경에 정점을 찍었다는 목소리가 들린다. 이 도시가 미래 혁신을 이끌 창조 계급을 계속 유치하기에는 주택을 포함한 생활 비용이 지나치게 상승했다는 것이다. 우연인지 모르지만 그해에 일본에서 포틀랜드에 대한 책이 많이 나왔다. 너무 많이 알려지면 더 이상 힙하지 않다는 통념이 포틀랜드에도 적용될 수 있을지 모른다.

한국 골목 상권에서도 관찰할 수 있듯이 뜨는 지역에는 유행과 라이프스타일 요소가 복합적으로 작용한다. 유행은 한 지역에 오래 머무르지 않고 계속 돌아다니지만, 그렇다고 유행이 떠난 지역이 쇠락하는 것은 아니다. 라이프스타일은 지역의 일상 속에 스며들어 지역의 삶을 풍요롭게 하고 지역 산업의 원동력으로 작동한다.

포틀랜드도 다르지 않을 것이다. 포틀랜드 경쟁력의 원천은 고유의 라이프스타일이다. 아웃도어, 친환경주의, 독립 문화, 로컬리티 등 포틀랜드가 대표하는 라이프스타일은 앞으로의 글로벌 생활 문화를 선도할 탈물질주의 라이프스타일이다. 포틀랜드 라이프스타일 위에 쌓인 거품은 사라질지 모르지만 라이프스타일에 기반한 원천 경쟁력은 변하지 않을 것이다. 포틀랜드 모델의 관건은 라이프스타일과 창의성의 결합이다. 고유의 라이프스타일을 지속 가능한 생산 문화로, 즉 새로운 산업과 비즈니스 창출의 동력으로 활용한다면, 힙스터 도시로서의 명성은 이어질 것이다.

강릉, 목포, 춘천, 영도 등 '넥스트 포틀랜드'를 꿈꾸는 한국 도시가 집중해야 하는 분야도 고유의 라이프스타일이다. 지역을 떠나는 인재를 붙들기 위해서는 서울과 같아져야 한다는 단기적 사고방식에서 벗어나, 시간이 걸리더라도 지역에 기회가 있다고 생각해 잔류하거나 서울에서 지역으로 돌아온 인재를 도와줄 방법을 강구해야 한다. 지역을 기회로 보는 인재는 지역에 이미 존재하는, 아니면 지역에서 새롭게 조성할 수 있는 라이프스타일에서 그 가능성을 찾는다. 다행히 로컬을 시골, 지방, 변두리가 아닌 자유롭고 독립적인 공간으로 인식하는 밀레니얼이 늘고 있다. 모방보다는 차별화가 지역의 미래라는 사실이 포틀랜드가 한국 도시에 던지는 가장 중요한 메시지다.

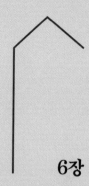

6장

노마드

노마드로 수렴하는 라이프스타일

최소한의 규모와 최대한의 기동성을 무기로
자유롭고 독립적으로 일하는 노마드 기업이
1인 경제와 반문화 경제의 중심으로 떠오른다.

대부분의 사람들은 특정 장소나 방식에 구애받지 않고 원하는 곳에서, 좋아하는 일을, 하고 싶은 만큼만 하기를 원한다. 어쩌면 모든 인간에게는 노마드 DNA가 존재하는 것일지도 모르겠다. 이런 본능에도 불구하고 노마드 생활을 실현하지 못하는 것은 현실적인 이유 때문일 확률이 높다. 노숙자나 불법 이민자와 같은 한계 생활을 감수한다면 모를까 노마드 생활은 일정 수준의 경제력을 전제로 한다.

자크 아탈리(Jacques Attali)가 2005년 자신의 저서 『호모 노마드 유목하는 인간(Homme Nomade)』에서 '21세기는 유목민 시대로 간다'고 주장할 때만 해도 노마드는 슈퍼리치와 슈퍼스타, 그리고 IT 개발자에게만 가능한 삶이었다. 하지만 우리는 이미 큰 재산이 없어도 노마드 라이프를 추구할 수 있는 시대에 살고 있다. 2010년 이후 공유 경제가 확산되면서 이제는 프리랜서와 플랫폼 노동자 같은 노마드가 일상적인 직업으로 자리 잡았다. 그중 일부는 플랫폼과 연결된 1인 기업으로 새로운 비즈니스 영역을 개척한다. 라이프스타일 관점에서 노마드의 부상이 중요한 이유는 라이프스타일 비즈니스의 수렴 현상 때문이다. 노마드의 본질을 '1인 기업×커뮤니티×이동성'으로 정의하면, 보헤미안, 히피, 힙스터 모두 커뮤니티와 플랫폼 기반의 1인 기업, 즉 노마드 기업에서 미래를 찾는다. 다양한 형태로 존재하던 반문화 기업이 노마드 기업으로 수렴하는 것이다. 최소한의 규모와 최대한의 기동성을 무기로 자유롭고 독립적으로 일하는 노마드 기업이 1인 경제와 반문화 경제의 중심으로 떠오른다.

직업으로서의 노마드

현재 가장 보편적인 노마드 직업은 프리랜서다.『프리랜서 시대가 온다』, 『긱 이코노미』 등의 책이 출간되는 것만 보아도 독립적이고 자유로운 직업과 일에 대한 수요가 커지고 있음을 알 수 있다. 클라우드 어카운팅 시스템 업체인 프레시북스(FreshBooks)의 2018년 자영업 보고서에 따르면, 2020년 미국에서 독립적인 고객 서비스가 주된 소득원인 프리랜서가 총 고용에서 차지하는 비중이 33%(총 고용인 1억 2,000만 중 4,200만 명)로 증가할 것이라고 한다. 2020년까지 2,700만 명의 근로자가 정규직을 벗어나 유연한 근무와 자율성을 추구하는 프리랜서로 일할 것이라 전망한 것이다. 미국의 비정규직은 2005년 총 고용의 10%에서 2015년 15.8%로 이미 크게 늘어났다.

실질적인 프리랜서 인구는 더 큰 것으로 추정된다. 선행 연구에 따르면 미국 고용 인구의 1/3, 일본 고용 인구의 1/6을 프리랜서로 분류할 수 있다고 한다. 한국에서도 프리랜서가 보편적인 일의 방식으로 자리 잡고 있다.

프레시북스가 정의하는 프리랜서는 한국의 자영업과 다르다. 전자가 고용과 사업의 중간에 있다면, 후자는 사업자에 가깝다. 아직 체계적인 통계는 없지만 한국에서도 프리랜서가 늘어난다고 한다. 특히 영화나 IT 분야에서 프리랜서가 많이 활동한다고 알려졌다.

프리랜서 중 우버 등 플랫폼에서 서비스를 제공해 수입을 올리는 노동자를 플랫폼 노동자 또는 긱 워커(Gig Worker)라고 부른다. 플랫폼 경제가 확산됨에 따라 앞으로 긱 수요가 크게 늘어날 것으로 예상한다. 일반적인 프리랜서와 긱 워커의 차이는 숙련도와 전문성일 것이다. 프리랜서가 고숙련 노동자라면, 긱 워커는 아직 창의적인 직업으로 분류하기 어렵다.

젊은이들이 선망하는 프리랜서로는 디지털 노마드가 대표적일 것이다. 노트북만 있으면 전 세계 어디에 있어도 일을 할 수 있는 능력을 가진 사람이다. 주로 IT산업의 개발자로 일하는 그들은 프리랜서 또는 기업의 원격 노동자로서 발리, 치앙마이 등 삶의 질이 높은 휴양지를 중심으로 새로운 창조 커뮤니티를 형성한다.

디지털 공간과 기술을 통해 1인 기업을 운영하는 사업자도 시간과 장소에 구애받지 않고 자유롭게 일을 할 수 있다는 점에서 노마드로 분류할 수 있다. 온라인 쇼핑몰을 운영하거나, 특정 주제에 대한 온라인 커뮤니티를 구축하든지, 또는 유튜브 등 온라인 플랫폼에서 1인 크리에이터로 활동하는 등 다양한 노마드 비즈니스 모델이 가능하다. 사람이 모이는 커뮤니티를 구축하는 데 성공하면, 즉 자신만의 플랫폼을 소유하면 광고나 제휴, 컨설팅, 강의 등 다양한 방식으로 수익을 낼 수 있다.

반드시 돈이 필요해서가 아니라, 자신의 다양한 정체성을 실현하기 위해 투잡이나 멀티잡을 가진 사람도 자발적 노마드라고 할 수 있다. 투잡과 멀티잡 현상도 플랫폼 경제와 밀접한 관계가 있다. 유튜브, POD 서비스, 아이엠(EyeEm) 등 과거에 취미로 했던 활동으로 수익을 올릴 수 있는 플랫폼이 투잡과 멀티잡의 추구를 물리적으로 쉽게 만든다.

라이프스타일로서의 노마드

노마드를 특정 직업으로 한정할 필요는 없다. '정착민' 직업을 가졌어도 노마드식 일과 삶의 방식을 추구할 수 있다. 코워킹 스페이스 중심의 업무 방식도 노마드 스타일이다. 코워킹 스페이스는 독립적인 사무실보다는 일할 공간이 필요한 사람들을 위해 공간을 대여하는 사업체다. 회사가 자체 건물을 보유하지 않고 시내 곳곳의 코워킹 스페이스와 계약해 직원을 배치하는 것도 노마드 방식이다. 회사 안에서도 개인 공간보다 공유 공간 중심으로 공간을 활용할 수도 있다. 공유 차, 공유 주택, 공유 여행과 같이 생활과 여가 등 업무 외적인 분야에서 노마드 방식을 따를 수도 있다. 자동차를 소유하지 않고 공유할 수 있고, 여행도 에어비앤비(Airbnb) 등의 서비스를 통해 공유하며 즐길 수 있다. 공유 경제에서 가장 빠르게 성장하는 분야가 공유 주거다. 도심에서 주거, 일, 놀이를 해결하려는 밀레니얼에게 다른 사람과 공유하는 작은 공간이라도 도심에 위치한 공유 공간이 새로운 대안이다. 새로운 성장 동력을 찾는 부동산 개발 산업의 이해와 맞물려 최근 코리빙 분야의 투자가 급속하게 성장한다.

부족의 시대

노마드 라이프스타일의 본질은 1인 기업에 커뮤니티와 이동성을 더한 것이다. 플랫폼과 결합된 노마드는 이미 플랫폼이라는 공동체에 속해 있다.

하나가 아닌 다수의 플랫폼에 동시에 참여할 수 있기 때문에 이동성 또한 확보했다고 볼 수 있다. 플랫폼에 참여하면 자동적으로 형성되는 커뮤니티뿐만이 아니다. 많은 프리랜서가 플랫폼 안팎에서 서로 협업하고 플랫폼과 독립된 커뮤니티를 구축한다.

플랫폼 경제와 결합되지 않은 노마드 사이에서도 커뮤니티 구축이 활발하다. 노마드 문화를 집단 문화로 구현한 대표적인 사례는 스케이트보드, 힙합, 바스켓볼, 그라피티 등으로 대변되는 '스트리트 컬처'다. 거리 문화를 만드는 사람들은 한 곳에서 머무르지 않고 이 거리 저 거리를 옮겨 다니는 노마드다. 이들은 또한 자신을 표현하는 것과 동시에 자신이 속한 그룹과 연대하고 창작하는 것을 중시하는 크루(Crew) 문화를 추종한다. 크루 문화는 음악 산업의 아티스트 사이에서도 흔히 볼 수 있는 창작 문화다. 노마드의 크루 문화는 패션계에서도 영향을 미친다. 스케이트보드를 같이 타던 친구들을 위해 창업한 반스(Vans), 뉴욕 빈민 지역의 청년들의 거리 문화를 모티브해 창업한 슈프림(Supreme)이 크루 문화에서 파생된 브랜드다.

포틀랜드와 브루클린의 힙스터 문화도 크루 문화에 기반해있다고 말할 수 있다. 이들 도시의 힙스터 산업은 정부가 체계적인 계획에 따라 육성한 산업이 아니고, '끼'가 있는 사람들이 모여 재능을 나누고 즐기며 만들어낸 크루 문화의 결과다. 크루 문화는 집단주의 문화가 아니다. 사람이 모여 만든 문화이지만, 근본적으로 노마드 성향의 사람들이 만든 문화로, 위계와 통제로 유지할 수 없는 느슨한 형태의 새로운 연대다.

돌이켜보면 전통적인 유목민도 혼자 이동한 것이 아니다. 일정 규모의 부족과 함께 이동하면서 살았다. 현대 노마드도 부족의 개념으로 이해하는 것이 정확하다. 취향을 공유하는 사람들이 공동체를 만들어 자신의 라이프스타일을 완성하는 것이다. 현대 노마드는 유목민 본능을 자극하고, 공동체적 이상을 추구한다는 점에서 미셸 마페졸리(Michel Maffesoli)의 신부족주의 개념과 부합한다. 마페졸리는 노마드 현상뿐 아니라 현대 사회 전반에서 원초적 시원(始原)주의와 공동체적 이상을 결합한 부족주의가 새로운 지배 이념으로 자리 잡았다고 주장한다.

노마드에서 노마드 생태계로

노마드와 크루 문화의 핵심 동력은 플랫폼 경제다. 플랫폼 경제의 도래가 노마드와 크루 문화의 확산을 가능하게 한다. 한발 더 나가면 플랫폼 경제의 배경에는 기술 발전이 있다. SNS, 인터넷을 통해 정보를 쉽게 생산하고 공유할 수 있기 때문에 지극히 개인주의적인 노마드가 느슨한 연대를 구축해 새로운 가치와 영역을 개척하는 것이다.

노마드 문화의 한계는 분명 존재한다. 아탈리가 지적한 대로 현실 세계 노마드의 대부분은 고독과 불안정이라는 구조적인 한계를 극복하지 못한다. 이상과 달리 현실적으로는 대부분의 플랫폼 노마드가 1990년대 일본에서 등장한 프리터[14] 생활을 하고 있는지도 모른다.

미국의 긱 산업도 최근 임금과 노동자 권리 문제로 홍역을 치르고 있다. 긱 산업에 참여하는 운전사와 배달 노동자의 처우와 권리가 열악하기 때문이다. 우버 등 공유 기업에 비판적인 사람들은 공유 기업이 노동자에게 정당한 임금과 복지를 제공하지 않고 이를 사회에 떠맡기는 기본적으로 비

---

14 프리터는 자유(Free)와 아르바이터(Arbeiter)를 합성한 일본의 신조어다. 정규직을 갖지 않고 아르바이트로 생계를 유지하는 사람들을 뜻한다.

윤리적인 비즈니스 모델에 기반한다고 주장한다. 아직까지는 노마드 경제가 IT 서비스 개발자, 예술가 등 고숙련 노동자에게 안전한 영역일지 모른다. 다가올 노마드 경제 시대를 맞아 정부가 할 일은 명확해진다. 교육과 훈련을 통해 보다 많은 고숙련 노마드를 양성하고, 규제와 보호를 통해 노마드 노동자의 권리를 강화해야 한다.

서울시가 올바른 방향으로 가고 있다. 2018년 작가, 뮤지션, 프로그래머 등 프리랜서 1,000명을 대상으로 실시한 실태 조사를 바탕으로 프리랜서 시장의 불공정한 거래 관행을 개선하기 위한 조례안을 제안했다. 표준계약 지침, 프리랜서 지원, 프리랜서 협동조합 설립 지원이 주요 내용이다. 규제 및 보호와 더불어 노마드 생태계에 투자하는 일도 중요하다. 1인 기업 플랫폼 등 노마드 비즈니스의 비용을 낮추는 온라인 인프라에 투자하고, 노마드의 경쟁력을 높이는 노마드 커뮤니티를 지원해야 한다. 노마드 개인보다는 노마드가 구축하는 커뮤니티와 생태계에 대한 지원이 우선이다.

노마드 사회를 향한 세 번째 도전

플랫폼과 공유 경제가 확산됨에 따라
보다 많은 노동자가 프리랜서와 긱 워커로 활동할 것이다.

라이프스타일 역사는 경쟁의 역사다. 18세기 반문화의 원조라 할 수 있는 낭만주의가 태동한 이후 라이프스타일은 부르주아와 반문화의 경쟁을 중심으로 발전했다. 18세기 낭만주의, 19세기 자연주의, 19세기 미술 공예 운동, 1940년대 힙스터, 1950년대 비트, 1960년대 히피, 1990년대 보보, 2000년대 힙스터, 2010년대 디지털 노마드 등 반문화는 부르주아에 꾸준히 도전했다.

경쟁이 모든 것을 설명하는 것은 아니다. 라이프스타일 역사를 장기적으로 보면 통합의 역사로 평가할 수 있다. 라이프스타일의 두 축인 부르주아와 반문화로 수렴하기 때문이다. 보보가 부르주아와 보헤미안을 상상력으로 통합하려고 했다면, 현대 노마드는 기술과 문화로 부르주아와 반문화를 통합하려 한다. 이러한 노마드의 시도가 흥미로운 이유는 보헤미안과 부르주아의 공통 가치에 기반한다는 점이다. 라이프스타일 역사에서 보헤미안과 부르주아가 공유한 가치가 있다면 그것이 바로 노마드다. 보헤미안 이름의 유래에서도 짐작할 수 있듯 19세기 보헤미안은 유목민을 동경했고 20세기 후반 부르주아는 국가에 종속되지 않는 글로벌 노마드를 지향했다. 하지만 19세기 보헤미안과 20세기 부르주아는 노마드 되기에 실패했다. 그렇다면 프리랜서와 1인 기업과 같은 현재 미래 세대가 추구하는 노마드 라이프스타일은 지속 가능할까?

기술과 문화 환경은 우호적이다. SNS, 모빌리티, 인공지능이 개인 사업자의 비용을 현격히 줄여 노마드의 공급을 늘리고, 개성과 다양성을 중시하는 탈물질주의가 개인 창작자의 서비스와 상품, 즉 노마드의 수요를 확대한다. 공급과 수요가 증가한다고 해서 노마드 경제의 성공이 보장되는 것은 아니다. 노마드 경제의 미래는 결국 이동성, 독립성, 창조성 등 노마드의 장점을 살리면서 고독, 불안정, 저임금 등 노마드의 단점을 보완할 수 있는 플랫폼과 커뮤니티의 구축에 달렸다. 개인보다는 커뮤니티의 지속 가능성이 중요한 것이다. 원시 조상과 같이 미래 노마드도 혼자가 아닌 부족으로 경쟁력을 확보해야 한다.

노마드 사회를 향한 세 번의 도전

노마드는 인류의 원형이다. 호모 사피엔스 역사 20만 년 중, 정착하기 시작한 지는 1만 년, 문자 문명을 시작한 지는 5천 년에 불과하다. 노마드 역사가 적어도 호모 사피엔스 역사의 95%를 차지한다. 일부 부족이 수렵 채집 시대를 마치고 정착해 문명을 개척한 후에도 노마드는 지구 곳곳에서 명맥을 유지했다. 지금도 천만 명에 이르는 유목민이 인도, 건조 지역, 밀림 그리고 극한 지역에 살고 있다. 정착민이 유목민을 완전히 제압한 지도 불과 500년이 채 안 된다. 16세기까지만 해도 노마드 민족이 문명 대국을 정복하는 것은 흔히 볼 수 있었다. 적어도 그때까지는 유목민과 정착민은 경쟁 관계를 유지한 것이다. 12~13세기 세계 제국을 건축한 몽골뿐만이 아니다. 16세기 여진족이 인류 문명의 중심 국가 중국을 무너뜨려 청 제국을 건설했다.

유목민이 우리의 DNA라면 그로 다시 돌아가는 것은 시간문제다. 노마드 관점에서 인류 역사와 미래를 분석한 프랑스 지식인 자크 아탈리는 유목민이 이미 20세기 세계화 시대에 이민자, 글로벌 엘리트의 형태로 사회의 중심으로 돌아왔다고 주장한다. 2000년대 이후 탈산업화와 기후 변화에 대한 위기감이 고조되면서, 이동성, 창의성, 자연주의를 상징하는 노마드에 대한 관심은 더욱 커지고 있다.

아탈리는 특히 원시 노마드와 자연의 관계를 주목한다. 현대 인류가 '인간도 자연의 일부이며 자연과 더불어 살아가는 것이 인류 생존의 열쇠라는 것'을 인지한 원시 노마드의 지혜에서 배워야 한다고 주장한다. 아탈리뿐만이 아니다. 『로컬의 미래(Local is our future)』를 저술한 헬레나 노르베리 호지(Helena Norberg Hodge)도 중세 마을 경제를 지속 가능한 모델로 제시한다. 실제로 선진국 여러 곳에서 전통적인 기술이나 문화를 복원하기 위해 노력한다.

노마드 현상을 통사적으로 분석하면 도전과 응전의 패턴을 감지할 수 있다. 19세기 이후 인류는 세 번에 걸쳐 노마드 사회의 복원을 시도한다. 19세기 낭만주의와 보헤미안에 의한 유목민의 이상화가 첫 번째 시도다. 20세기 국가로부터 독립하려는 글로벌 엘리트가 추구한 세계화가 두 번째 시도다. 현재 플랫폼 중심으로 형성되는 노마드 문화가 세 번째 시도다.

노마드 복원의 1차 시도

항상 유목민의 위협에서 살았기 때문인지 동서양에서 모두 유목민에 대한 인식은 부정적이었다. 로마인들은 훈족 왕 아틸라를 괴물로 묘사했고, 중국인들은 자신을 위협하는 유목 부족들은 모두 야만인으로 경시했다.

유목민에 대한 인식이 바뀌기 시작한 곳은 유럽이다. 어디서, 그리고 언제 유럽에 왔는지도 몰랐던 유목민 집시에 대해 환상을 갖게 된 것이다. 처음에는 야생에 대한 동경에서 시작됐다. 유럽 예술가에게 집시는 야생에서 살며 즐기는 원초적인 라이프스타일을 의미했다.

19세기 중반 낭만주의자들은 한술 더 떴다. 장소와 지위에 대한 고정관념을 떨쳐버리고 자유분방하게 사는 집시와 일체감을 느끼기 시작한다. 프랑스 낭만주의자들은 스스로를 집시의 고향에서 왔다는 의미의 라 보엠(La Boheme) 또는 보헤미안이라고 불렀다.

집시에 대한 유럽의 환상은 오래가지 않았다. 예술가를 제외한 일반인들은 집시를 범죄 집단으로 여겼다. 정치인들에게도 집시는 골칫덩어리였다. 근대 국가 체제가 공고해지면서 국적 없이 방랑하는 집시를 어떻게 든 통제해야 했다. 집시에 대한 부정적인 여론은 계속 악화되어 결국 1930년대 나치 독일이 '인종 청소'를 자행하는 데까지 이르렀다.

노마드 복원의 2차 시도

유목민 DNA에 대한 긍정적인 인식이 다시 복원되는 시기는 반문화가 절정을 이루는 1960년대다. 당시 히피는 주류 서구 기독교 문화와 다른 동양, 아프리카, 인디언 문화에 관심을 보이기 시작한다. 집시 문화도 히피 라이프스타일에 영향을 미친 대안적 문화였다. 히피 운동이 수그러들면서 유목민에 대한 관심도 떨어졌다. 그런데 2000년대 들어오면서 유목민 담론이 한국과 유럽에서 다시 살아난다. 세계화와 정보화가 유목민에 대한 인류의 상상력을 자극한 것이다.

한국에서 유목민 담론을 주도한 세력은 놀랍게도 대기업이다. 김우중 대우그룹 회장은 1997년 IMF 경제 위기에 좌절한 한국 경제와 한국민에게 제시한 비전이 유목민적 세계화다. 그는 『세계는 넓고 할 일은 많다』에서 우리의 시야를 세계 전체로 넓혀 세계 곳곳에서 새로운 기회를 찾아야 한다고 주장한다. 그가 새로운 기회의 땅으로 주목한 곳은 신흥국이었다. 한국이 전통적으로 수출한 선진국 시장을 넘어 중국, 인도, 동유럽, 남미 등 신흥 시장으로 눈길을 돌려야 한다는 것이다.

세계 시장 전체를 공략하기 위해 필요한 것은 사고의 유연성과 투자의 이동성이다. 한 곳에서의 성공에 만족하지 말고 언제든지 새로운 기회를 찾아 나서야 한다. 사고가 유연하고, 새로운 곳으로 과감하게 옮길 수 있는 이동성, 즉 유목민적 기질이 필요한 전략이다.

작가 김종래는 『CEO 칭기즈칸』, 『유목민 이야기』에서 김우중 회장의 유목민적 세계화론을 몽골과 칭기즈칸의 유목민 철학으로 설명한다. 그에게 유목민 DNA는 이동성, 즉 '휴대화와 간소화를 통해 속도를 높이는 삶의 방식'이다. 칭기즈칸과 몽골은 13세기 유목 이동 마인드로 건설한 것은 단순히 제국이 아니다. 어떻게 보면 현대적인 글로벌 기업과 자유 무역 지대를 건설한 것이다.

몽골 이동성의 특징을 살펴보자. 첫째, 역참제를 통한 정보 전달이 핵심적 역할을 했다. 둘째, 정복한 민족을 수용한 다문화주의도 몽골 제국의 핵심 성공 요인이다. 셋째, 나무 안장, 등자, 새로운 활, 삼각 철화살 등 새로운

글로벌 노마드의 중심지 뉴욕 월스트리트(Wall Street)

전쟁 기술이었다. 정보화, 다문화주의, 신기술, 그리고 이를 통해 건설한 이동성(Mobility). 칭기즈칸은 13세기에 이미 현대 인터넷 경제의 핵심 요소를 발견한 것일까? 그가 건설한 몽골 제국이 세계 최초의 플랫폼 기업이라고 해도 과언이 아니다. 김종래는 칭기즈칸의 다른 리더십 요소도 현대 인터넷 기업가에게 귀감이 될 수 있다고 주장한다. 정보보다는 시간, 강한 연대와 동료 의식, 소박한 삶, 창의적 사고, 그리고 카리스마를 말한다.

한국에서 유목민 담론이 시작된 시기에 프랑스에서도 유사한 현상이 나타난다. 프랑스 유목민 담론을 주도한 사상가는 아탈리다. 그는 2005년 역작 『호모 노마드 유목하는 인간』에서 유목민 문명을 보다 통사적으로 분석한다. 인류 역사를 정착민과 유목민의 경쟁으로 상정하고, 20세기 후반이 경쟁은 새로운 국면으로 전개되며 그동안 열세로 밀리던 유목민이 반격하기 시작했다고 주장한다.

반격의 주축은 상인 노마드다. 세계화에 편승해 전 세계 시장을 정복하는 자본가와 다국적 기업이다. 이들 슈퍼리치는 한 국가에 충성하지 않는 새로운 유형의 코스모폴리타니즘(Cosmopolitanism)을 지향한다. 단순히 규모의 경제를 추구하기 위해 세계 시장으로 진출하는 것이 아니다. 한 국가의 테두리에 얽매이지 않는, 즉 국가의 규제와 통제에서 벗어나려는 욕망을 보인다. 은행가, 변호사, 컨설턴트, 예술가 등 슈퍼리치와 다국적 기업을 지원하는 전문가 집단도 새로운 탈국가주의적 코스모폴리턴 연대에 참여한다.

아탈리는 미래가 상인 노마드의 시대가 될지에 대해서는 유보적이다. 새로운 노마드 그룹에 상인 노마드만 있는 것이 아니기 때문이다. 종교적, 정치적 자유를 찾아 선진국으로 이동하는 이민자, 모국의 전쟁과 박해를 피해 안식처를 찾는 난민, 생계를 위해 불법으로 선진국으로 이민하는 불법 노동자도 노마드로 분류된다. 아탈리는 상인 노마드를 하이퍼 노마드, 비자발적 노마드를 인프라 노마드로 구분한다.

하이퍼 노마드, 인프라 노마드, 그리고 정착민이 과연 공존할 수 있을까? 시금석이 되고 있는 나라가 미국이다. 아탈리는 미국이 과연 밀려오는 하이퍼 노마드와 인프라 노마드를 감당할 수 있을지 회의적이다. 미국이 원시 노마드 자연주의를 복원하면, 다시 말해 미국 정착민이 18세기 개척자(Settler)로 재탄생하면 적어도 상당 기간은 제국을 유지할 것으로 전망한다. 궁극적으로는 미국도 민주주의에 기반한 새로운 세계 정부에 무릎을 꿇을 것으로 예견한다.

플랫폼 경제가 주도하는 3차 시도

김종래와 아탈리가 예측하지 못한 변화는 기술과 문화의 급격한 진화다. 현재 우리가 경험하는, 그리고 젊은 세대가 매력적으로 생각하는 노마드 문화는 플랫폼과 스트리트 컬처를 통해 탄생했다. 플랫폼과 공유 경제가 확산됨에 따라 보다 많은 노동자가 프리랜서와 긱 워커로 활동할 것이다. 프리랜서와 긱 워커는 일정 장소와 시간에 구애받으며 노동하지 않는다는 점에서 유목민 노동자와 가깝다. 플랫폼 자체도 노마드를 집단으로 모은다는 측면에서 노마드의 부족 전통을 이어받은 것으로 해석할 수 있다.

앞에서 설명했듯이 패션, 음악, 라이프스타일에 지대한 영향을 미치는 스케이트보드도 노마드 문화의 전형이다. 스케이트보드 문화의 특징 중 하나가 멤버가 집단으로 활동하는 크루 문화다. 원시 노마드와 같이 현대 노마드도 자발적으로 공동체를 만들어 활동하는 것이다. 스케이드보드 크루는 스케이트만 같이 타는 것이 아니다. 일부는 슈프림과 반스와 같은 크루 스타일에 기반한 새로운 패션 브랜드를 창업한다.

로컬 중심으로 형성되는 힙스터 문화도 크루 문화와 교차된다. 포틀랜드, 브루클린의 힙스터 문화를 주도하는 세력은 재능을 나누고 즐기며, 때로는 창업을 같이 하는 크루다. 독립적이지만 느슨한 연대를 추구하는 힙스터의 일부는 외부에서 유입되지만, 다수는 로컬에 남아 중심 지역과 다른 정체성을 추구하는 지역민이다.

모든 사람이 노마드 시대의 도래에 동의하는 것은 아니다. 젊은 세대가 로망으로 여기는 노마드 라이프, 특히 디지털 노마드를 환상이라고 비판하는 목소리도 분명 존재한다. 노마드 경제가 초기 단계에서 불안정, 인권, 고독 등의 구조적 제약으로 어려움을 겪는 것은 사실이다. 하지만 미래는 다를 것이다. 탈물질주의가 대세라면, 앞으로 자유롭고 독립적인 노마드에 대한 수요가 지속적으로 확대될 것이다. 미래 기업은 노마드 수요를 만족하기 위해 서로 경쟁할 것이며, 플랫폼과 커뮤니티 기반의 1인 기업이 노마드 경제를 선점할 유리한 고지에 서 있다.

미래 경제가 노마드 중심으로 재편된다면, 프리랜서와 1인 기업의 육성과 생태계 구축이 올바른 정책 대응이다. 물리적 조건보다 더 중요한 것이 있다면 그것은 노마드 경제에 대한 인식의 변화일 것이다. 노마드는 항상 혼자가 아닌 부족으로 활동했다. 개인보다는 커뮤니티를 우선적으로 지원하는 국가와 도시가 노마드 경제의 승자가 될 것이다.

03
플랫폼 경제의 미래는 창업 플랫폼

유휴 공간과 자원을 활용하는 공유 경제는
현재로서는 자원을 절약하는 가장 효과적인 방법이다.

　노마드 기업은 어떤 모습일까. 자크 아탈리는 2005년 『호모 노마드 유목하는 인간』에서 모든 기업을 노마드 기업이라고 설명했다. 기업 간 차이가 있다면 연속성이다. 일부는 프로젝트 중심으로 모여 그 일을 마치면 해체하는 '유랑극단' 기업이고, 일부는 브랜드 파워를 바탕으로 오랫동안 조직을 유지하는 '서커스단' 기업이다. 플랫폼 기업이 활성화된 2000년대 이후 새로운 유형의 노마드 기업이 출현했다. 플랫폼 기업과 더불어 플랫폼 시스템 안에서 독립적으로 활동하는 프리랜서와 1인 기업이다.

　탈물질주의가 사회 전반에 확산될 미래에는 탈물질주의 문화에 적합한 플랫폼 기반의 프리랜서와 1인 기업이 중심적인 역할을 할 것으로 예상된다. 1인 기업에 플랫폼을 제공하는 기업은 플랫폼 경제의 기본 인프라다. 건강한 플랫폼 생태계가 존재해야 일반 소상공인뿐 아니라 보헤미안, 힙스터, 히피, 보보가 프리랜서와 1인 기업으로 자신의 커리어와 정체성을 실현할 수 있다.

문제는 플랫폼 중 자원과 기술을 공유하는 공유 플랫폼이다. 현재 공유 기업에 대한 사회적 압력이 거세져 공유 경제 자체를 위협하는 상황이다. 위기 극복을 위해 공유 플랫폼이 고려해야 하는 대안이 공공성의 인정이다. 특히 우버와 리프트와 같은 오프라인 노동 기반 공유 플랫폼은 사회 공공재를 창출하면서 독립성을 유지할 수밖에 없다. 공유 플랫폼에 기대하는 가장 중요한 공공재는 고용과 창업이다. 네이버, 카카오, 구글, 아마존과 같은 플랫폼 기업은 이미 소상공인의 창업과 경영을 지원하는 다양한 프로그램을 운영한다. 공유 플랫폼도 서비스 공급자의 훈련, 혁신, 창업 기회를 확대함으로써 창업 플랫폼 기능을 강화해야 한다.

공유 플랫폼의 부상과 한계

공유 경제에서 규모적으로 가장 크게 성공한 기업은 공유 플랫폼이다. 2007년 우버가 창업한 이후 에어비앤비, 리프트 등 수많은 공유 플랫폼 유니콘이 탄생했다. 공유 경제의 당위성은 명백하다. 지구는 과도한 생산과 소비로 신음하고 있다. 주차장에 세워져 있는 차, 운전자 한 명으로 움직이는 고속 도로의 차, 비어 있는 주택과 방은 모두 자원 낭비. 유휴 공간과 자원을 활용하는 공유 경제는 현재로서는 자원을 절약하는 가장 효과적인 방법이다.

공유 경제하에서 새롭게 주목받는 직업이 플랫폼 노동자다. 일반적으로 정규직 노동자의 수입과 처우가 플랫폼 노동자보다 우월하지만 일부 시장에서는 그 반대의 경우도 찾을 수 있다. 대표적인 시장이 요리사 시장이다. 일부 스타 셰프를 제외한 대부분의 셰프는 저임금 노동자로 일한다. 플랫폼 서비스에 가입해 프리랜서로 일하면 오히려 정규적 요리사보다 더 높은 수입을 올릴 수 있다. 2019년 9월 『뉴욕타임스』는 플랫폼 요리사 크리스토퍼 모텐슨(Christopher Mortenson)의 스토리를 소개한다. 정규직 요리사로 일할 때는 일주일에 50시간 일해도 시간당 17달러밖에 벌지 못했지만 호스피탈리티 플랫폼 페어드(Pared)에서 요리사로 일하면서 시간당 25달러를 번다는 것이다.

공유 플랫폼이 지속 가능한지는 아직 결말이 나지 않았다. 막대한 규모의 적자에도 불구하고 2019년 4월 상장에 성공한 1세대 대표 기업 우버의 주식은 지속적으로 하락한다. 전 세계적으로 경쟁이 격화되고, 규제 압력으로 인건비는 상승한다. 우버 모델이 성공하려면 우버 드라이버를 자율 운행 차로 대체해야 하는데 우버 자율 운행차의 개발이 어려움을 겪고 있다. 후발 기업인 공유 오피스 기업 위워크는 실적 부진으로 상장 자체를 하지 못할 상황에 처해 있다.

공유 플랫폼의 미래에 더 위협적인 요인은 부정적인 여론이다. 부정적인 여론을 촉발한 원인은 공유 플랫폼의 노동 정책과 조세 정책이다. 대부분의 공유 플랫폼은 플랫폼 노동자를 근로자가 아닌 계약자로 고용한다. 그렇게 하면 피고용인이 아니기 때문에 연금, 건강 보험 혜택을 제공할 필요가 없기 때문이다.

임금도 근로자만큼 주지 않는다. 공유 플랫폼이란 명분으로 다른 호텔이나 운송업체에 적용되는 안전, 보건, 소비자 보호 규제도 면제받는다. 세금도 많이 내지 않는다. 상황이 이렇다 보니 공유 플랫폼을 탈세와 무복지에 기반한, 비윤리적인 기업으로 비판하는 목소리가 생겨났다. 이처럼 여론이 나빠지면서 정부도 공유 플랫폼을 규제하기 시작했다.

대표적인 공유 차량 기업 우버(Uber)

캘리포니아 법원은 2019년 9월 우버, 리프트 노동자를 계약자가 아닌 근로자(피고용인)로 판정했다. 과연 우버와 리프트가 고용주 모델로 성공할 수 있을까? 근로자 처우 문제는 하이테크 산업 전체의 뇌관으로 작용할 가능성이 높다.

한 조사에 따르면 하이테크 기업은 평균 50%를 비정규직 노동자로 채운다고 한다. 아마존과 같은 이커머스(Electronic Commerce, 전자 상거래) 기업은 개인 기사를 고용하지 않고 배송 서비스 협력 업체를 고용함으로써 플랫폼 노동자 규제를 피하고 있다. 아룬 순다라라잔(Arun Sundararajan)은 근로자와 계약자의 이분법적인 사고방식은 새로운 비즈니스 환경에 적합하지 않다고 주장한다. 실제로 우버와 리프트에서 서비스를 제공하는 사람들의 상당수가 스스로를 개인 사업자로 인식한다. 따라서 근로자 대우를 제공해도 거부할 서비스 제공자가 많다는 것이다. 학계에서 대

우버가 운영하는 음식 배달 서비스 우버 이츠(Uber Eats)

안으로 제시한 방안은 제3의 근로자 범주를 만드는 것이다. 기존에 없는 '종속 계약자' 또는 '독립 근로자'를 추가하는 방안으로 플랫폼 노동자에게 각종 복지 혜택과 보호 장치를 제공할 수 있는 법적 프레임워크(Framework)가 될 수 있다. 그러나 현실에서 제3의 노동자를 대우하는 것은 이론만큼 쉬운 일이 아니다. 제3의 영역에도 다양한 유형의 노동자가 존재하기 때문이다.

노동법으로 해결하기 어렵다면 사회 안전망을 보강하는 것이 대안이 될 수 있다. 현재 미국은 고용주에게 근로자를 위한 건강 보험, 산재 보험, 연금 등을 보장할 것을 요구한다. 프리랜서, 1인 기업, 플랫폼 노동자 등 정규직 근로자가 아닌 노동자를 위한 보호 장치는 미미하다. 공유 경제가 잠재력을 실현하기 위해서는 기업 대신 정부가 기본적인 사회 안전망을 제공하는 것이 불가피하다.

시장도 플랫폼 노동자의 권리 문제를 해결할 수 있는 기능을 갖고 있다. 서비스 제공자를 정규 직원으로 고용하는 플랫폼 기업이 독립 계약자로 고용하는 플랫폼 기업을 이기면 된다. 플랫폼 노동자를 정직원으로 고용하는 기업은 어디인가? 순다라라잔에 따르면 2015년 플랫폼에 대한 집단 소송이 늘어나자 십(Shyp), 럭스(Luxe), 인스타카트(Instacart) 등 많은 플랫폼 기업이 서비스 제공자를 상근직 또는 시간제 근로자로 재분류했다고 한다. 재분류한 기업 중 지속적으로 성장한 기업은 많지 않다. 무엇보다 창업할 때부터 직원 모델로 시작해 성공한 기업이 없다는 것이 시장을 통해 노동자 지위 문제를 해결하는 것이 쉽지 않음을 보여준다.

노마드 창업가를 보육하는 공유 플랫폼

또 하나의 대안은 서비스 제공자를 창업자로 성공시키는 일이다. 플랫폼 노동자의 80%가 파트타임으로 일하는 상황에서 모든 노동자가 창업가의 길을 선택하지는 않을지 모른다. 그러나 플랫폼 노동자에게 창업과 혁신의 기회를 제공하는 것 자체가 중요하다. 더 나아가 플랫폼 기업이 새로운 창업 플랫폼과 커뮤니티로 성공하면 플랫폼 기업에 대한 사회적 비판이 상당 수준 누그러질 것이다.

이미 플랫폼에서 창업한 노동자가 적지 않다. 밀라노 투로(Turro)역에서 차량 여러 대로 운송 사업을 하는 사람, 엣시(Etsy)에서 판매자로 활동한 후 새로운 기업을 창업한 사람, 스코틀랜드 기가(Gigha)섬에서 독립적으로 자신의 사업을 하는 사람 등이 순다라라잔이 소개한 사례다. 공간 소유자가 공간을 공유하는 에어비앤비와 같은 공간 기반 공유 플랫폼은 이미 창업 플랫폼 기능이 활성화됐다. 창의적으로 공간을 이용해 더 많은 고객을 유치하거나, 스테이를 창업하기 전에 에어비앤비 공간으로 소비자 반응을 테스트하는 호스트가 늘고 있다.

공유 플랫폼이 창업 플랫폼으로 자리를 잡으려면 몇 가지 숙제를 풀어야 한다. 참여 노동자의 혁신과 학습을 지원하고, 창업 지원과 창업가 커뮤니티 구축 등 독립적인 사업자로 활동할 수 있는 환경을 마련해야 한다. 호스피탈리티, 리테일, 제조업 노동자들이 참여하는 위노루(Wonolu) 등 일부 플랫폼에서는 노동자들이 실제로 스킬과 경험을 쌓는 것으로 알려져 있다.

공유 플랫폼에 대한 사회적 요구가 정직원 고용과 창업 플랫폼 구축으로 그칠지는 장담할 수 없다. 소비자 보호, 독과점, 로컬 기업 상생도 사회적 문제로 부각됐기 때문이다. 기계가 인간을, P2P 비즈니스가 기업을 대체하는 미래 경제에서 프리랜서, 1인 기업, 초소 기업, 그리고 이들을 연결하는 플랫폼 기업의 역할은 커질 수밖에 없다.

플랫폼 기업이 사회적, 사업적 위기를 맞고 있지만, 역설적으로 플랫폼 서비스에 대한 소비자의 수요는 계속 증가한다. 기업에 대해서는 부정적일 수 있으나 그 기업이 생산하는 서비스와 제품은 편리해서 버릴 수 없다는 것이다. 현재로서는 공유 플랫폼이 창업 플랫폼 기능을 강화해 공공성을 신장하는 것이 대중적 지지를 얻는 방법이다. 공유 플랫폼의 미래는 이처럼 서비스 공급자의 인적 자본과 창업 능력에 얼마나 기여하는지, 창업 플랫폼으로 얼마나 효과적인지에 달렸다.

노마드와 도시의 불안한 동거

현재 확산되는 플랫폼 기업에 대한 부정적인 여론을 고려할 때
디지털 노마드 도시가 지속 가능할지는 장담하기 어렵다.

도시는 형용사와 어울린다. 창조, 문화, 글로벌, 전원, 자동차, 보행자 등 그 앞에 어떤 단어를 붙여도 그 의미가 명확하다. 라이프스타일 유형과도 조합될 수 있다. 부르주아 도시, 보헤미안 도시, 히피 도시, 보보 도시, 힙스터 도시 등. 하지만 마지막 6번째 라이프스타일인 노마드는 예외인 것 같다. '노마드 도시'는 단어 자체가 형용모순(Oxymoron)이다. 도시는 정착민의 공동체이고 노마드 도시는 정착민이 아닌 이주민 중심이기 때문에 그렇다. 만약 그런 노마드 도시가 존재한다면, 전근대의 오아시스처럼 "아주 가끔씩 지나가는 대상 행렬을 자기네 '도시'로 통하게 만들려고 싸움을 벌이는" 빈껍데기 도시에 불과할지 모른다.

노마드 행렬을 유치하기 위한 경쟁에서 승리해도 원주민에게 좋은 도시가 될지는 확실치 않다. 뉴욕, 런던, 파리, 마이애미, 라스베이거스 등 세계

곳곳에서 세계화 시대의 노마드로 불릴 수 있는 관광객, 외국인 투자자, 외국인 노동자가 원주민을 둥지에서 몰아내는 현상이 발생한다. 급기야 캐나다 밴쿠버는 부동산 투기를 억제하기 위해 실제로 거주하지 않는 외국인 소유의 주택을 규제하기 시작했다.

2000년대 초반까지만 해도 노마드 도시를 이주민에 개방적인, 다양한 이주민이 공존하는 도시로 정의할 수 있었다. 공동체와 라이프스타일을 중시하는 지금, 이주민 개방성으로만 노마드 도시를 정의하기 어렵게 됐다. 빈집, 부동산 폭등, 빈부 격차 등 많은 도시가 이주민, 특히 부동산에 투자하는 이주민의 유입으로 발생한 사회 문제로 어려움을 겪는다.

현재 노마드와 도시가 불안하게 동거하고 있지만 미래는 다를 수 있다. 원론적으로 '영혼 있는' 노마드 도시는 노마드에 개방적이지만 주민 중심의 공동체를 유지하는 도시다. 이런 도시는 노마드 방식으로 원주민을 위해 일자리를 창출하는 노마드 기업이 모일 때 가능하다. 과연 그런 도시가 존재할까? 디지털 노마드, 프리랜서, 플랫폼 기업, 스트리트 문화 기업 등 노마드 도시가 유치하고 배출할 수 있는 노마드 기업의 유형별로 후보지를 논의한다.

디지털 노마드가 선호하는 도시

노마드 기업 중 디지털 노마드가 가장 최근에 형성된 노마드 유형이다. 현재로서는 두 가지 기준으로 디지털 노마드 도시를 개념화할 수 있다. 첫째가 디지털 노마드가 살기 좋은 도시이며, 두 번째가 그들이 비즈니스 하기 좋은 도시다.

디지털 노마드가 언론에 등장한 이후 이 그룹에게 가장 좋은 도시를 평가하는 언론 기사를 흔히 볼 수 있다. 초기에 인기 있는 도시로 부상한 곳이 치앙마이, 발리, 조호바루 등 물가가 싸고 날씨가 좋은 동남아 휴양지였다. 이후 유럽과 북미의 작은 도시들이 디지털 노마드를 적극적으로 유치하면서 새로운 목적지로 등장했다. 에스토니아 탈린, 폴란드 크라코우, 헝가리 부다페스트가 디지털 노마드의 성지로 불리는 동유럽의 소도시다.

2세대 디지털 노마드 도시는 1세대와 달리 인터넷 인프라와 디지털 비즈니스 환경에 적극적으로 투자해 경쟁력을 확보했다. 삶의 질, 인터넷 속도를 넘어 디지털 노마드의 창업을 유도할 수 있는 규제 환경을 만든 것이다. 홍콩, 밴쿠버, 샌프란시스코 등 하이테크 대도시들 모두 블록체인, 가상 화폐 등 새로운 디지털 산업을 적극적으로 유치한다. 블록체인 산업을 유치하는 대표적인 소도시로는 스위스의 추크(Zug)를 들 수 있다. 추크는 금융, 유통 등에 대한 규제를 대폭 완화해 핀테크, 블록체인, 가상 화폐 비즈니스의 중심지가 되기 위해 노력한다.

일부 연구 기관에 따르면 세계 디지털 노마드 인구가 2035년까지 10억 명으로 증가할 것이라고 한다. 세계의 많은 도시와 국가가 규제 완화와 인프라 투자를 통해 디지털 노마드를 적극적으로 유치하는 이유다.

하지만 아직 디지털 노마드를 대표할 만한 도시는 나오지 않았다. 또 어떤 도시가 디지털 노마드 경제로 성공할지는 확실치 않다. 현재 확산되는 플랫폼 기업에 대한 부정적인 여론을 고려할 때 디지털 노마드 도시가 지속 가능할지는 장담하기 어렵다. 추크가 구상하는 대로 디지털 노마드의 집적이 가시적인 산업으로 결집되어야 디지털 노마드 도시가 지속 가능해질 것이다.

프리랜서에 친화적인 도시

지금까지는 노마드 도시 논의가 노마드 경제를 선도하는 디지털 노마드 중심으로 진행됐다. 앞으로는 유치 대상 노마드가 디지털 노마드에서 긱, 프리랜서, 플랫폼 노동자로 확대될 것으로 예상한다. 일부 연구는 2030년이면 미국 노동자의 50%가 실질적인 프리랜서로 활동할 것으로 전망한다.

현재 프리랜서와 플랫폼 노동자에게 좋은 도시를 평가하는 기준은 플랫폼 산업의 규모, 플랫폼 노동자의 임금, 코워킹 스페이스 편리성이다. 플랫폼 산업이 활발한 샌프란시스코, 로스엔젤레스, 애틀랜타, 보스턴 등의 대도시가 상위권에 랭크된다.

앞으로는 도시 경쟁력도 기업 투자 유치가 아닌 프리랜서 유치 능력으로 결정될 것이다. 이미 일부 도시 경쟁력 평가는 창조 인재 유치 실적과 능력을 중요한 평가 기준으로 사용한다. 아직 프리랜서와 플랫폼 노동자의 환경으로 도시 경쟁력을 평가하는 연구기관은 없다. 창조 사업과 창조 인재와 달리 프리랜서와 플랫폼 노동자 중심의 도시가 우리가 원하는 도시인지는 확실치 않다. 아직도 안정된 고용과 복지를 제공하는 대기업 정규직을 선호하는 사람이 많고, 언론에서 플랫폼 노동자에 대한 부정적인 기사를 많이 보도하기 때문이다.

머지않은 장래에 플랫폼 노동자 기준에서 도시 경쟁력을 평가할 것이다. 다시 말해, 플랫폼 노동자의 권리, 공유 경제 인프라와 커뮤니티에 적극적으로 투자하는 도시가 사람들이 살고 싶어 하는 도시가 될 것이다. 모든 도시가 플랫폼 노동자가 지속적으로 늘어나는 환경에서 플랫폼 노동자의 노동 환경을 개선하고 프리랜서의 협상력을 높여야 한다.

플랫폼 비즈니스 환경이 좋은 도시

노마드 경제를 프리랜서와 플랫폼 노동자를 고용하는 플랫폼 비즈니스로 한정한다면, 노마드 비즈니스가 가장 활발하고 새로운 기술과 트렌드를 주도하는 도시는 샌프란시스코다. 실리콘 밸리는 반도체, PC, 스마트폰, SNS, 모바일 OS, 샌프란시스코는 이커머스, 공유 경제, 블록체인 비즈니스 중심으로 발전한다.

특히 공유 경제는 샌프란시스코가 독립적으로 개척했다고 말할 수 있을 정도로 샌프란시스코가 중심지다. 공유 경제 초기 단계였던 2015년에 전 세계 공유 스타트업의 15%가 샌프란시스코에 모여 있었다. 세계적으로 알려진 대부분의 유니콘을 배출할 정도로 샌프란시스코는 압도적인 규모의 벤처 캐피털과 하이테크 산업을 자랑한다.

전자 상거래 기업 이베이(eBay), 판매를 위한 개인 정보를 제공하는 크레이그리스트(Craigslist), 회원제 렌터카 공유 회사 집카(Zipca) 등 초기 공유 경제 모델이 샌프란시스코에서 시작됐다. 크레이그리스트 창업자 크레이그 뉴마크(Craig Newmark)는 정보 공유를 일종의 커뮤니티 사업으로 생각한다. 커뮤니티는 개방적이고 민주적이며, 면역 시스템처럼 자체적으로 규율할 수 있어야 한다는 그의 말에서도 실리콘 밸리와 샌프란시스코의 하이테크 산업이 히피 문화의 연장선이라는 주장을 확인할 수 있다.

무엇보다 샌프란시스코는 우버, 에어비앤비 등 공유 경제를 대표하는 대기업을 배출했다. 2007년 가을 브라이언 체스키(Brian Chesky)와 조 게비아(Joe Gebbia)는 컨벤션에 참가하기 위해 샌프란시스코를 왔지만 호텔을 구하지 못하는 친구들을 위해 자신의 방을 빌려주면서 에어비앤비 비즈니스 모델을 고안했다. 우버의 창업 과정도 유사하다. 2008년 겨울 가렛 캠프(Garrett Camp)와 트래비스 캘러닉(Travis Kalanick)은 파리의 한 모임에서 만나 샌프란시스코에서 택시 잡기 어려운 문제를 불평하다 승객과 운전사를 연결하는 기술을 창안한다. 진정한 의미의 노마드 창업가, 즉 창업한 기업이 일정 궤도에 오르면 즉시 새로운 기업을 창업하는 연쇄 창업가 문화도 실리콘 밸리와 샌프란시스코가 중심지다. 대표적인 실리콘 밸리 연쇄 창업자로는 선마이크로시스템(Sun Microsystems), 그레나이트시스템(Granite Systems), 키알리아(Kealia), 아리스타네트웍스(Arista Networks)를 연달아 창업한 앤디 벡톨샤임(Andy Bechtolsheim)을 꼽을 수 있다. 그가 연쇄 창업으로 모은 자산은 2018년 67억 불에 달하는 것으로 알려졌다. 애플을 창업한 후 회사를 떠나 넥스트(NeXT), 픽사(Pixa)를 창업하고 애플로 돌아와 아이팟, 아이폰, 아이패드를 연이어 개발한 스티브 잡스도 연쇄 창업가로 부를 수 있다.

노마드 기업이 창업하기 좋은 도시와 공존하는 개념은 노마드 노동자가 활동하기 좋은 도시다. 샌프란시스코와 캘리포니아가 플랫폼 노동자의 권리를 강화하는 운동을 선도하는 것을 보면, 이 지역이 플랫폼 노동자에게도 좋은 도시라고 할 수 있다. 2019년 9월 캘리포니아 대법원이 우버와 리프트의 노동자를 근로자로 인정한 판결을 내린 것을 볼 때 앞으로도 캘리포니아는 플랫폼 노동자 관련 법과 제도의 개혁을 선도할 것으로 보인다.

공유 경제는 도시 인프라 관리와 밀접한 관계가 있다. 샌프란시스코를 비롯한 많은 도시들이 공유 자전거, 공유 주차장, 카풀링 등 공유 경제 비즈니스 모델을 활용해 도시의 교통 문제를 해결하기 위해 노력한다. 크라우드 펀딩, 공유 자원 동원 등 공유 경제 콘셉트를 낙후 지역과 재해 대비 문제에 적용하는 노력도 샌프란시스코와 캘리포니아를 중심으로 가시적인

대표적인 노마드 스포츠 스케이트보드

성과를 내고 있다.

크루 창업가를 배출하는 도시

노마드를 크루 문화로 정의하면, 미국을 대표하는 노마드 도시는 스트리트 컬처가 강한 뉴욕, LA, 샌프란시스코다. 크루 문화는 보통 미국 도시의 서브컬처에서 형성된다. 뉴욕의 스트리트 컬처, LA의 보드 컬처, 서핑 컬처가 대표적이다. 스포츠 중 유독 서핑과 보드가 크루 창업가를 많이 배출한 것은 우연이 아니다.

자크 아탈리가 지적한 대로 노마드 DNA를 지닌 현대인은 이주성 노마디즘을 대체할 수 있는 스포츠를 즐긴다. 서핑과 보드가 대표적인 노마드 스포츠다.

거리에서 보딩을 즐기던 친구들이 크루를 형성해 일군 대표적인 기업이 슈프림이다. 1994년에 창업한 슈프림은 처음으로 명품으로 도약한 스트리트 브랜드다. 대기업으로 성공한 이후에도 거칠고 반항적인 보드 문화에 충실한 보더와 아티스트 중심으로 직원, 고객, 마니아 층을 운영한다. 창업자가 회사 내의 공식 타이틀이 없는 등 창업 당시의 느슨하고 비공식적인 크루 컬처를 조직 문화로 유지한다.

LA의 보드 문화를 대표하는 기업이 반스다. 1966년 창업한 LA의 대표적인 운동화, 의류 브랜드다. 반스 브랜드의 핵심 가치는 뮤직, 액션, 스포츠, 아트, 스트리트 컬처다. 스포츠, 스트리트, 음악, 예술 문화 등 LA의 대표적인 지역 문화를 하나의 브랜드로 융합했다. 특히 1960년대 소외됐던 빈민 지역의 청소년들을 브랜드의 상징으로 설정해, 그들이 거리에서 즐기는 스포츠와 보딩에 필요한 신발과 의류를 출시했다.

LA의 서핑 컬처도 노마드 성격의 브랜드를 다수 배출했다. 미국의 서핑 중심지 캘리포니아는 세계적으로 유명한 서퍼 패션 브랜드와 서프보드 제작 회사가 많은데, 매출 규모는 연간 80억 달러에 이른다. 서핑은 젊은이라면 한 번쯤 꿈꾸는 라이프스타일이기 때문이다. 캘리포니아의 독립적이고 매력적인 라이프스타일도 서핑 문화에 기반을 두고 있다. 기후와 자연환경이 서핑을 하기에 알맞은 캘리포니아에는 매년 전 세계 서퍼들의 발길이 끊이지 않는다.

일부 연구자는 크루 문화의 지속 가능성에 대해 회의적이다. 크루 문화를 지탱했던 청년 세대는 2008년 글로벌 금융 위기가 발발하자 급속도로 구매력을 상실했다. 청년 세대의 소비가 줄자 가장 타격을 많이 받은 것은 아베크롬비, 제이크루 등 청년 문화를 브랜드화한 패션 대기업이었다. 불경기가 지속되자 청년들이 고가 브랜드보다는 H&M, 자라, 유니클로 등 값

슈프림(Supreme) 매장에 줄을 선 소비자들

싸지만 디자인이 좋은 저가 브랜드로 시선을 돌린 것이다.

　그러나 피상적인 청년 문화에 기반한 브랜드와 깊은 스트리트 컬처에 기반한 브랜드의 차이는 존재한다. 아베크롬비 등 일부 스트리트 브랜드는 불경기에 빠졌지만, 슈프림, 반스 등 대표 스트리트 브랜드들은 지속적으로 성장하고 있다.

　노마드 도시는 아직 진화하는 개념이다. 도시를 소비 공간으로 인식하는 하이퍼 노마드와 단순 노동을 제공하는 인프라 노마드의 유입은 공동체 도시가 감당할 수 없는 사회적 문제를 야기한다. 지속 가능한 노마드 도시 모델은 노마드가 활발하게 창업하고 고용을 창출하는 도시, 바로 노마드 기업의 도시다. 아직 성공 사례를 찾기는 어렵지만, 그 도시는 힙스터, 보헤미안, 보보가 선호하는 자유롭고 독립적이며 개방적인 도시일 가능성이 높다. 브루클린, 포틀랜드, 베를린 등 이 책에 소개된 반문화 도시가 노마드 도시의 방향을 제시하길 기대한다.

반문화가 경제를 살린다

반문화가 기술과 사람을 융합한 새로운 산업과
고용 창출을 위해 노력하는 양상이 계속된다면,
머지않은 장래에 부르주아와 반문화의 지위는 뒤집어질 수 있다.

이 책은 19세기 이후 자본주의 역사를 부르주아와 반문화의 경쟁으로 설명한다. 자본주의 대 사회주의, 성장주의 대 탈성장주의, 민주주의 대 권위주의 등의 경제와 정치 제도가 아닌 생활문화의 관점에서 서구의 근현대사를 분석한 것이다. 현재 인류는 라이프스타일 역사의 대 전환점에 서 있다. 19세기 이후 자본주의를 견인한 부르주아 문화가 위기에 빠진 것이다. 부르주아의 미래가 불안하다면 반문화의 미래는 희망적일까? 반문화는 우리에게 어떤 일과 비즈니스, 그리고 도시를 제안하는가?

부르주아 이후의 5개의 반문화는 역사적으로 보면 하나의 흐름으로 이해할 수 있다. 먼저 출현한 반문화가 다음 반문화에 영향을 미치는 방식으로 서로 연결되어 있다. 19세기 이후 부르주아와 이를 저항하는 반문화는 상호 작용하면서 라이프스타일의 발전과 다양화를 견인했다. 이 과정에서 둘은 항상 충돌한 것은 아니다. 서로 경쟁하고 보완했다고 평가하는 것이 맞다. 그러나 힘의 균형은 한 방향으로 움직였다. 큰 흐름으로 보면, 라이프 스타일의 역사는 절대 열세로 시작한 반문화가 시간이 지나면서 부르주아와 동등한 지위에 오르는 역사다.

1차 보헤미안의 도전(1830~1920년대)

1830년대 파리를 중심으로 예술가와 지식인 중심의 보헤미안이 신흥 지배 계급인 부르주아에 도전했다. 당시 부르주아 계급은 원거리 무역을 통해 부를 축적한 상인이 주축이었고, 암스테르담, 런던 등 원거리 무역의 중심지가 상인 자본주의를 주도했다. 보헤미안에게 비친 부르주아의 이미지는 영혼 없는 가게 주인(Shopkeeper)이었다.

19세기 중반 이후 부르주아의 중심은 상인에서 제조업자로 이동한다. 기계와 자원 개발을 통해 미국 경제를 지배하는 독점 기업이 출현한 시기가 이때다. 미국 정부는 반문화가 촉발한 대중주의 운동 및 진보주의 운동(Populist and Progressive Movements)에 무릎을 꿇고 노동법 강화, 반독점 규제, 기업의 정치 자금 기부 금지, 복지 확대 등의 개혁안을 수용한다.

대안 운동으로서의 19세기 실험은 실패한다. 수공업 중심의 대안적 경제를 구축하기 위해 존 러스킨과 윌리엄 모리스가 미술 공예 운동을 펼쳤으나 소량 생산의 명품 시장이나 대안적 예술 운동에서 겨우 명맥을 유지했을 뿐이었다.

보헤미안의 도전은 20세기와 21세기에서도 계속된다. 보헤미안이 부르주아에 도전하는 방식은 아방가르드, 대안 예술, 독립 문화다. 20세기 유산 중 하나인 실용주의 디자인은 독일의 바우하우스와 산업디자인을 거쳐 현대 생활 산업과 하이테크 산업의 한 축으로 성장한다.

2차 히피의 도전(1960년대)

제조업 중심의 부르주아 경제는 제2차 세계대전을 거치면서 지속적인 성장을 창출하는 체제로 자리를 잡는다. 당시 부르주아의 아이콘은 조직 인간(Organization Man), 관료주의, 그리고 포디즘(Fordism) 생산 체계다. 1950년대가 시작되면서 또 하나의 반문화가 부르주아 경제를 공격한다. 부르주아 기업인뿐 아니라 개인의 자율성을 포기하고 거대 조직의 '부품'으로 일하는 부르주아 중산층을 비판한 비트와 히피.

사랑, 평화, 환락을 추구하던 히피 운동은 1960년대 보수적인 미국 사회를 뿌리째 흔든다. 1970년대에 들어서자 대부분의 히피는 다시 중산층으로 돌아가거나, 아니면 농촌에서 자연 공동체를 결성해 정착한다. 유기농, 로컬 푸드, 비건, 천연 섬유 등이 히피가 자연에서 개척한 새로운 생활 산업이다. 일부 히피는 창업에 뛰어들어 애플, 홀푸드마켓, 벤앤제리스 등 하이테크와 라이프스타일 분야의 대기업을 창업한다.

그러나 히피는 독립적인 산업으로 발전하지 못한다. 히피 정신으로 출발해 대규모 투자를 유치한 히피 기업들도 다르지 않다. 결과로만 보면, 히피 산업과 기업이 부르주아 자본에 포섭된 것이다. 그래도 유산은 남는다. 히피의 유산은 정치 운동과 생활 운동으로 나눠 평가해야 한다. 히피의 정치 운동은 좌절하지만 생활 운동은 청년 세대의 지지를 기반으로 미국의 생활 산업에 지대한 영향을 미친다.

제3차 보보의 도전(1990년대)

1990년대에는 부르주아와 히피가 혼합되는 현상이 나타난다. 1980년대 신자유주의가 부상하면서 여피와 프레피 등 사회 문화 전반에서 부르

선진국에서 보편적인 식품으로 자리 잡은 유기농 식품

주아 문화가 부활한다. 부르주아의 반격은 궁극적으로 보헤미안 부르주아를 의미하는 보보로 수렴한다.

보보는 말 그대로 반문화와 진보적 가치를 추구하지만 경제적으로 부유한 엘리트를 의미한다. 부르주아 엘리트와의 차이는 가치와 이념뿐만이 아니다. 부르주아 엘리트가 가문에 의존해 엘리트 신분을 세습한다면, 보보는 교육을 통해 신분을 쟁취하고 세습한다. 미국의 새로운 엘리트 계층으로 부상한 보보는 1990년대 변호사, 언론인, 지식인을 중심으로 미국의 주류사회를 장악한다.

대부분 전문직에 종사하는 보보가 새롭게 개척한 산업은 많지 않다. 기존 기업 중에서는 임팩트 투자와 기업의 사회적 책임을 중시하는 기업이 보보 기업에 가깝다. 1960년대 반문화 주의자가 선호한 유기농, 즐겨 마시던 티와 커피, 활동적인 라이프스타일을 대표하는 아웃도어를 각각 보유하지만 진보적인 보보 소비자의 기호 식품으로 산업화한 홀푸드마켓, 스타벅스, 나이키도 보보 기업으로 분류될 수 있다.

보보를 부르주아와 독립된 라이프스타일과 산업으로 평가할 수 있을까? 삶의 방식과 일의 방식은 부르주아를 따르고, 정치에서만 진보주의를 주창하는 보보. 비판자의 관점에선 언행이 일치하지 않는 지속 가능하지 않은 라이프스타일의 조합이다. 이러한 비판에도 불구하고 보보의 영향력은 지속될 것으로 전망한다. 부르주아는 항상 반문화를 활용하고 수용하기 위해 노력한다. 기술의 발전으로 주주의 이익과 사회적 가치를 동시에 만족할 수 있는 새로운 유형의 자본주의도 가능해 보인다. 부르주아 내부에서 반문화의 포섭과 자본주의의 개혁을 주도하는 일은 보보의 일이 될 것이다.

제4차 힙스터의 도전(2000년대)

1970년대 히피 운동의 좌절과 1980년대 부르주아의 부활은 반문화의 전반적인 침체로 이어진다. 1990년대 그런지, 힙합 등 대중음악을 통해 명맥을 유지한 반문화는 2000년대 초반 포틀랜드, 브루클린을 중심으로 힙스터가 부상함에 따라 활기를 되찾는다.

히피가 자연으로 돌아갔다면 힙스터는 도시에서 새로운 도시 문화와 씬을 창조한다. 2000년대 이후 커피 전문점, 레스토랑, 바, 편집숍, 갤러리, 복합 문화 공간, 로컬 푸드 등의 소상공인 기업을 창업해 버려진 지역을 새로운 핫플레이스로 재생한다.

19세기 수공업자와 달리 힙스터는 상당 기간 대형 자본과 경쟁할 수 있을 것으로 보인다. 과거와 달리 작은 브랜드도 SNS나 위치 기반 서비스를 통해 많은 돈을 들이지 않고 마케팅과 홍보를 할 수 있다. 하이테크 산업이 발전하면서 이에 대한 대안을 찾은 하이터치 산업이 동시에 성장하는 것도 힙스터 산업의 자생력에 기여한다.

힙스터 비즈니스는 무엇보다 자유롭고 독립적인 삶을 살고자 하는 밀레니얼에게 매력적이다. 세계 전역에서 스스로를 창작자와 예술가로 인식하는 힙스터 창업자들이 도시의 문화를 풍요롭게 만들고 자신의 기업을 의미 있는 스몰 브랜드로 키우고 있다.

제5차 노마드의 도전(2010년대)

2008년 글로벌 금융 위기의 여파로 밀레니얼 사이에서 부르주아 경제에 대한 회의가 확산됐다. 밀레니얼은 금융 자본주의와 대량 생산, 대량 소비 시스템의 대안을 창조성, 장소성, 삶의 질, 그리고 지속 가능성에서 찾는다. 어디서 누가 만드는지 모르는 상품보다는 자신의 취향과 윤리에 맞고 자신이 아는 장소에서 아는 사람에 의해 만들어진 상품을 선호한다. 탈물질주의의 확산은 미니멀리즘, 업사이클링, 스몰 브랜드, 복합 문화 공간 등 새로운 유형의 창업으로 이어진다.

SNS, 플랫폼, 와이파이, 모빌리티의 발전은 또한 새로운 라이프스타일을 창출한다. 최근 자유롭고 독립적인 일을 찾는 밀레니얼이 선망하는 직업으로 노마드 라이프스타일이 떠오른다. 보편화된 노마드 직업 중 하나가 컴퓨터와 와이파이만 있으면 전 세계 어디서나 일을 할 수 있는 디지털 노마드다. 소프트웨어 개발자 중심의 디지털 노마드만이 노마드 라이프스타일을 즐길 수 있는 것이 아니다. 유튜브와 같은 플랫폼에서 자기만의 콘텐츠를 가지고 경쟁하는 창작자들도 디지털 노마드의 삶을 추구할 수 있다.

노마드 산업이 지속 가능한지는 아직 두고 봐야 한다. 노마드 산업의 주축 중 하나인 공유 경제가 최근 불안한 조짐을 보인다. 위워크가 적자의 늪에서 벗어나지 못하고 에어비앤비, 우버와 같은 선도 기업도 수익성이 악화되고 있다. 노마드 경제 성공의 관건은 창조적 커뮤니티의 건설이다. 플랫폼에 참여하는 노동자와 프리랜서의 커뮤니티가 새로운 창업과 혁신의 장으로 기능해야 플랫폼 자본주의가 성공할 수 있다.

반문화의 역전 가능성

반문화의 과거는 불행했을지 모르나 반문화의 현재와 미래는 희망적이다. 과거에도 개인의 자유, 다양성, 창의성을 부르짖는 반문화는 항상 젊은이의 피를 끓게 하는 매력적인 라이프스타일이었다. 문제는 지속 가능성이었다. 반문화를 따르면 사회 전체의 성장을 견인하기는커녕 자신의 생계를 유지하기도 어려웠다. 사정이 이렇다 보니 반문화가 그동안 부르주아를 대체하지 못한 것은 전혀 놀랄 일이 아니다.

그러나 지금은 다르다. 19세기 수공업의 산업화에 실패한 보헤미안과 그 후손은 이후에도 계속된 도전과 기술 및 콘텐츠 개발을 통해 지속 가능한 대안적 산업을 개척할 수 있는 능력을 키워왔다. 인터넷 기술이 보편화되고 환경운동이 생활화되는 1990년대에 이르면 힙스터와 노마드와 같은 반문화가 오히려 젊은이들이 선호하는 일과 직장을 창출하기 시작한다.

현재 라이프스타일, 로컬, 지속 가능성, 커뮤니티, 삶의 질 등 미래에 대한 희망적인 사인을 발신하는 산업은 거의 예외 없이 1960년대 반문화가 개척한 산업이다. 개인의 자유를 극대화하는 기술로 정의할 수 있는 4차 산업 혁명 기술의 기원도 1960년대 히피 운동에서 찾을 수 있다. 이 기술이 히피가 추구했던 탈물질주의 라이프스타일을 실현하는 수단으로 활용되고 있다. 블록체인, 모빌리티, XR(Extended Reality, 확장 현실), IoT(Internet of Things, 사물 인터넷) 등 자유와 커뮤니티에 대한 욕구를 동시에 만족할 수 있는 기술이 개인 자유주의 사회의 실현을 가능하게 한다.

반문화도 고용 창출의 동력으로 부상한 상황에서 부르주아가 계속 패권을 유지할 수 있을까? 부르주아는 한편으로는 반문화를 무시하고, 또 한편으로는 반문화 개혁을 수용하면서 계속 지배력을 유지했다. 그동안 부르주아가 패권을 유지할 수 있었던 이유는 단순하다. 도덕적, 문화적 결함에도 불구하고 중산층과 서민층에 안정된 고용을 제공했기 때문이다. 바꿔 말하면 반문화가 부르주아를 대체할 만한 충분한 고용을 창출하지 못한 것이다.

지금처럼 부르주아는 대량 실업을 유발하는 기술에 집중하고, 반문화가 기술과 사람을 융합한 새로운 산업과 고용 창출을 위해 노력하는 양상이 계속된다면, 머지않은 장래에 부르주아와 반문화의 지위는 뒤집어질 수 있다. 부르주아가 아닌 반문화가 경제를 살리는 시대가 오는 것이다.

반문화가 스스로의 힘으로 부르주아와 경쟁하기를 기대하는 것은 비현실적일 수 있다. 그래서 정부가 나서야 하는데, 그 명분은 충분하다. 중산층 고용의 창출을 위해 1인 보헤미안 기업, 공간 콘텐츠 창업자, 프리랜서, 플랫폼 노동자 등 반문화가 대표하는 직업, 일, 산업에 투자할 수 있다. 노동을 대체하는 기술이 확산되고 대기업과 전통 산업이 고용을 줄이는 상황에서 저숙련 중산층 노동자는 새로운 소상공인, 자영업 직업군으로 흡수

반문화 정신에서 출발한 아웃도어 브랜드 파타고니아(Patagonia)

될 것이다. 현재 직업 및 산업 분류 체계하에서 반문화 직군은 대부분 소상
공인과 자영업으로 분류된다. 반문화 산업을 지원하는 일은 곧 소상공인
과 중산층을 지원하는 일이다.

2020년 코로나19 위기가 진행되면서 대량 실업과 소상공인 위기가 예
상보다 일찍 찾아왔다. 폐업과 실업을 최소화하고 동시에 미래형 소상공인
을 육성하는 일이 시급해졌다. 단기적인 구제 방안으로는 긴급 경영 자금
대출, 실업보험 확대, 일자리 지원금 인상, 페이와 배달 등 소상공인 공공
서비스 확충 등 다양한 정책을 검토할 수 있다.

장기적으로 중요한 것은 창의적인 소상공인 육성이다. 미래형 소상공인은 공간 창업자, 프리랜서, 플랫폼 노동자로 분류할 수 있으며, 각각 다른 인프라가 필요하다. 공간 창업자에게는 지역 공동체와의 상생을 가능하게 하는 골목 상권과 디지털 전환을 지원하는 스마트 상점이, 프리랜서에게는 사업 주기별(훈련-창업-운영-폐업) 또는 사업 단계별(연구개발-구매-계약-생산-마케팅-판매) 온라인 경영 지원을 제공하는 통합 포털이, 플랫폼 노동자에게는 단기 일자리뿐 아니라 커뮤니티와 창업 기회를 찾을 수 있는 창업 플랫폼이 비용을 낮추고 권리를 보호하는 데 중요한 인프라다.

미래 경제에서도 과거와 마찬가지로 상생, 포용, 통합, 지속 가능성이 핵심 가치다. 미래 경제가 희망적인 이유는 오랫동안 반목하고 갈등했던 부르주아와 반문화의 상생을 가능하게 만드는 기술의 발전이다. 선제적 투자와 사회적 합의를 통해 부르주아와 반문화의 상생을 실현하는 나라가 미래 경제를 주도할 것이다.

개인 해방으로 진전되는 라이프스타일

라이프스타일은 선택이다. 이 책은 나다움을 찾고자 하는 사람들에게 부르주아, 보헤미안, 히피, 보보, 힙스터, 노마드 등 18세기 이후 라이프스타일의 역사를 주도한 6개 라이프스타일을 보여주어 자신의 라이프스타일을 고민할 수 있게 한다. 한번 몸에 맞는 라이프스타일을 찾으면 트렌드에 따라 바꾸지 않아도 된다. 미래의 어떤 사회에서도 6개 라이프스타일은 사라지지 않고 공존할 것이다.

다양한 라이프스타일이 공존한다고 해도 라이프스타일의 변화에는 큰 흐름이 있다. 모든 라이프스타일이 각기 다른 정체성을 유지하지만 전체적으로 같이 따르는 흐름이 있는데 그 흐름이 바로 '탈물질주의'다.

18세기 이후 지난 3세기 동안 라이프스타일은 물질주의에서 탈물질주의로 진화해왔다. 탈물질주의가 본격적으로 시작된 1970년대 이후 라이프스타일은 개인 해방으로 진전되고 있다. 라이프스타일이 개인이 조직에 의존하지 않고 정체성과 라이프스타일을 실현할 가능성이 지속적으로 높아진 것이다. 이 과정에서 인터넷, PC, 스마트폰, SNS, 플랫폼, 블록체인 등의 과학 기술이 한편으로는 정보 독점으로부터 개인을 해방시켰고, 또 한편으로는 개인이 자발적으로 커뮤니티를 결성하게 하여 라이프스타일의 진전을 촉진했다.

밀레니얼 세대의 라이프스타일에 대해서도 탈물질주의 관점에서 재해석할 필요가 있다. 골목길, 빈티지, 미니멀리즘, 업사이클, 워라밸, 소확행(소소하지만 확실한 행복), 로컬 지향, 공유 경제, 일인 가구 등 밀레니얼이 주도하는 라이프스타일을 스마트폰, SNS, 다문화주의 등에서 파생되었다고 단편적으로 해석하는 사람도 있다. 그러나 사실 밀레니얼 문화 자체는 탈물질주의의 연장선에 있다.

라이프스타일 혁신

라이프스타일 혁신의 혜택은 일차적으로 개인에게 돌아간다. 기술 발전에 기반한 라이프스타일 경제의 발전은 이제 개인에게 반드시 물질을 선택하지 않아도 1인 기업, 프리랜서, 크리에이터로서 예술, 창조성, 공동체, 이동성을 자신의 중심 가치로 선택할 수 있는 경제적 여유를 허용한다.

나다움을 내세워 한 명의 소비자를 감동시키고, 그것이 확장되어 팬덤이 되는 유튜브 크리에이터들이 대표적인 사례다. 전창록이 『다음, 연결, 그리고 한 명』에서 강조하듯이 한 명에 집중하는 이유는 초연결사회의 한 명은 산업 사회의 몇백 명에 해당하는 전파력을 보유하기 때문이다.

이제 하나의 직업과 일로 만족하지 못하는 사람도 여러 가지 일을 동시에 하는 소위 'N잡러'가 되어 각각의 일과 관련된 라이프스타일을 추구할 수 있게 되었다. 물론 라이프스타일을 일과 직업을 통해서만 추구할 필요도 없다. 라이프스타일 상품과 서비스가 늘어남에 따라 일과는 별개로 일상과 취미를 통해 다양한 라이프스타일을 경험하는 것이 가능해졌기 때문이다.

미래에도 라이프스타일 혁신은 계속될 것이다. 모든 라이프스타일 영역에서 자유와 커뮤니티에 대해 때로는 상충될 수 있는 개인의 욕구를 만족시킬 수 있는 기술적, 문화적 혁신이 앞으로도 계속 필요하기 때문이다.

갑자기 찾아온 코로나19의 위기도 라이프스타일 혁신 노력의 걸림돌이 되지 못한다. 선진국들이 개인의 삶의 질과 공동체를 동시에 제고하는, 즉 탈물질주의를 강화하는 방향으로 대응하는 것에서 볼 수 있듯이 코로나19 위기는 오히려 라이프스타일 진전의 계기가 될 수 있다. 비대면 라이프스타일이 공동체를 약화시키고, 국가주의와 감시 권위주의가 개인의 자유를 저해한다는 우려가 있지만, 이들은 서로 상쇄하는 현상이며 전체적으로 보면 개인주의와 공동체주의의 새로운 균형을 찾는 데 기여한다고 평가할 수 있다.

라이프스타일 혁신은 한국 사회에도 중요하다. 국제 관계적인 측면에서 보면 탈물질주의의 수용에 대해서 한국은 선택의 여지가 없다. 한국이 국제 사회의 일원으로 인류 보편적 가치인 탈물질주의의 실현을 약속했기 때문이다. 탈물질주의를 인류 공동의 목표로 선언한 대표적인 문서가 2015년 UN이 공포한 SDGs(Sustainable Development Goals, 지속 가능한 개발 목표)다.

이것의 실현을 위해 개인이 어떤 삶을 살아야 하는지를 설명한 '좋은 삶 목표(Good Life Goals)'를 보면 아마 깜짝 놀랄 것이다. 여기에는 밀레니얼이 추구하는 라이프스타일이 그대로 담겨있다.

UN의 지속 가능 개발 목표

SDGs와 라이프스타일 혁신

SDGs는 사회 문제(빈곤, 질병, 교육, 여성, 난민 등), 지구 환경 및 기후 변화 문제(에너지, 환경 오염, 물, 생물 다양성 등), 경제 문제(기술, 주거, 노사, 고용, 사회 구조, 법, 대내외 경제) 등 인류의 보편적인 문제를 17가지 주요 목표와 169개 세부 목표로 나누어 이행하는 사업이다.

- Goal 1 : 모든 형태의 빈곤 종결
- Goal 2 : 기아해소, 식량 안보와 지속 가능한 농업 발전
- Goal 3 : 건강 보장과 모든 연령대 인구의 복지 증진
- Goal 4 : 양질의 포괄적인 교육 제공과 평생 학습 기회 제공

- Goal 5 : 양성평등 달성과 모든 여성과 여아의 역량 강화

- Goal 6 : 물과 위생의 보장 및 지속 가능한 관리

- Goal 7 : 적정 가격의 지속 가능한 에너지 제공

- Goal 8 : 지속 가능한 경제 성장 및 양질의 일자리와 고용 보장

- Goal 9 : 사회 기반 시설 구축, 지속 가능한 산업화 증진

- Goal 10 : 국가 내, 국가 간의 불평등 해소

- Goal 11 : 안전하고 복원력 있는 지속 가능한 도시와 인간 거주

- Goal 12 : 지속 가능한 소비와 생산 패턴 보장

- Goal 13 : 기후 변화에 대한 영향 방지와 긴급 조치

- Goal 14 : 해양, 바다, 해양 자원의 지속 가능한 보존 노력

- Goal 15 : 육지 생태계 보전과 삼림 보존, 사막화 방지, 생물 다양성 유지

- Goal 16 : 평화적, 포괄적 사회 증진, 모두가 접근 가능 한 사법 제도 제도와 포괄적 행정 제도 확립

- Goal 17 : 이 목표들의 이행 수단 강화와 기업 및 의회, 국가 간의 글로벌 파트너십 활성화

이렇게 보면 라이프스타일 혁신과 무관한 정부 정책의 목표인 것 같지만, 개인의 의무로 풀어서 해석하면 의미가 달라진다. SDGs의 개발 파트너로 참여한 퓨테라(Futerra)가 이를 개인 라이프스타일로 해석한 '좋은 삶 목표'의 내용 중 라이프스타일과 관련된 부분을 살펴보자.

•Goal 1: 빈곤 퇴치를 도와라

빈곤 퇴치를 위한 행동 강령은 빈곤자를 위한 기부나 봉사로 그치지 않는다. 노동자에게 공정한 임금을 지급하는 회사의 물건을 구매하고, 사회적 책임을 고려해 저축, 대출, 투자하며, 모든 사람에게 적절한 임금과 기회를 제공할 것을 요구한다.

•Goal 2: 건강한 식생활을 실천하라

건강한 식생활이라는 지극히 개인적인 목표에도 사회적 책임이 필요하다. 우리가 어떻게 농산물을 재배하고, 해산물을 수확하며, 식품을 생산하는지를 배우고, 로컬, 계절, 공정 거래 농산물을 구매할 것을 요구한다. 로컬 푸드 소비와 유통이 인류의 공통 과제로 부상했다.

•Goal 7: 클린 에너지를 소비하라

대체 에너지와 클린 에너지의 소비를 요구한다. 일반 상품 구매 시에도 대체 에너지를 사용하는 기업의 상품을 구매해야 한다고 한다.

•Goal 8: 좋은 일자리를 지원하라

일자리와 고용 환경에 대해서도 책임 있는 행동을 요구한다. 국내뿐 아니라 해외에서도 로컬 비즈니스를 지원하라는 요구가 흥미롭다.

•Goal 9: 혁신을 추구하라

혁신 중심의 삶을 요구한다. 그런데 여기서도 효율성뿐만이 아니라 혜택을 공유하고 지구를 보호하는 건설 사업을 지지한다.

•Goal 10: 불평등 해소에 나서라

불평등을 줄이기 위해 노력하라고 요구한다. 직원을 공정하게 처우하고 정당한 액수의 세금을 지불하는 기업의 상품을 구매해야 한다고 조언한다.

•Goal 11: 자신의 거주지를 사랑하라

로컬 트렌드를 가장 정확하게 반영한 행동 강령이다. 지역 사회에 적극 참여하고, 지역의 자연을 보호하며, 이웃과 친하게 지내고 새로운 이웃을 환영할 것을 요구한다. 안전하고 품질 좋은 대중교통을 요구하는 것도 주민의 책임으로 인식한다.

•Goal 12: 생활을 혁신하라

라이프스타일 혁신의 핵심 과제다. 주요 사항은 다음과 같다. 지속 가능 발전을 공부하라. 재사용, 수리, 재생, 공유, 임대를 생활화하라. 음식을 덜 낭비하고 남은 음식을 사용하라, 물건뿐 아니라 친구와 경험을 수집해라. 기업에 사람과 지구를 존중할 것을 요구하라.

•Goal 13: 기후 변화에 대응하라

기후 변화에 대한 대응을 요구한다. 일상생활에서 자동차 운전을 자제하고 걷고 자전거를 타는 것을 권장한다. 밀레니얼 세대가 왜 자동차 구매를 거부하고 대중교통과 보행, 자전거를 선호하는지 이해할 수 있다.

•Goal 16: 사회적 정의를 구현하라

사회적 정의를 구현하는 것도 중요한 목표로 본다. 다른 사람에게 친절하고 관용을 보이라, 인권을 수호하라, 부패와 권력 남용을 거부하라, 공정성과 평화를 위해 발언하라 등의 주장을 펼친다.

SDGs는 결국 개성, 다양성, 삶의 질, 사회적 책임을 중시하는 탈물질주의를 구현하기 위한 인류의 노력을 상징한다. 탈물질주의 실현을 위한 라이프스타일 혁신은 보수와 진보, 기성세대와 미래 세대의 문제가 아니다. 이념과 세대의 차이를 넘어선 인류의 보편적인 가치다.

한국의 라이프스타일 세대

경제 성장 측면에서도 라이프스타일 혁신은 한국에 중요한 과제다. 한국이 1960년대 이후 제조업과 하이테크 산업에서 괄목할 성과를 이루었지만, 미래 경제에서 중요한 창조 산업, 문화 산업, 라이프스타일 산업에서는 아직 선진국을 따라가야 하는 상황이다.

한국이 매력적인 라이프스타일로 글로벌 인재와 글로벌 기업을 유치하고 세계의 라이프스타일 트렌드와 산업을 주도할 때, 한국은 비로소 라이프스타일 강국이 될 것이다. 라이프스타일 강국으로 자리 잡은 일본과 미국의 사례로 라이프스타일 강국이 되는 길을 볼 수 있다.

츠타야 서점을 창업한 마스다 무네아키는 『라이프스타일을 팔다』에서 일본의 베이비 부머 세대인 단카이 세대(1947~1956년생)를 '생활의 패션화'를 이룬, 멋과 좋은 삶이 무엇인지 아는 '프리미어 에이지 세대'로 부른다.

일본 라이프스타일 브랜드의 역사는 그의 평가를 지지한다. 1969년 꼼데가르송, 1971년 이세이 미야케, 1974년 빔스, 1980년 무인양품, 1983년 츠타야, 1984년 유니클로 모두 단카이 세대가 창업한 기업이다. 일본의 세

266

계적인 브랜드는 공통적으로 전통적인 장인 정신과 더불어 일본 전통문화의 간결함과 소박함, 공동체 친화성과 개방성, 일본 애니메이션과 오타쿠 문화의 상상력 등을 통해 수월성과 차별성을 확보했다.

일본에 단카이 세대가 있다면 미국에는 침묵의 세대(The Silent Generation, 1928~1945년생)와 베이비 부머 세대(1943~1960년생)가 있다. 침묵의 세대가 개척한 카운터 컬처(Counter Culture,)의 토대 위에 베이비 부머 세대가 히피 운동과 라이프스타일 혁신을 주도했다.

라이프스타일 브랜드 창업의 역사에서도 이 두 세대의 업적을 확인할 수 있다. 1938년생 스튜어트 브랜드가 1968년에 『전 지구 목록』을, 1938년생 필 나이트가 1964년에 나이키를, 1944년생 앨리스 워터스가 1971년 세파니스를, 1955년생 스티브 잡스가 1976년 애플을, 1953년생 존 맥케이가 1980년 홀푸드마켓을, 1953년생 하워드 슐츠가 1987년 스타벅스를 창업했다.

그렇다면 한국의 라이프스타일 세대는 누구일까? 베이비 부머 세대(1955~1963년생)도, 386세대(1963~1968년생)도 라이프스타일 혁신의 기회를 놓쳤다. 트렌드 전문가 김용섭은 사운즈 한남, 피크닉 등 서울에서 밀레니얼이 열광하는 공간을 건축한 '영포티(Young Forty)세대'를 주목한다.

흔히 X세대(1970년대생)로 알려진 영포티는 K-Pop, 골목길 등 한국의 문화 산업이 태동한 1990년대 초반에 20대와 10대를 보냈다. 서태지, 오렌지족, 클럽 문화가 X세대를 대표하는 문화 아이콘이다. 특히 K-Pop 산업에서 X세대의 기여가 두드러진다. 1952년생 이수만이 1995년 SM을, 1972년생 박진영이 1997년 JYP를, 1969년생 양현석이 1998년 YG를, 1972년생 방시혁이 2005년 빅히트를 창업했다.

X세대에 대한 긍정적인 평가도 나오기 시작한다. 『톱클래스』 편집장 김민희는 '남다른 밈(Meme, 문화 유전자)의 세대', 사회학자 김호기는 '한국 최초의 개인주의 세대', 경영학자 이은형은 '윗세대와 아래 세대를 모두 이해하는 포용적인 세대'로 평가한다.

하지만 X세대가 한국의 라이프스타일을 획기적으로 혁신한 세대로 기록될지는 아직 미지수다. 라이프스타일 소비를 주도한 것은 확실하지만, 광범위한 창업을 통해 세계적으로 경쟁력 있는 라이프스타일 산업을 건설했다고 평가하기는 어렵다. X세대가 한국의 라이프스타일 세대로 인정받기 위해서는 선진국의 보편적인 가치로 자리 잡은 탈물질주의를 더 적극적으로 수용해야 한다.

라이프스타일 혁신은 X세대만의 문제는 아니다. 한국의 모든 세대가 삶의 질을 높이는 라이프스타일 혁신에 동참해야만 21세기에 국가, 도시, 산업, 기업의 경쟁력을 유지할 수 있다. 부르주아 라이프스타일에 보다 많은 보헤미안, 히피, 보보, 힙스터, 노마드를 더해 다양한 라이프스타일이 서로 경쟁하는 사회를 만드는 것이 한국이 라이프스타일 강국이 되는 길이다.

과거에도 수많은 철학가와 사상가가 물질과 소유 중심의 삶에 대한 대안을 찾았다. 그들이 찾은 대안은 탈물질과 존재로 요약할 수 있다. 이 책에서 대안적 가치로 제안한 예술, 공동체, 사회성, 창의성, 이동성도 이미 많은 논의를 거친 주제다. 다른 것이 있다면 대안적 라이프스타일의 현실성이다.

과거와 달리 대안적 라이프스타일에 기반한 일과 직업이 경제적으로 지속 가능해졌고, 대안적 라이프스타일을 추구하는 사람들이 모인 도시가 삶의 질과 공동체로 인재를 모은다. 새롭게 부상한 이러한 라이프스타일은 개인 자유와 느슨한 연대로 요약할 수 있다. 개인을 자유롭게 만들고 개인과 타인을 선택적으로 연결하는 기술이 있어 가능해진 라이프스타일이기 때문이다. 이 변화된 라이프스타일은 우리 사회에 희망적인 미래를 제시한다. 미래 세대는 '개인의 자유는 필수, 커뮤니티는 선택'인 역동적인 사회를 경험하게 될 것이고 그 속에서 많은 기회를 찾을 수 있을 것이다.

라이프스타일을 테스트하기에 앞서 염두에 두어야 할 것은 현대 사회에서 하나의 라이프
스타일로 사는 것은 불가능하다는 사실이다. 예컨대, 독립성을 중시한다고 해서 독립적인
삶을 가능하게 만드는 '물질'이나 창의성을 보완할 수 있는 '공동체'를 거부하는 것은 아
닐 수 있다. 그렇기 때문에 라이프스타일은 현실이 허용하는 범위 내에서 자신이 추구하
려고 노력하는 삶의 방식으로 정의하는 것이 맞다.

본문에서 설명했듯이 라이프스타일에 대한 나의 가치를 결정하는 가장 중요한 기준은
'나와 물질과의 관계'다. 물질을 나의 삶의 어디에 두는지가 나의 라이프스타일을 결정한
다. 물질을 가장 중시하면 물질주의자, 그렇지 않고 물질보다 다른 가치에 우선순위를 두
면 탈물질주의자가 된다.

6개의 라이프스타일 중에서 물질주의를 대표하는 라이프스타일은 '부르주아'이며, 나머지
5개 라이프스타일은 다양한 유형의 탈물질주의를 의미한다.

그렇다면 당신은 물질주의자인가, 탈물질주의자인가? 현대 사회의 변화를 탈물질주의 개
념으로 분석한 잉글하트(Inglehart)는 설문을 통해 응답자가 물질주의와 탈물질주의 중
어떤 가치를 중시하는지 측정한다. 그가 정의하는 물질주의자는 '경제성장, 권위적인 정
부, 애국심, 크고 강한 군대, 법과 질서를 선호하는 사람'이며, 탈물질주의자는 '개인의 발
전과 자유, 정책경제에 대한 시민의 참여, 인권과 환경을 중시하는 사람'이다.

잉글하트 테스트 1

아래 가치 중에서 선택해야 한다면, 당신이 가장 바람직하다고 생각하는 2개의 가치는 무엇인가?

1. 나라에서 질서를 유지하는 것
2. 중요한 정치 결정에서 국민에게 더 많은 발언권을 부여하는 것
3. 상승하는 물가와 싸우는 것
4. 언론의 자유를 보호하는 것

해설▶ 잉글하트는 초기 연구에서 위와 같이 4개 항목으로 구성된 간단한 질문으로 물질주의자와 탈물질주의자를 구분했다. 그는 1과 3을 자산의 확보와 보호와 관련된 소유 선호적 가치로, 2와 4를 자기표현 및 자아실현과 관련된 자아 선호적 가치로 규정했다. 당신이 1과 3을 선택하면 물질주의자고, 2와 4를 선택하면 탈물질주의이다. 나머지 4개 조합(1·2, 1·4, 2·3, 3·4)을 선택한 사람은 혼합주의자다. 이 설문이 응답자의 장기적 가치를 측정하기 어렵다고 판단한 잉글하트는 아래 12개 항목으로 구성된 새로운 설문을 개발했다.

잉글하트 테스트 2

사람들은 향후 우리나라가 앞으로 10년 동안 추구해야 할 목표를 이야기한다. 아래 목표는 사람들이 우선순위를 두는 여러 가치다. 이 중에서 당신에게 가장 중요한 가치는 무엇인가? 또 그다음으로 중요한 가치는 무엇인가?

*4문항씩 3세트
- 가장 중요한 것과 두 번째로 중요한 것에 체크(A1~A6 한 번에 하나씩 선택)

	가장 중요(A1)	두 번째로 중요(A2)
• 높은 경제 성장률 유지	1	1
• 강력한 군사력	2	2
• 일과 지역사회의 방향성에 대해 말할 권리	3	3
• 도시와 시골을 더 아름답게 만드는 것	4	4

	가장 중요(A3)	두 번째로 중요(A4)
• 국가 질서 유지	1	1
• 정부 결정에 대해 시민에게 더 많은 발언권을 주는 것	2	2
• 물가 상승 반대	3	3
• 언론의 자유 보호	4	4

	가장 중요(A5)	두 번째로 중요(A6)
• 안정적인 경제	1	1
• 배려 있는 사회로 나아가는 것	2	2
• 돈보다 아이디어가 더 중요한 세상이 되는 것	3	3
• 범죄 반대	4	4

계산

1. A1 또는 A2에서 3을 선택한 경우 1점을 준다.
2. A3에서 2 혹은 4를 선택한 경우 1점을 준다.
3. A4에서 2 혹은 4를 선택한 경우 1점을 준다.
4. A5에서 2 혹은 3을 선택한 경우 1점을 준다.
5. A6에서 2 혹은 3을 선택한 경우 1점을 준다.

해설 1에서 5까지의 계산 과정을 거쳐 나온 점수를 모두 더해보자. 최소 0점에서 최대 5점까지 나올 수 있다. 0점에 가까울수록 물질주의를, 5점에 가까울수록 탈물질주의를 추구함을 뜻한다. 잉글하트는 0점을 순수 물질주의자, 1∼2점을 혼합 물질주의자, 3∼4점을 혼합 탈물질주의자, 5점을 순수 탈물질주의자로 분류한다.

이제 나의 탈물질주의 성향을 판단할 수 있다. 나의 점수는 몇 점인가? 다른 사람과 비교해 나는 더 물질적인가, 탈물질적인가? 1981년 이후 정기적으로 실시하는 '세계 가치관 조사(World Values Survey)'는 잉글하트 12항목 설문 결과를 발표한다.

2005∼2008년 조사에서 나타난 한국을 포함한 5개국의 물질주의자와 탈물질주의자의 분포는 아래와 같다.

	순수(강) 물질	혼합(약) 물질	혼합(약) 탈물질	순수(강) 탈물질
한국	55.06	30.54	11.72	2.68
미국	20.87	31.91	28.81	18.41
일본	24.95	32.10	33.73	9.22
스웨덴	5.02	43.61	25.86	25.46
멕시코	19.51	34.52	26.12	19.84

(단위 %)

한국의 탈물질주의 비율은 순수 탈물질주의자와 혼합 탈물질주의자의 비중을 더한 14%다. 그중 순수 탈물질주의자는 2.68%에 불과하다. 미국, 일본, 스웨덴의 탈물질주의자 비율은 45% 수준이다. 아직 개도국으로 평가받는 멕시코의 탈물질주의자 비중도 54%에 이른다. 잉글하트는 소득 수준과 교육 수준이 높아지면 탈물질주의자가 증가하는 일반적인 패턴에서 벗어나는 예외적인 국가로 한국을 지목한다. 국내 학자들은 한국이 물질적인 성취에도 불구하고 탈물질주의 성향이 낮은 이유를 대내외 환경에 기인한 불안감에서 찾는다.

자신이 탈물질주의로 분류된다고 해서 한국에서 예외적인 사람이라고 생각할 필요는 없다. 1990년대 연구에서도 한국은 세대 차이가 큰 나라로 나타났다. 젊은 층이 기성세대보다 높은 탈물질주의 성향을 보이는 것이다.

2010년 이후 한국에서 밀레니얼을 중심으로 탈물질주의가 확산됐고, 밀레니얼의 탈물질주의자 비율은 이미 선진국 수준인 50% 수준에 도달했을 가능성이 높다.

라이프스타일의 기본축인 물질주의와 탈물질주의의 비교만으로는 나의 라이프스타일 성향을 찾기 어려울 수 있다. 탈물질주의 내부의 다양한 유형을 조사한 문헌은 아직 발견하지 못했다. 이 책을 자신의 라이프스타일을 찾는 가이드로 사용키 원하는 독자를 위해 본문에 소개된 라이프스타일, 그리고 이를 대표하는 인물, 도시, 그리고 일과 직업을 테이블로 간단히 정리했다.

	부르주아	보헤미안	히피	보보	힙스터	노마드
등장 시기	18세기~	19세기~	1960년대~	1990년대~	2000년대~	2010년대~
특징	물질을 삶의 중심으로 두는 라이프스타일. 여기서의 물질은 돈뿐만이 아니라 신분, 조직, 경쟁, 근면 등도 포함됨.	예술과 자연에서 물질의 대안을 찾는 예술가형 집단. 개성을 표현할 수 있는 주체적인 소비를 지향함.	부르주아에 반기를 들고 사랑과 평화, 연대와 커뮤니티, 자연 등을 적극적으로 추구하는 문화 저항자.	부르주아의 경제적 안정과 보헤미안의 진보적 가치를 동시에 추구하는 집단.	일반적인 트렌드를 거부하고 대안적 가치로 도시에서 독립적이고 창의적인 경제 영역을 구축함.	이동성에서 자신의 정체성을 찾고 공유적 생산과 소비, 도시의 거리문화와 느슨한 연대 등 새로운 방식으로 물질적 성공을 추구하는 프리랜서형.
대표 인물	벤자민 프랭클린 (미국 정치인)	귀스타브 플로베르 (프랑스 작가)	스티브 잡스 (애플 창업자)	빌 클린턴 (미국 대통령)	하워드 슐츠 (스타벅스 창업자)	제임스 제비아 (슈프림 창업자)
대표 지역	뉴욕 어퍼이스트사이드	뉴욕 그리니치빌리지	샌프란시스코, 버클리, 베를린	뉴욕 웨스트빌리지	뉴욕 브루클린, 포틀랜드	샌프란시스코
직업군	자본가, 금융가, 공무원, 대기업 직원	예술가, 작가, 창작자	마을공동체, 자연공동체, 협동조합	전문직	로컬 크리에이터, 창의적 소상공인, 도시창업자	디지털노마드, 서퍼, 보더, 힙합

참고문헌

• 들어가며

김수현, 『나는 나로 살기로 했다』, 마음의 숲, 2016

데이비드 브룩스, 형선호 역, 『보보스』, 동방미디어, 2001

모종린, 『라이프스타일 도시』, Weekly BIZ books, 2016

소스타인 베블런, 김성균 역, 『유한계급론』, 우물이 있는 집, 2012

스가쓰케 마사노부, 현선 역, 『물욕 없는 세계』, 항해, 2017

이지영, 「로컬 크리에이터」, 동아비즈니스리뷰(DBR), 2019

최태원, 『개인의 삶과 가치, 개성과 욕망을 소비하는 라이프스타일 비즈니스가 온다』, 한스미디어, 2018

피에르 부르디외, 최종철 역, 『구별짓기』, 새물결, 2005

Ronald Inglehart, 『Modernization and Postmodernization』, Princeton University Press, 1997

• 1-1

막스 베버, 박문재 역, 『프로테스탄트 윤리와 자본주의 정신』, 현대지성, 2018

막스 베버, 박성환 역, 『경제와 사회 1』, 문학과지성사, 1997

장 보드리야르, 이상률 역, 『소비의 사회』, 문예출판사, 1992

Amy Wax, 「Paying the Price for Breakdown of the Country's Bourgeois Culture」, Philadelphia Inquirer, August 9, 2017

• 1-2

벤자민 프랭클린, 이종인 역, 『젊은 상인에게 보내는 편지』, 두리미디어, 2008

아르놀트 하우저, 백낙청 외 1명 역, 『문학과 예술의 사회사 4』, 창비, 2016

토마스 만, 홍성광 역, 『부덴브로크가의 사람들』, 민음사, 2001

「Millennial Socialism」, The Economist, February 14, 2019

Rostow Walt, 『The Stages of Economic Growth』, Cambridge University Press, 1991

Thomas Frank, 『The Conquest of Cool』, University of Chicago Press, 1998.

• 1-3

구선아, 『이상의 도쿄행』, 알비, 2019

리처드 플로리다, 『도시는 왜 불평등한가』, 매경출판, 2018

웬즈데이 마틴, 신선해 역, 『파크 애비뉴의 영장류』, 사회평론, 2016

이지은, 『부르주아의 시대 근대의 발명』, 모요사, 2019

전상인, 『공간으로 세상 읽기』, 세창출판사, 2017

정병설 외 2명, 『18세기 도시』, 문학동네, 2018

찰스 몽고메리, 윤태경 역, 『우리는 도시에서 행복한가』, 미디어윌, 2014

피터 게이, 고유경 역, 『부르주아전(傳)』, 서해문집, 2005

황두진, 『가장 도시적인 삶』, 반비, 2017

Edward Glaeser, 『Triumph of the City』, PenguinPr 2011

•2-1

함정임·원경, 『예술가들은 이렇게 말했다』, 마로니에북스, 2018

Richard Caves, 『Creative Industries: Contracts between Art and Commerce』, Harvard University Press, 2000

Richard Florida, 『The Rise of the Creative Class』, Basic Books, 2004

Sherwin Rosen, 「The Economics of Superstars」, American Economic Review, 1981

Tyler Cowen, 『In Praise of Commercial Culture』, Harvard University Press, 1998

•2-2

아르놀트 하우저, 백낙청 외 1명 역, 『문학과 예술의 사회사 4』, 창비, 2016

정수복, 『파리를 생각한다』, 문학과 지성사, 2009

Allan Bloom, 『The Closing of the American Mind』, Simon & Shuster, 2008

David Brooks, 『Bobos in Paradise』, Simon & Shuster, 2000

•2-3

「골목을 만들면 사람이 모이고 문화가 꽃핀다」, 스트리트 H, 2019년 6월호 특집

데릭 톰슨, 이은주 역, 송원섭 감수, 『히트 메이커스』, 21세기북스, 2017

바라트 아난드, 김인수 역, 『콘텐츠의 미래』, 리더스북, 2017

이승준, 『노마드 비즈니스맨』, 라온북, 2019

정창윤, 『컨셉 있는 공간』, 북바이퍼블리, 2019

•3-1

데이비드 브룩스, 형선호 역, 『보보스』, 동방미디어, 2001

사쿠마 유미코, 문희언 역, 『힙한 생활 혁명』, 하루, 2016

이반영, 『풀무학교는 어떻게 지역을 바꾸나』, 그물코, 2018

크리스티안 생 장 폴랭, 성기완 역, 『히피와 반문화』, 문학과 지성사, 2015

Curtis White, 『Living in a World that Can't Be Fixed: Reimagining Counterculture Today』, Melville House Publishing, 2019

Herbert Gold, 『Bohemia』, Axios Press, 1993

John Markoff, 『What the Dormouse Said』, Penguin Books, 2005

Michael Classen, 『Hippie, Inc』, Sixoneseven Books, 2016

•3-2

데이비드 브룩스, 형선호 역, 『보보스』, 동방미디어, 2001

코린 맥러플린·고든 데이비드슨, 『더 나은 삶을 향한 여행, 공동체』, 생각기행, 2015

C. 라이트 밀스, 『실천적 지식인과 사회적 상상력』, 삼천리, 2016

Thomas Frank, 『The Conquest of Cool』, University of Chicago Press, 1998.

•3-3
손관승, 『me, 베를린에서 나를 만났다』, 노란잠수함, 2018
슈테판 츠바이크, 곽복록 역, 『어제의 세계』, 지식공작소, 2014
한은형, 『베를린에 없던 사람에게도』, 난다, 2018
Alice Waters, 『Coming to My Senses, Clarkson Potter, 2017
Paul Hockenos, 『Berlin Calling』, The New Press, 2017
Rory Maclean, 『Berlin: Portrait of a City through the Centuries』, Picador, 2014

•3-4
월터 아이작슨, 안진환 역, 『스티브 잡스』, 민음사, 2015
John Markoff, 『What the Dormouse Said』, Penguin Books, 2005
John Mackey, 『Conscious Capitalism』, Harvard Business Review Press, 2013

•4-1
데이비드 브룩스, 형선호 역, 『보보스』, 동방미디어, 2001

•4-2
데이비드 브룩스, 형선호 역, 『보보스』, 동방미디어, 2001

•4-3
데이비드 브룩스, 형선호 역, 『보보스』, 동방미디어, 2001
John Mackey, 『Conscious Capitalism』, Harvard Business Review Press, 2013

•5-1
남윤주, 「당신은 힙스터인가요?」, 패션포스트, 2019.08.06
모종린·박민아·강예나, 『로컬 크리에이터』, 강원창조경제혁신센터, 2019
박찬용, 『우리가 이 도시의 주인공은 아닐지라도』, 웅진지식하우스, 2020
브래드 게티, 박세진 역, 『아빠는 오리지널 힙스터』, 푸른숲, 2018
사쿠마 유미코, 문희언 역, 『힙한 생활 혁명』, 하루, 2016
송규봉·이일섭, 「공간과 장소를 중시하는 그들, 겸손과 고객 중시가 힙플레이스를 만든다」, DBR 299호
어반플레이, 『도시생활혁명』, 어반플레이 2020
Fred Armisen·Carrie Brownstein, 『Potlandia- A Guide for Visitors』, Grand Central Publishing, 2012

•5-2
사쿠마 유미코, 문희언 역, 『힙한 생활 혁명』, 하루, 2016

•5-4
야마자키 미쓰히로, 이승민 역, 『포틀랜드 메이커스』, 재주상회, 2019

야마자키 미츠히로, 손예리 역,『포틀랜드, 내 삶을 바꾸는 도시혁명』, 어젠다, 2017

Richard Lloyd,『Neo-Bohemia』, Routledge, 2006

•6-1

다이엔 멀케이, 이지민 역,『긱 이코노미』, 더난출판사, 2017

도유진,『디지털 노마드』, 남해의 봄날, 2017

미셸 마페졸리, 박정호 외 1명 역,『부족의 시대』, 문학동네, 2017

이승준,『노마드 비즈니스맨』, 라온북, 2019

자크 아탈리, 이효숙 역,『호모 노마드 유목하는 인간』, 웅진지식하우스, 2005

전민우·이은지,『프리랜서 시대가 온다』, 트러스트북스, 2018

•6-2

김종래,『CEO 칭기스칸』, 삼성경제연구소, 2002

김종래,『유목민 이야기』, 자우출판사, 2002

헬레나 노르베리 호지,『로컬의 미래』, 최요한 역, 남해의 봄날, 2018

•6-3

아룬 순다라라잔, 이은주 역,『공유 경제』, 교보문고, 2018

Geoffrey Parker et al.,『Platform Revolution』, Norton, 2017

•나가며

김민희,「'긴긴세대' X세대의 재발견」, 조선일보, 2019.10.05

김용섭,『요즘 애들, 요즘 어른들』, 21세기북스, 2019

마스다 무네아키, 백인수 역,『라이프스타일을 팔다』, 베가북스, 2014

에리히 프롬,『소유냐 존재냐』, 까치, 2020

전정환,『밀레니얼의 반격』, 더퀘스트, 2019

전창록,『다움, 연결, 그리고 한 명』, 클라우드나인, 2020

Ronald Inglehart,『Modernization and Postmodernization』, Cambridge University Press, 1997

http://www.goodlifegoals.org

•부록

장덕진,「한국인은 안보와 성장 중시하는 물질주의자들 많다」, 중앙일보, 2017.07.01

Ronald Inglehart,「The silent revolution in Europe. Intergenerational change in post-industrial societies」, American Political Science Review 65 (4), 1971

Ronald Inglehart,『Modernization and Postmodernization』, Cambridge University Press, 1997

Ronald Inglehart,『The silent revolution』, Princeton University Press. 1977

인문학,
라이프스타일을
제안하다